VIAJES Y VIAJEROS EN LA EUROPA MEDIEVAL

Catálogo general de publicaciones oficiales
http://www.060.es

MINISTERIO
DE EDUCACIÓN
Y CIENCIA

CONSEJO SUPERIOR
DE INVESTIGACIONES
CIENTÍFICAS

CSIC

NIPO: 653-07-081-2
ISBN: 978-84-00-08549-0

ISBN: 978-84-9785-389-7
Depósito legal: B-6467-2007

Impreso en España

LUNWERG EDITORES
BARCELONA: Beethoven, 12 - 08021 - Tel. 93 201 59 33 - Fax 93 201 15 87
MADRID: Luchana, 27 - 28010 - Tel. 91 593 00 58 - Fax 91 593 00 70
MÉXICO: Callejón de la Rosa, 23-A. Tlacopac, San Ángel - 01060 México D.F.
Tel.-Fax (52-55) 5662 5746

VIAJES Y VIAJEROS EN LA EUROPA MEDIEVAL

Coordinación

FELICIANO NOVOA PORTELA
F. JAVIER VILLALBA RUIZ DE TOLEDO

Autores

JOAQUÍN M. CÓRDOBA ZOILO
CHRISTIANE DELUZ
MIGUEL ÁNGEL LADERO QUESADA
FELICIANO NOVOA PORTELA
FOLKER REICHERT
JOSÉ ENRIQUE RUIZ DOMÉNECH
F. JAVIER VILLALBA RUIZ DE TOLEDO

CSIC

LUNWERG
EDITORES

PRESENTACIÓN

Aproximarnos a los viajeros de la Edad Media nos transporta inmediatamente a un mundo de esfuerzo y sacrificio por medio del cual seremos capaces de asistir a uno de los capítulos más fascinantes de nuestra historia. Por aquel entonces viajar era mucho más que trasladarse de un lugar a otro: suponía entrar en una dimensión diferente, reservada sólo a unos pocos. Desde los distintos grupos de viajeros que se analizan en esta obra, podemos llegar a entender los motivos, anhelos y ensueños de todos ellos. El mundo de aquella época era tan inmenso como puede ser el universo estelar para el hombre de hoy: nadie conocía sus confines, había, pues, que imaginarlos. De ese modo el viaje –cualquier viaje– gozaba de una categoría de aventura y sentido mágico que se anteponía incluso a su propósito. Los viajes llegan a ampliar el sentido de la religiosidad popular, hasta el punto de utilizar su imagen para sintetizar el destino del hombre.

A lo largo de las páginas de este libro, hemos intentado situar, en primera instancia, los condicionantes técnicos que, en forma de conocimientos geográficos, fueron posibilitando el interés expansivo de los diferentes grupos humanos que se dan cita en la sociedad occidental durante la Edad Media. Interés que viene propulsado por causas muy diversas: desde las netamente ideológicas capaces de construir mundos imaginarios que conviven con la realidad de la que se va tomando conciencia poco a poco –alimentados por una fascinación evidente por Oriente–, a las puramente materiales, como la apertura de nuevas rutas de comercio o las expediciones militares que están detrás de todo un cambio de mentalidad en los siglos centrales del medievo. El universo ideológico del cristianismo dio a luz un tipo de desplazamiento capaz de crear un triángulo cuyos vértices –Jerusalén, Roma y Santiago de Compostela– se convirtieron en las grandes referencias de la peregrinación. Del mismo modo, la necesidad por atender la cada vez más compleja realidad política bajomedieval, impulsó no pocas de las osadas embajadas diplomáticas que se llevaron a cabo por entonces.

Por medio de la aproximación a personajes de la talla de Pedro de Ailly, John Mandeville, Marco Polo o Egeria, por poner sólo algunos ejemplos, ilustraremos las diferentes ambiciones y expresiones del viaje y de los viajeros medievales.

LUNWERG EDITORES

SUMARIO

INTRODUCCIÓN, 11
Feliciano Novoa Portela
Museo Arqueológico Nacional

F. Javier Villalba Ruiz de Toledo
Universidad Autónoma de Madrid

LA PERCEPCIÓN DEL MUNDO: LOS CONOCIMIENTOS GEOGRÁFICOS, 21
F. Javier Villalba Ruiz de Toledo
Universidad Autónoma de Madrid

MUNDO REAL Y MUNDOS IMAGINARIOS. JOHN MANDEVILLE, 55
Miguel Ángel Ladero Quesada
Universidad Complutense de Madrid

LA ATRACCIÓN POR ORIENTE, 77
Joaquín M. Córdoba Zoilo
Universidad Autónoma de Madrid

LOS VIAJES DE LOS MERCADERES: MARCO POLO (SIGLO XIII), 101
Christiane Deluz
Université François Rabelais, Paris

LOS VIAJES MILITARES: EXPEDICIONES Y OPERACIONES GUERRERAS, 127
José Enrique Ruiz Doménech

LOS VIAJEROS DE DIOS EN LA EDAD MEDIA, 159
Feliciano Novoa Portela
Museo Arqueológico Nacional

LOS VIAJES POLÍTICOS: EMBAJADAS Y DIPLOMACIA, 197
Folker Reichert
Universität Stuttgart

BIBLIOGRAFÍA GENERAL, 233
CRÉDITOS FOTOGRÁFICOS, 234
ENGLISH TRANSLATION, 235

INTRODUCCIÓN

Feliciano Novoa Portela

F. Javier Villalba Ruiz de Toledo

«En el principio era el camino»
(Joseph Bedier).
Loseta de época romana con huella
impresa de un pie. (Museo
Arqueológico. Sevilla.)

Cuando intentamos acercarnos al mundo de los viajeros en la Edad Media, lo primero que nos viene a la cabeza es la enorme dificultad que entrañaba cualquier desplazamiento durante esa época. Acostumbrados como estamos a trasladarnos de un lugar a otro rápida y cómodamente, cuesta trabajo imaginar a los viajeros de antaño, sometidos a las inclemencias del tiempo y al duro transitar por unos caminos que poco tienen que ver con nuestras modernas autopistas, redes ferroviarias o líneas aéreas. Por todo ello puede decirse que viajar en la Edad Media era, generalmente, lo menos parecido a un capricho. Se solía viajar por necesidad. Eran muy pocas las personas que se ponían en camino movidas únicamente por el anhelo de conocer nuevos mundos. Sin embargo, pese a las dificultades inherentes a cada época, el hombre, a lo largo de toda su historia, tanto en la Edad Media como en la actualidad, ha sentido la necesidad de descubrir su entorno.

Entonces como hoy, los hombres tienen perfecta conciencia de la división del mundo en espacios de civilizaciones. El hombre del Medievo suplía sus limitados conocimientos geográficos del mundo real creando mundos imaginarios. No debemos asombrarnos: nosotros hacemos exactamente lo mismo allí donde terminan nuestras evidencias. En el espacio exterior de la tierra, lo que llamamos universo, hemos creado mundos y seres fantásticos que se diferencian muy poco de los que engendraron las mentes medievales. Nosotros, como ellos, nos hemos formado una idea concreta del mundo real y hemos elaborado nuestros propios mundos imaginarios.

Esos espacios de civilizaciones asumidos universalmente en el mundo medieval estarían representados por el Mediterráneo, la India y China, respectivamente. En todos los casos

«La vida como aventura es la aceptación de
un cosmos exótico, ilimitado, a veces
maravilloso, lugar de encuentros con seres
del más allá como las hadas o los duendes, y
que se creía poblado de monstruos como los
que se acostumbraba a dibujar en los
márgenes de los manuscritos o en ese
verdadero inventario de animales fantásticos
que constituyen los bestiarios». Animales
mitológicos en un manuscrito del siglo XV.
(Musée Condè. Chantilly.)

55

hablamos de amplias zonas de influencia que, sin embargo, no nos es posible acotar con detalle.

Por necesidades operativas fijaremos sobre todo el foco de nuestra atención en el Mediterráneo, lo que nos permitirá valorar una percepción del mundo que tiene presente a los otros dos espacios, pero como objeto de descubrimiento, no como parte integrante de su realidad. La diversidad cultural que a su vez define el área de influencia mediterránea –donde la cristiandad griega y latina conviven junto al islam– la hacen especialmente adecuada para llevar a cabo una valoración particular de los viajes y viajeros durante la Edad Media. No hace falta decir que el resto del globo queda al margen de este análisis, pues su conocimiento e incorporación a las rutas del Viejo Mundo tienen lugar ya en los albores de la Edad Moderna.

Así pues, y con esta orientación previa, hemos querido analizar ese mundo de los viajes y viajeros medievales a partir de una elemental tipificación que nos llevará a realizar un recorrido por el tiempo sumamente sugerente.

El tipo de desplazamiento más frecuente durante todo el Medievo era, probablemente, el que estaba orientado a la actividad comercial. El deterioro del mercado mediterráneo du-

Durante los siglos medievales el hombre tiene la imperiosa necesidad de descubrir todas aquellas cosas que se escondían a su mirada. Ir más allá de los confines del mundo era el objetivo: «Todos somos romeros que caminos andamos» (Gonzalo de Berceo). Mapa que ilustra el «Comentario al Apocalipsis» del Beato de Liébana, siglo X. (Catedral de Girona.)

Una dificultad para los astrólogos medievales era hacer compatible la cosmología aristotélica con las enseñanzas de la teología cristiana. La ilustración de este manuscrito francés ilustra el gobierno de los planetas sobre los días y las semanas. (British Library. Londres.)

espirituales con una férrea organización castrense. A partir del siglo XII, las órdenes militares capitanearon el trasvase humano que llevó a muchos occidentales hasta Próximo Oriente.

Esos mismos ejércitos se convirtieron, desde sus orígenes, en los protectores oficiales de cierto tipo de viajeros que consideraban las penalidades del viaje como un instrumento para saldar sus cuentas con Dios. Durante un tiempo los peregrinos fueron la mejor ejemplificación del *homo viator*, que vino a ser algo así como el paradigma de todo buen cristiano. Jerusalén, Roma y Santiago de Compostela se convirtieron en los tres grandes destinos de la peregrinación y sirvieron para establecer innumerables rutas terrestres y marítimas en el mundo mediterráneo.

La misma Iglesia jerárquica que impulsó la peregrinación como mecanismo de expiación de los pecados, o la cruzada para hacer valer su liderazgo en Europa, fue la responsable de diseñar un modelo de evangelización que sirvió de llave para la apertura de nuevos mundos. En primer lugar, la Europa nórdica y anglosajona, y, siglos más tarde, el conjunto del continente asiático. No podemos olvidar que los franciscanos y dominicos, bajo la supervisión atenta de la Santa Sede, fueron los primeros europeos que se aventuraron en el mundo de las estepas, llegando a crear asentamientos más o menos estables tanto en el espacio de las civilizaciones de la India como de China. Sus testimonios, así como los de otros ilustres

Las suaves lluvias de abril han penetrado hasta lo más profundo de la sequía de marzo y empapado todos los vasos con la humedad suficiente para engendrar la flor; el delicado aliento de Céfiro ha avivado en los bosques y campos los tiernos retoños y el joven sol ha recorrido la mitad de su camino en el signo de Aries... En esta época la gente siente el ansia de peregrinar y los piadosos viajeros desean visitar tierras y distantes santuarios de extraños países

Cuentos de Canterbury, de Geoffrey Chaucer (1342?-1400)

El emperador Carlomagno combatió en la península Ibérica en el 778. En su viaje de regreso fue objeto de una emboscada, historia inmortalizada en *La canción de Roland*: «Aquí es donde Roldán, haciendo sonar su cuerno, llamó a Carlomagno en su ayuda, y lo tocó con tal fuerza, que lo reventó...». Ilustración de un manuscrito del siglo VIII en el que varios soldados acompañan al emperador Carlomagno en un carro militar. (Biblioteca Nazionale Marciana. Venecia.)

viajeros de condición laica, alimentaron la fascinación por Oriente y la consiguiente mitografía elaborada por el Occidente medieval.

Por último, a la sombra del desarrollo político que vivieron las monarquías europeas a partir del siglo XIII, asistimos al nacimiento de las comitivas diplomáticas, que recorrieron las vías de comunicación europeas para establecer contactos y obtener apoyos oficiales de las principales cortes y, después, buscaron extender tal diplomacia a los confines del continente asiático. Estas comitivas, organizadas en grupos bien pertrechados, alumbraron una nueva forma de entender el viaje. La mezcla de admiración y temor que infundieron los mongoles en esa renacida Europa fue la piedra de toque de este último impulso.

Durante mucho tiempo la navegación nocturna tenía como única guía el firmamento estrellado. Se hacía esencial un conocimiento exhaustivo de las costas que sólo se adquiría después de una larga experiencia. Representación del santo céltico Cuthbert en un manuscrito del siglo VII. (British Library. Londres.)

وانيال ايشان عينت باوردند وخاص وعام دد فوايدان غنايم متساوى ث

وبدرحت غنا و اسغا رسيدندونا حيه اسلام افزودين غزو دردح دمقامات وتا يخ

Órdenes religiosas como los dominicos y franciscanos fueron los primeros europeos en adentrarse en el mundo de las estepas, llegando a crear asentamientos más o menos estables tanto en el espacio de las civilizaciones de la India como de China. Fueron sus testimonios, así como los de otros ilustres viajeros laicos, incluidos musulmanes cuyos relatos llegaron a Occidente, los que crearon y alimentaron la fascinación por el lejano Oriente. La ilustración pertenece al libro de Raschid-el-Din y muestra la llegada en el siglo XIV de una embajada del sultán Mahmud de Ghazna a la India. (Worcester Art Museum and School.)

PIERRE D'AILLI
Cardinal de Cambrai

LA PERCEPCIÓN DEL MUNDO: LOS CONOCIMIENTOS GEOGRÁFICOS

Francisco Javier Villalba Ruiz de Toledo

Durante la mayor parte de la Edad Media, Europa estuvo encerrada en sí misma y parecía incapaz de superar sus fronteras. Tampoco lo necesitaba. La situación de deterioro progresivo que sobrevino en Occidente a partir de la fragmentación del antiguo Imperio romano fue poco a poco deshilachando ese sentido de unidad política que obligara antaño a poseer un conocimiento preciso de la realidad geográfica sobre la que ésta se construía. El mundo se empequeñeció alrededor de las cortes germánicas, que se conformaban con ejercer un control militar sobre sus territorios. Semejante control, eso sí, habría de enmarcarse entonces, necesariamente, dentro de unos parámetros culturales que denominaremos genéricamente como cristianos. De ese modo, la Alta Edad Media occidental discurre en medio de un esfuerzo constante de adaptación para una sociedad que sólo busca su supervivencia.

Los sueños expansivos de Roma quedaron definitivamente enterrados, y con ellos las ansias por conocer las coordenadas geográficas de aquello que no fuera su entorno inmediato. A partir de entonces, serán los pueblos de la periferia europea los que retomen el interés expansivo y vayan impregnando progresivamente a la sociedad occidental en su conjunto del gusto y la necesidad por el conocimiento geográfico empírico.

LA PERCEPCIÓN DEL MUNDO

Así pues, a lo largo de varios siglos, Europa se conformó con elaborar una representación ideológica del mundo que contuviera las directrices fundamentales diseñadas por la Iglesia cristiana, si bien es verdad que partiendo de las pautas cosmográficas del mundo clásico. Roma, a partir de los estudios helenísticos, tenía pleno conocimiento del espacio territorial europeo, norteafricano y asiático hasta el Índico. Incluso se manejaban algunas referencias a China, aunque poco concretas. El gran inconveniente para la cristiandad latina fue la pérdida del conocimiento de la lengua griega –en la que estaban escritas todas las obras geográficas de referencia–, razón por la cual bebieron de reinterpretaciones romanas tardoimperiales, y muy especialmente de Gayo Julio Solino (siglo III), cuyas fantasías acerca de los territorios más alejados de Roma, en el continente asiático y la fachada oriental africana, abrieron la imaginación medieval a seres monstruosos y tierras dotadas de características mágicas, como las fuentes de la eterna juventud o las piedras con propiedades curativas. Roma, no obstante, aplicó a la geografía un espíritu práctico, por lo que sus mapas no pasaron de ser simples relaciones de distancias entre unos lugares y otros. Uno de los ejemplos mejor conocidos de la cartografía romana, la *Tabula Peutingeriana*, contiene información geográfica desde Inglaterra hasta la India, y está basada en los itinerarios ro-

Retrato de Pedro de Ailly, responsable de una de las obras fundamentales de la cartografía occidental. (Hulton-Deutsch Collection.)

La península Ibérica cuenta con memorables escritos de geografía y astronomía, como es el caso del *Novus Tractatus de Astronomía*, de Ramón Llull. (Biblioteca Nacional de Catalunya. Barcelona.)

Representación de astrólogos y topógrafos, en el siglo XV, cambiando impresiones acerca de algunos tratados de matemáticas. (British Library. Londres.)

manos del siglo I d.C. Se estima su realización en el siglo IV, aunque las copias que conservamos son del siglo XVI y contienen algunos añadidos sobre el mapa original.

Aunque el mundo griego alumbra la ciencia geográfica en el siglo VI a.C., no será hasta el siglo II d.C., con la obra de Ptolomeo, cuando esta disciplina alcance cotas de auténtico interés. Con este autor, heredero de la tradición geográfica alejandrina, dispondremos del primer atlas universal. Lamentablemente, la filosofía práctica de Roma abortará el ya largo y fructífero recorrido de las observaciones geográficas al supeditarlas al dominio político del imperio. Se trata de elaborar una cartografía destinada exclusivamente al control del mundo romano, dejando a un lado la comprensión teórica del globo. En el longevo Imperio romano de Oriente, aunque se mantiene ese espíritu práctico, el interés por preservar las huellas del pasado histórico y cultural que le van a definir y sostener supone, entre otras muchas cosas, la conservación de obras como la *Geografía* de Ptolomeo. En su momento el mundo medieval se servirá de ella para acercarse definitivamente a la comprensión del espacio que lo rodea.

El modelo del *Orbis Terrarum* de los romanos –en el que se recogen los itinerarios útiles para el ejército, la administración y el comercio– fue suficiente para los deprimidos reinos cristianos altomedievales, cuyo máximo objetivo era, según ya hemos visto, concebir una representación simbólica del mundo. La conocida esfericidad de la tierra perdió todo su interés, así como la propia orientación de los mapas elaborados durante siglos. La dimensión religiosa que subyace en ellos obligó a situar en la parte superior el continente asiático (Oriente), por ser allí donde se encuentran las principales referencias bíblicas, así como a

Miniatura del siglo XIV en la que se representa a un astrónomo observando el sol a través de un rudimentario telescopio. (Biblioteca Nazionale Marciana. Venecia.)

desplazar a Roma del centro, reservando ese lugar de privilegio a Jerusalén. Se trataba, fundamentalmente, de proponer una correspondencia entre los tres continentes conocidos –Asia, África y Europa– con las referencias bíblicas más primitivas. Sem, Cam y Jafet, los tres hijos de Noé, se identificaron con el origen de la población de cada una de estas partes del mundo. En el siglo VII se creó en Rávena una escuela geográfica de la que han llegado hasta nosotros algunas copias tardías de la producción de sus talleres en las que vemos cómo la tierra quedó dividida en zonas que se corresponden con los mencionados hijos de Noé.

Si pensamos, además, en el efecto producido por la asunción de alguno de estos principios cosmorreligiosos en los escritos de personajes tan influyentes desde el punto de vista intelectual como Paulo Orosio, Isidoro de Sevilla o Beda *el Venerable*, no nos ex-

Representación de Richard of Wallingford, astrónomo, matemático y abad de Saint Albans, en su estudio (siglo XIV). A él debemos el reloj llamado Albion, que además del tiempo y las estaciones señala el itinerario del sol, la luna y los planetas. *History of the abbots of St. Albans'*, por Thomas of Walsingham (1422). (British Library. Londres.)

trañará en absoluto que todavía er. el siglo XIII contemos con muchos ejemplos de representaciones de la tierra en mapas del tipo T-O ccmo prototipos en los que Jerusalén siempre está situada en el centro de una circunferencia en la que el mundo queda dividido en tres partes separadas por los trazos de la T inscrita en dicho círculo. Esas tres partes o regiones del mundo son, obviamente, Asia, África y Europa. Todos los pueblos de la tierra están vinculados pues a la Ciudad Santa. Básicamente, el mundo medieval concibe sus representaciones de la tierra en forma circular, bien con el clásico modelo T-O, con evidentes connotaciones religiosas, bien como una distribución de zonas climáticas. El punto de partida es, pues, el conocimiento del mundo clásico, aunque, eso sí, cada vez más filtrado por los intereses didácticos de la Iglesia cristiana. Tanto los mapamundi T-O como los divididos en zonas climáticas están presentes en el mundo islámico, al que cabría atribuir, no obstante, la primera iniciativa en el mundo mediterráneo por representar la apariencia física, si no de la tierra en su conjunto, sí al menos del ámbito de influencia del islam.

Y es que ese ámbito islámico disponía de los conocimientos geográficos de Ptolomeo desde el siglo IX, merced a la traducción al árabe de su astronomía (*Almagesto*) y su cartografía (*Geografía*). Gracias a esta incorporación se produjo un avance fundamental: la determinación de la latitud y la longitud de cada punto geográfico. Pero en los territorios musulmanes ocurrió algo muy parecido a la evolución cartográfica de la cristiandad: en el propio siglo IX, la influencia ptolemaica languideció para dejar paso a una producción de tipo esquemático en la que lo importante era el fundamento religioso de la imagen del mundo. Este período terminó en el siglo XII, momento en el que resurgió el empirismo de forma decidida. Con el despegue cultural de Occidente, las observaciones geográficas de los musulmanes se incorporaron a las realizaciones cartográficas del mundo cristiano, siendo fundamentalmente las obras de al-Idrisi y de Ibn Battuta las más utilizadas.

Los padres de la Iglesia desecharon en los primeros siglos del cristianismo la idea de la esfericidad de la tierra, pues desde el punto de vista simbólico resultaba más adecuada la imagen de una tierra plana que descansa sobre agua y que está rodeada por una bóveda celeste. Es la imagen que recuerda al tabernáculo. Resulta curioso, sin embargo, que en esta ocasión fuera la Iglesia oriental la interesada en este retroceso en el conocimiento geográfico, pues Occidente mantuvo los avances del mundo griego durante un tiempo, aunque finalmente éstos cedieron a la más didáctica visión alumbrada en el Imperio bizantino. Rábano Mauro, discípulo de Alcuino de York, volvió a asumir en el siglo IX la esfericidad de la tierra. Alfredo *el Grande* personificó también el espíritu científico que a duras penas

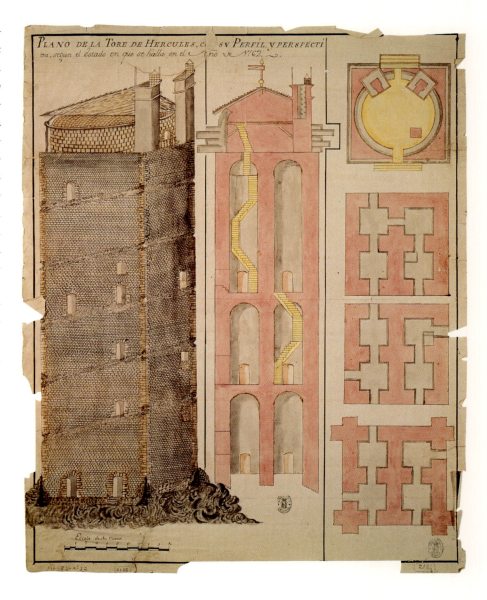

La Torre de Hércules fue un faro de navegación construido en época romana y que durante la Edad Media pasó a ser una fortaleza. En la imagen podemos observar los planos de la reconstrucción que se realizó en el siglo XVIII. (Biblioteca Nacional. Madrid.)

Páginas de la *Concordantia astronomie cum theologia*, de Pedro d'Ailly, por medio de la cual el insigne geógrafo trató de armonizar las posturas oficiales de la Iglesia con sus propias observaciones. (Glasgow University Library.)

sobrevivió en la Alta Edad Media, reuniendo en su corte a viajeros y navegantes para elaborar una cosmografía que tendría gran repercusión en el futuro.

Pero junto a los restos de la tradición simbólica, a partir del siglo XII la recuperación de algunas obras clásicas –aunque tal vez no las más importantes– abrió el camino en Occidente hacia el verdadero conocimiento geográfico. No obstante, habría de pasar mucho tiempo hasta que la convivencia entre fantasía y realidad dejara de frenar el desarrollo de esta última. Fue ya en el siglo XV cuando, a partir de la traducción de la *Geografía* de Ptolomeo, el interés por una descripción científica de la tierra se instaló definitivamente en la mentalidad medieval. Autores como Pedro d'Ailly con su *Imago Mundi* o el *Compendium Cosmographiae* elaboraron una cartografía real del mundo conocido que dio pie a imaginar toda una serie de nuevas rutas para enlazar la vieja Europa con el Extremo Oriente. Allí estaría, pues, el origen de las grandes aventuras de la expansión europea que abrieron de par en par las puertas del mundo moderno.

Antes de eso, y desde el siglo XIII, el despegue comercial hizo necesaria la elaboración de un tipo de cartografía muy particular, en la que únicamente se detallan las líneas de costa

y los lugares de atraque para las embarcaciones. Nos referimos a los portulanos que describen con bastante precisión el conjunto del Mediterráneo, el mar Negro y toda la fachada atlántica de Europa. La utilidad exclusiva de este tipo de cartografía como cartas de navegación se refleja en que en la inmensa mayoría de ellos se obvia por completo la información geográfica de las tierras del interior.

Desarrollo cartográfico

Podemos admitir, con ciertas reservas, que el despegue de la cartografía de la cristiandad occidental está representado en los mapas de Ebstorf y Hereford, ambos fechados a finales del siglo XIII. Aunque mantienen en parte la estructura en T-O, aportan grandes novedades respecto a la época precedente. Se ha llegado a decir que estos dos mapas, situados posiblemente tras el altar de varias iglesias europeas, introducen en la geografía occidental el espíritu del gótico: sin despreciar la necesidad didáctica de cualquier representación artística, se asume la demanda de la sociedad bajomedieval por una visión más realista de tales manifestaciones. He ahí el origen del impulso hacia una muestra del mundo fiel a su auténtica fisonomía. Los medios de la época, sin embargo, no permitían todavía, a finales del siglo XIII, dotar a estos mapas de la pretendida exactitud a la que aspiraban, aunque incorporasen todas las novedades importantes en el terreno de la cartografía como consecuencia, sobre todo, de las aportaciones de los mercaderes y peregrinos que, cada vez en

La observación del firmamento y su relación con las referencias fundamentales de la Tierra se centraron en el desarrollo de la esfera Armilar, que, compuesta de varios anillos, permitía señalar la posición de los astros más próximos y de las estrellas respecto al observador. *Libro de las propiedades de las cosas*, de Barthélemy. (Biblioteca Municipal. Reims.)

La astronomía oriental siempre estuvo muy por delante de la occidental. Representación de astrónomos otomanos en la Torre Gálata en el siglo XVI. (Biblioteca de la Universidad de Estambul.)

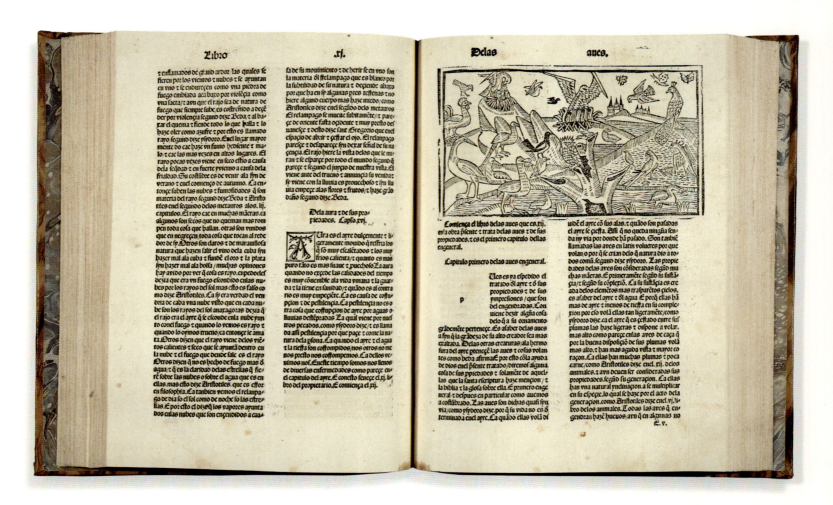

mayor número, viajaban por Europa, el norte de África y el Próximo Oriente. El mapa-mundi de Hereford está inspirado en un mapa romano, pues en él se representa un área que se corresponde con los límites del antiguo imperio y, al mismo tiempo, sus límites provinciales coinciden con los de tiempos de Diocleciano (siglos III-IV).

Pero el cambio más relevante en la representación geográfica elaborada en Europa se produjo gracias al desarrollo técnico de un instrumento fundamental: la brújula. A comienzos del siglo XIII, Roger Bacon comenzó a experimentar con el magnetismo, abriendo

Páginas de *De proprietatibus rerum*, especie de enciclopedia, fechada en 1494, en la que se exponen los conocimientos geográficos del momento. (Colección particular de los marqueses de Legarda.)

Entre los muchos instrumentos que impulsaron el conocimiento geográfico durante la Edad Media, la brújula y los relojes solares, como los que vemos en la fotografía, fueron los que experimentaron un mayor desarrollo. (Museo Naval. Madrid.)

Los desplazamientos durante la Edad Media eran particularmente costosos e incómodos. Las escoltas debían ser numerosas, sobre todo cuando era un séquito de mujeres el que se ponía en movimiento. La imagen recoge una de esas comitivas femeninas representada en la parte inferior del salterio de sir Geoffrey Luttrell, c. 1320-1340. (British Library. Londres.)

el camino para que a finales de ese mismo siglo se construyera una brújula en Amalfi con resultados satisfactorios. A partir de ahí los mapas se cubrieron de referencias a la llamada «rosa de los vientos» e hicieron su aparición las cartas de navegación o portulanos, que, al contrario de lo que se había hecho hasta entonces, están orientados hacia el norte.

Uno de los personajes más importantes del siglo XIII para el desarrollo de la geografía fue Johannes de Sacrobosco, nombre latinizado de John Halifax of Hollywood, profesor de matemáticas y astronomía en la Universidad de París. Su *Tractatus de Sphaera Mundi* fue una de las obras más utilizadas en la Baja Edad Media por los estudiantes de astronomía y cosmografía. En ella propone un mapa esférico del mundo que está basado en la obra de Macrobius (395-436) y que está dividido en siete zonas climáticas, al modo griego y de Ptolomeo.

Ya en el siglo XIV contamos con uno de los primeros mapas datados y firmados con precisión: se trata del que construyera entre 1306 y 1321 Pietro Vesconte, al que algunos autores consideran el primer cartógrafo profesional en Occidente. Vesconte, quien realizó casi todo su trabajo en Venecia, trabajó a partir de los portulanos, a los que añadió fronteras y accidentes geográficos terrestres. Conocemos la producción de Vesconte por sí misma, pero sobre todo por la obra de Marino Sanuto *Liber Secretorum fidelium crucis super Terrae Sanctae recuperatione et conservatione*, en la que intenta convencer a los reyes de Occidente para que emprendan una nueva cruzada contra los turcos y, en ese contexto, incorpora los mapas de Vesconte.

En los mapas de Pietro Vesconte, como en los portulanos, se consignan las rutas que unen las diferentes localidades. Pero la mayor aportación consiste en representar el recorrido de los grandes ríos del norte de Europa, desde el Danubio hasta el Don y el Volga, por una parte, y desde el Vístula hasta el Amu-Daria (antiguo Oxus) y el Sir-Daria (antiguo Yaxartes), por otra. Con respecto a la costa sudoriental de África, Vesconte se apoyó en la cartografía de al-Idrisi. Aunque los mapas de Vesconte siguen siendo circulares y con la zona oriental situada en la parte superior, según la larga tradición medieval, tienen la particularidad de haber suprimido algunas de las referencias clásicas de lugares míticos y de haber reubicado otras, como es el caso del reino del preste Juan, que, en lugar de en Etiopía, aparece situado en la India.

Desde fechas muy tempranas, el Occidente medieval conoció algunos instrumentos para la observación de los cuerpos celestes, como es este astrolabio de la época carolingia (siglos VIII-IX). Como en tantos otros ámbitos, en el desarrollo técnico el mundo musulmán sirvió de enlace entre la Antigüedad clásica y el mundo cristiano. (Institut du Monde Arabe. París.)

Reloj equinoccial, fabricado en latón y vidrio durante el siglo XV, cuyo plano es coincidente con el ecuador. Este tipo de relojes, dependiendo de su orientación, podía utilizarse para medir el tiempo entre equinoccios, desde el 21 de marzo hasta el 23 de septiembre y desde el 23 de septiembre hasta el 21 de marzo, respectivamente. (Museum of the History of Science. Oxford.)

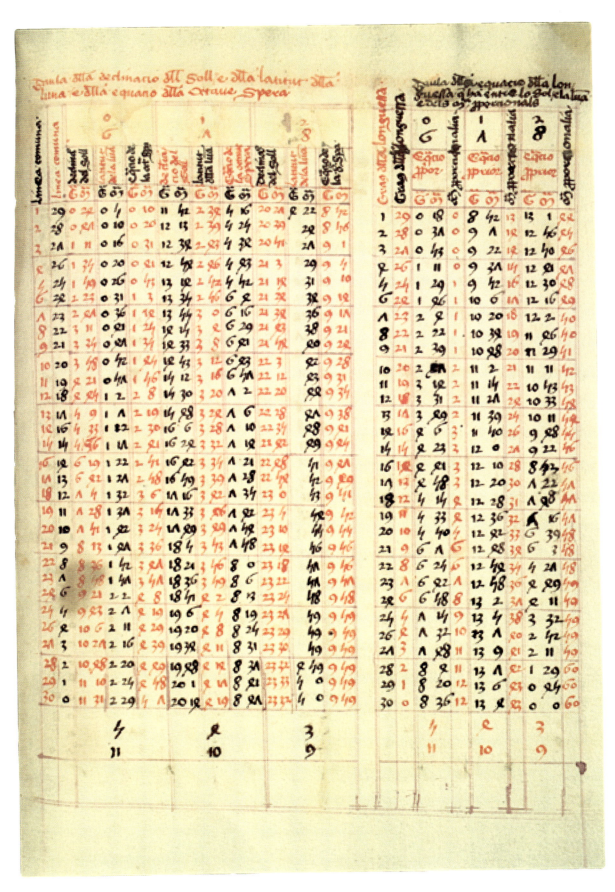

En el siglo XV fueron frecuentes las tablas astronómicas como la que vemos en la imagen, en la que se expresan las posiciones relativas de los principales cuerpos celestes. *Tablas astronómicas de Barcelona*, segunda mitad del siglo XIV. (Biblioteca Lambert Mata. Ripoll.)

Unos años después, entre 1335 y 1338, Opicinus de Canistris, trabajando para la corte pontificia de Aviñón, realizó mapas antropológicos que gozaron de gran popularidad mucho tiempo después, como base para el análisis sociopolítico. Canistris adaptó las formas de individuos y animales a las diferentes regiones conocidas, identificando, por ejemplo, el continente europeo con la figura de una mujer y el norte de África con la de un hombre.

Tal vez estemos ante el último intento de la Edad Media por recuperar esa tradición didáctica de la cartografía que, ante la llegada de una forma de hacer más precisa o científica, se estaba perdiendo para siempre. Los mapas de Canistris representaron, pues, algo parecido a lo que en su día ocurriría con los libros de caballerías: ante la proximidad del final de un ciclo, se produce una suprema creatividad que mantiene la ilusión de que los principios que lo alumbraron no han muerto todavía.

Pero los mapas-diagrama propios de la Alta Edad Media siguieron elaborándose durante los siglos XIV y XV. Un ejemplo de ello es el que creó el monje inglés Ranulf Hidgen en 1350, incluido en su *Polychronicon*. Probablemente estemos ante uno de los más claros exponentes de la adaptación de la simbología cristiana a la cartografía. Hidgen enmarcó su mapamundi en un óvalo que representa la mandorla de Cristo. Desde luego, su obra no refleja en modo alguno el avance de los conocimientos geográficos que salpicaban a todo el entorno latino ya en el siglo XIV. La desproporción que existe, por ejemplo, entre el número de núcleos urbanos ubicados en las islas británicas frente al resto del mundo (catorce de un total de treinta y nueve) es una buena prueba del carácter parcial que impregna esta obra. Cabría señalar asimismo que Jerusalén y Roma, que habitualmente ocupaban el centro de los mapas-diagrama, en este caso aparecen destacadas, pero no están situadas en ese lugar de privilegio.

La presencia recurrente de cartografía simbólica durante la segunda mitad del siglo XIV se ha utilizado como argumento para demostrar su escaso desarrollo en la Europa de esas fechas. Pero resulta más aceptable la consideración de estos trabajos como algo completamente ajeno a la geografía. Así, por ejemplo, algunos de los mapas contenidos en las crónicas de Saint-Denis —elaboradas entre 1364 y 1372— tienen, al igual que el texto que ilustran, una función eminentemente didáctica y conceptual, y olvidan por completo el rigor geográfico. Simplemente se utilizaba el viejo modelo T-O, que es el que convenía a la obra, lo que no autoriza a afirmar que se desconocieran los avances logrados en la representación cartografía por aquel entonces.

Uno de los índices más concretos a los que podemos acogernos para calibrar el desarrollo cartográfico en Occidente tiene que ver con la imagen que se ofrece de la costa meridional de África. En este sentido, el *Anónimo Laurenziano* —fechado en 1351— tiene la particularidad de ser la primera representación, antes de las observaciones portuguesas, que consigna el triángulo inferior de dicho continente. Se ha pensado, con bastante criterio, que el autor de este mapa habría mantenido contactos con musulmanes que desde la costa oriental se hubieran trasladado hasta las latitudes más meridionales de África, alcanzando el cabo Bojador. El mapa en el que aparece este precursor contorno de la costa africana pertenece a un atlas compuesto de ocho partes y que recibe el nombre de *Atlas Medici*. No podemos olvidar que los portulanos del siglo XIV y comienzos del XV suelen detenerse en la descripción de África a la altura de Sierra Leona. El hecho de que aparezca representado el sur de África antes de que se llevaran a cabo las exploraciones portuguesas ha llevado a suponer que esa parte del atlas se deba a un añadido posterior de los editores.

Un punto de inflexión determinante en el desarrollo cartográfico está representado por los llamados atlas catalanes del taller de Cresques Abraham, datados a partir de 1375, en

La costa más larga mide 17 jornadas próximamente, y es la que ciñe el mar Tenebroso [mar Atlántico]. Nadie sabe lo que hay en ese mar, ni puede averiguarse, por las dificultades que oponen a la navegación las profundas tinieblas, la altura de las olas, la frecuencia de las tempestades, los innumerables monstruos que le pueblan y la violencia de sus vientos. Hay, sin embargo, en este Océano un gran número de islas habitadas y otras desiertas; pero ningún marino se atreve a penetrar en alta mar, limitándose a costear sin perder de vista el continente.

Descripción de España,
de Abu-Abd-Alla-Mohamed-Al-Idrisi (siglo XII)

Mapamundi de Fra Mauro, considerado el primer auténtico mapamundi y no una simple carta naútica.
Año 1459. (Biblioteca Nazionale Marciana. Venecia.)

En las páginas siguientes:

Portulano procedente de Pisa. Este tipo de representaciones prestan atención únicamente a las líneas
de costa; en este caso, al tratarse de una elaboración muy temprana, presenta muchos errores.
Alrededor de 1300. (Biblioteca Nacional de Francia. París.)

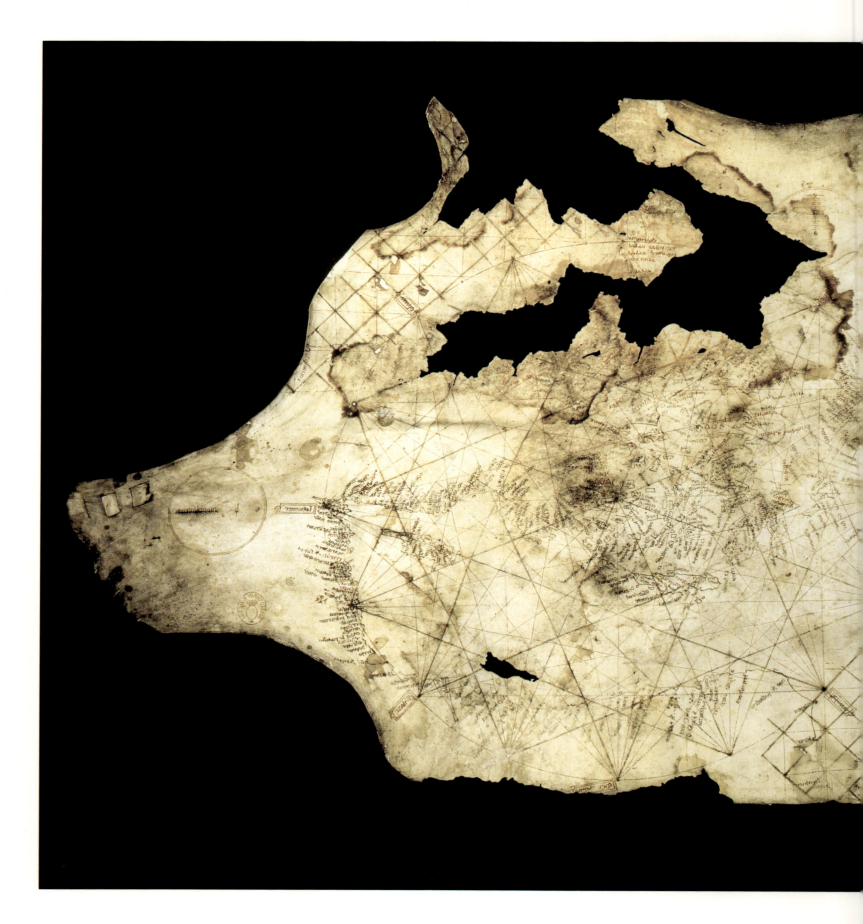

En la primera mitad del siglo XV el desarrollo de los portulanos nos ofrece ejemplos como el
de la ilustración, atribuido a Gabriel de Vallseca, que constituye una de las piezas más importantes
de los fondos del Museo Marítimo de Barcelona.

los que se ofrece una imagen exacta del conocimiento geográfico real que tenía el occidente de Europa a finales del siglo XIV. Todo lo que no aparece en ellos se debe a la ausencia de criterios de autentificación suficientes para su representación. No puede negarse que a partir de los mapas del taller de Cresques se abrió el camino hacia la cartografía renacentista.

El primero de estos atlas catalanes que se ha conservado procede de un encargo de Carlos VI de Francia a una familia de cartógrafos judíos afincados en Mallorca y dependientes de la corte de Pedro IV de Aragón. La copia que se conserva en la Biblioteca Nacional de Francia, en París, ha de ser de 1381, momento en el que nos consta la presencia del enviado del rey de Francia en la corte aragonesa para recoger su encargo. El mecenazgo de la corte aragonesa que permitió la elaboración de semejante atlas en el taller de Cresques hay que enmarcarlo en el interés general mostrado por el rey Pedro IV, y sobre todo por su hijo Juan I, en conseguir toda la información posible de las tierras de Oriente, lo que está en consonancia con su política expansiva por el Mediterráneo. Es así como se han conservado copias de libros de viajes tan relevantes como los de Marco Polo, Odorico de Pordenone o John Mandeville. Apoyándose en estos relatos, Cresques logró dar al perímetro del continente asiático una forma que, por primera vez en la Edad Media, presenta un aspecto relativamente próximo a la realidad. Incluso se ofrece una división interna de los extensos territorios de Asia, haciendo especial hincapié en mostrar los diferentes dominios de los mongoles.

Sin embargo, el continente africano sólo se representaba hasta el cabo Bojador, y al contrario de lo que ocurría en mapas anteriores, como el atlas de los Médicis, se consideraba que el triángulo inferior era sólo una conjetura que no era digna de figurar en un mapa que persiguiese la fiabilidad y precisión del taller mallorquín. Su gran aportación consistió en indicar con detalle todos los nuevos descubrimientos en Asia; el trabajo original estaba compuesto por seis grandes tablas. Las fuentes utilizadas para elaborar el atlas son tres: los elementos comunes de los mapamundis circulares propios de la Alta Edad Media; los datos provenientes de los portulanos respecto al Mediterráneo, el mar Negro y la fachada atlántica europea, y, por último, la información proporcionada por los viajeros del continente asiático durante los siglos XIII y XIV.

El *Atlas catalán* estima la circunferencia de la tierra en 20.052 millas, es decir, aproximadamente la misma dimensión que obtuviera Ptolomeo, aunque treinta años antes de que apareciera en Occidente la primera traducción de su *Geografía* que se conserva.

Ya en el siglo XV, en el año 1410, apareció otra obra fundamental para valorar la evolución general de la cartografía en Occidente: el *Imago mundi* de Pedro d'Ailly. Los escritos sobre cosmografía del que fuera arzobispo de Cambrai tuvieron gran acogida durante el siglo XV, aunque los grandes descubrimientos de la siguiente centuria lo hicieron caer en el olvido. Hay que pensar que D'Ailly fue un personaje realmente influyente en los problemas teológicos de finales del siglo XIV y comienzos del XV, teniendo un lugar destacado en el célebre Concilio de Constanza, que puso el punto final al Cisma de Occidente. El *Imago mundi* está compuesto por una serie de doce tratados sobre geografía, astronomía y problemas de calendario. Desde el punto de vista cartográfico, el *Imago mundi* utiliza como referencia las directrices de la *Geografía* de Ptolomeo, aunque el resultado sea una simple esquematización de la tierra. No obstante, la obra será crucial en tanto que expone una visión «oficial» de la Iglesia acerca de la distribución de las tierras en el globo, lo que será de vital importancia para el desarrollo de las grandes aventuras ultramarinas que tendrán lugar durante los siglos XV y XVI.

A finales de la Alta Edad Media todavía se admitían ciertas ideas simplistas acerca de la naturaleza del mundo. En esta ilustración procedente de la Inglaterra del siglo X, se expresa la idea de un océano que rodea literalmente la tierra. (British Library. Londres.)

Al respecto de la recuperación de la obra ptolemaica cabe decir que fue la presencia turca en Bizancio a comienzos del siglo XV lo que impulsó a algunos habitantes de Constantinopla a abandonar su ciudad llevándose consigo, entre otras cosas, los textos griegos de su *Geografía*, traducidos al latín en 1406 por Jacobus Angelus en la ciudad de Florencia. Desde ese momento Occidente copiará repetidamente esta obra fundamental, unas veces incorporando mapas y otras conformándose únicamente con el texto. Durante el siglo XV, pues, los mapas ptolemaicos se convirtieron en el eje del progreso cartográfico de Europa, lo que muestra el dinamismo de una sociedad como la cristiano-latina, que en menos de una centuria desde la recepción de estos principios de la geografía clásica supo aventurarse al descubrimiento del Nuevo Mundo, en tanto que todos los siglos en que el todopoderoso Imperio de Oriente contó con tales conocimientos no le sirvieron para ampliar sustancialmente sus horizontes. Con la llegada de la imprenta se reprodujo masivamente la *Geografía* de Ptolomeo; las más importantes ciudades italianas, como Vicenza (1475), Bolonia (1477) y Roma (1478), fueron las primeras en editarlo. La edición de Bolonia incluyó un mapa en el que se representan todos los detalles de la obra.

La *Geografía* de Ptolomeo contiene muchos errores que tal vez hicieron de lastre en el progreso cartográfico de Occidente, al sentir éste gran admiración por el bibliotecario alejandrino, lo que hacía difícil sugerir cambios en su obra. Pero más importante que el freno de la veneración fueron sus sistemas de proyección cartográfica que resolvían, al menos en parte, la representación esférica de la tierra sobre un plano. Al lado de esta gran incorporación a la cartografía occidental, hechos como la presencia en los mapas de un océano

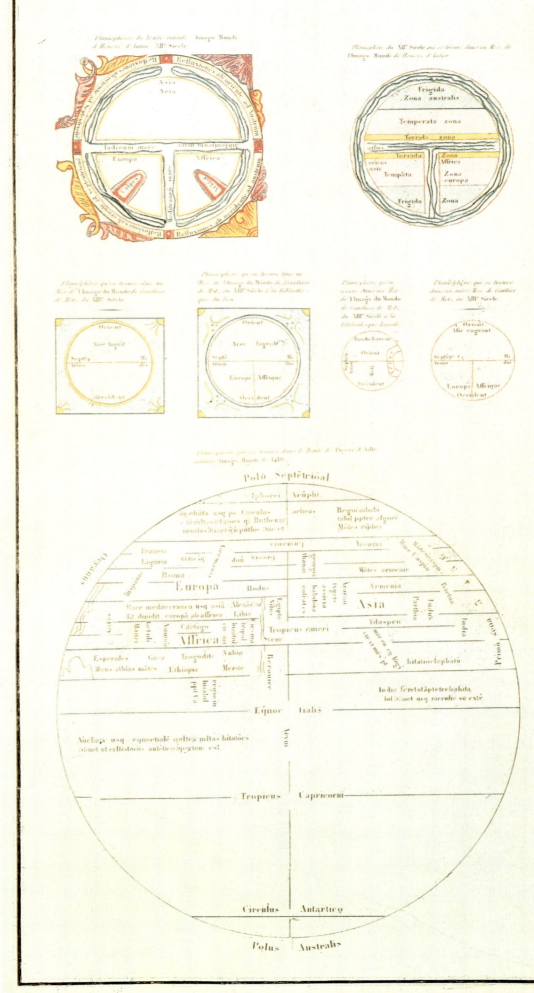

La larga tradición de mapas T-O nos ha proporcionado ejemplos como los de la imagen, atribuidos a Honore d'Autun (siglo XII), Gautier de Metz (siglo XIII) y Pedro d'Ailly (siglo XV) respectivamente, en los que podemos apreciar la evolución que experimentaron y su alta consideración a lo largo del tiempo. (Royal Geographical Society. Londres.)

Índico cerrado o el ocultamiento de la costa oriental de Asia únicamente supusieron pequeños inconvenientes que el tiempo se encargaría de corregir con bastante rapidez.

No es casualidad que tras la incorporación de la obra de Ptolomeo al elenco de conocimientos de Europa occidental se desarrollara en ella una actividad geográfica sin precedentes. Las exploraciones impulsadas por Enrique *el Navegante* en Portugal no son sino el reflejo de las ansias de conocimiento geográfico de la Europa renacentista, finalmente posibilitadas mediante las técnicas de representación ptolemaica en combinación con la ya desarrollada técnica de los portulanos. No podemos olvidar que el infante portugués se rodeó, entre otros navegantes, cartógrafos y matemáticos, de Jafudà Cresques, hijo de Cresques Abraham, que incorporaría al equipo de trabajo toda la tradición de las cartas portulanas de Cataluña.

El mapa que elaboró Pirrus de Noha en 1414, además de la *Geografía* de Ptolomeo, utilizó otras obras de la época romana, como la *Chorographia* de Pomponio Mela. Sin embargo, Noha sólo consignó el mundo conocido, no se molestó en representar el conjunto del globo a partir de las suposiciones y cálculos de los clásicos. Podríamos decir que Noha fundó en un solo mapa la tradición de los portulanos con las observaciones de Ptolomeo para representar el conjunto de territorios explorados a principios del siglo XV por la cristiandad latina.

En la primera mitad del siglo XV contamos también con el mapamundi circular de Albertinus de Virga, cuyo centro físico ya no lo ocupa Jerusalén o Roma, sino un punto indeterminado al este del Caspio. Se inicia así un período de transición en la cartografía, en el que se abandona definitivamente la costumbre medieval de situar a Jerusalén en el centro, pues los nuevos descubrimientos no permiten mantener tal preeminencia de Tierra Santa. Así y todo, las referencias bíblicas siguen siendo claramente protagonistas. La pretendida exactitud geográfica prima sobre la intencionalidad didáctica, y la influencia de la cartografía musulmana es evidente por la forma multicolor de los archipiélagos del océano Índico. El mapa de Virga recoge también las aportaciones de las cartas náuticas genovesas y catalanas, como pueden ser las islas del Atlántico entonces descubiertas recientemente (Canarias y Azores).

El avance cartográfico modificó para siempre la percepción del tiempo y del espacio para el hombre occidental. Gracias a ello, no sólo se abrirían muy pronto nuevas rutas que ampliarían considerablemente el tamaño de la tierra conocida, sino que también se pondría en marcha la reflexión que llevará, años después, a una modificación del calendario al que todavía hoy estamos sujetos. Esta evolución paralela puede visualizarse, por ejemplo, en los mapas de corte clásico del tipo T-O –aunque dando a la zona del Mediterráneo el detalle de los portulanos– realizados por el veneciano Giovanni Leardo entre 1442 y 1453. En el último de esos mapas de Leardo, el disco que contiene el mapa está rodeado por una serie de ocho anillos que constituyen un calendario muy sofisticado. El anillo más próximo al mapa determina el mes en el que había de celebrarse la Semana Santa desde 1453 hasta 1547. El segundo anillo muestra los meses empezando a contar desde marzo (sistema de cómputo oficial en Venecia). Con los anillos tercero a sexto se pueden calcular las fases de la luna. El séptimo anillo sirve para determinar los días de la semana, y el octavo y noveno proporcionan la duración de los días en horas y minutos.

Aunque conocidos desde comienzos del siglo XV, los principios cartográficos ptolemaicos fueron asumidos plenamente en toda Europa a mediados de esa centuria. Entre los cartógrafos centroeuropeos, por ejemplo, la influencia de Ptolomeo vino de la mano de la escuela liderada por el matemático y astrónomo Johannes de Gmunden, de la Universidad de Viena, y por Georg Mustinger, del monasterio de Klosterneuburg. Esta escuela supo

A mediados del siglo XV encontramos todavía representaciones del mundo en las que la ciudad de Jerusalén ocupa el centro geográfico, como en el mapamundi de Andrea Walsperger. (Biblioteca Vaticana. Roma.)

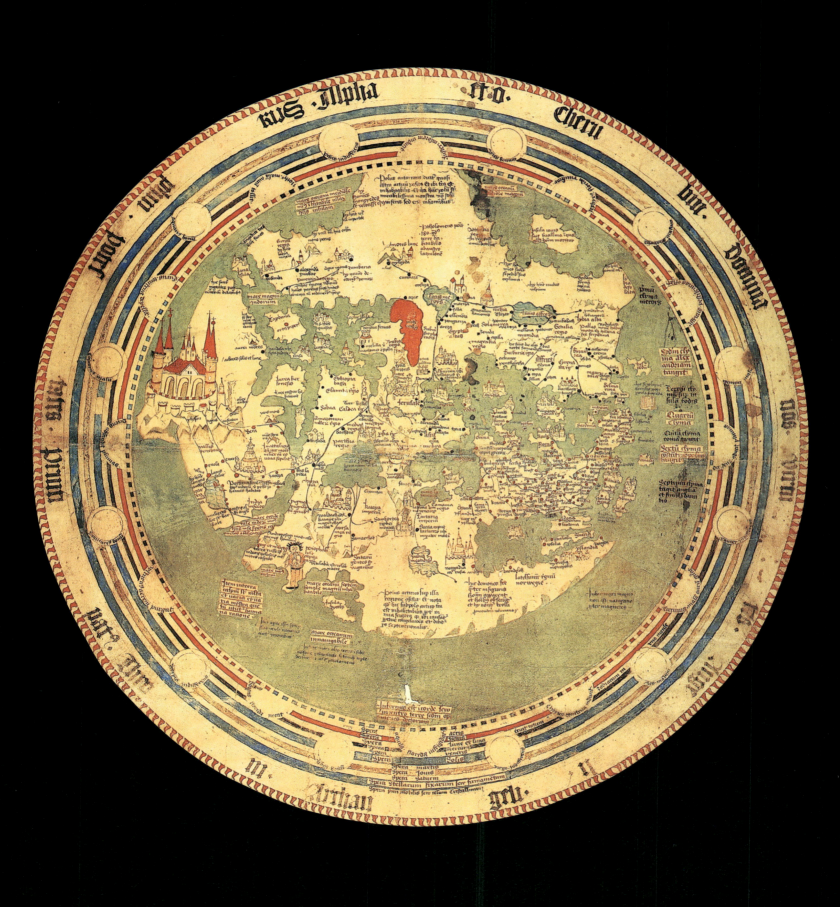

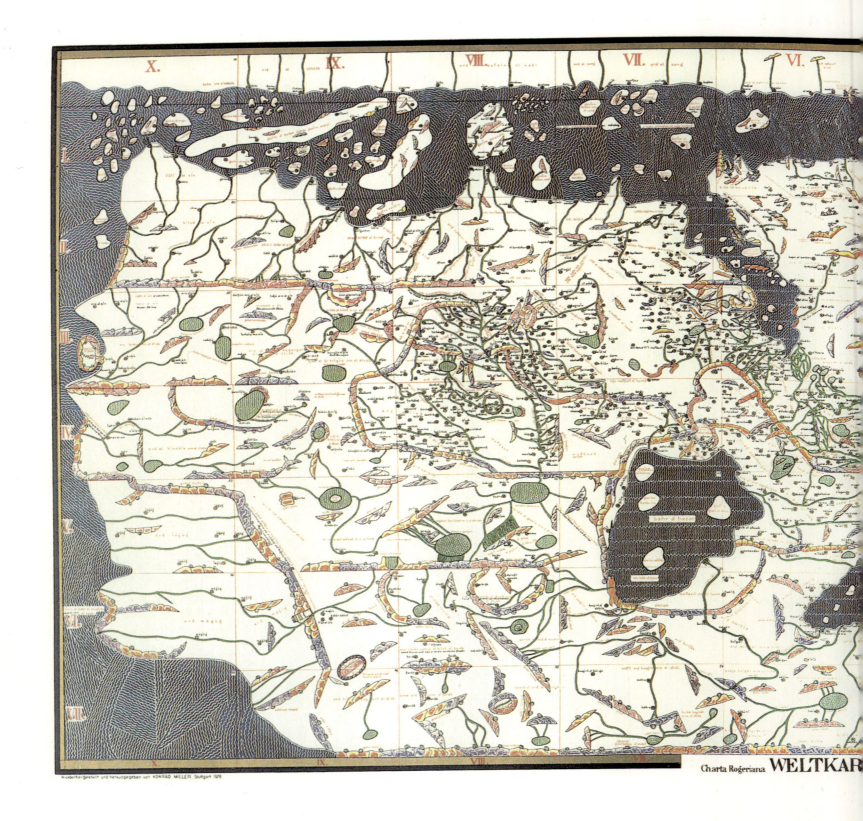

Una de las aportaciones cartográficas más relevantes de la Edad Media es el mapamundi que el geógrafo al-Idrisi alaboró para el rey de Sicilia en el siglo XII (1192), punto de referencia de innumerables estudios posteriores. (Bodleian Library. Oxford.)

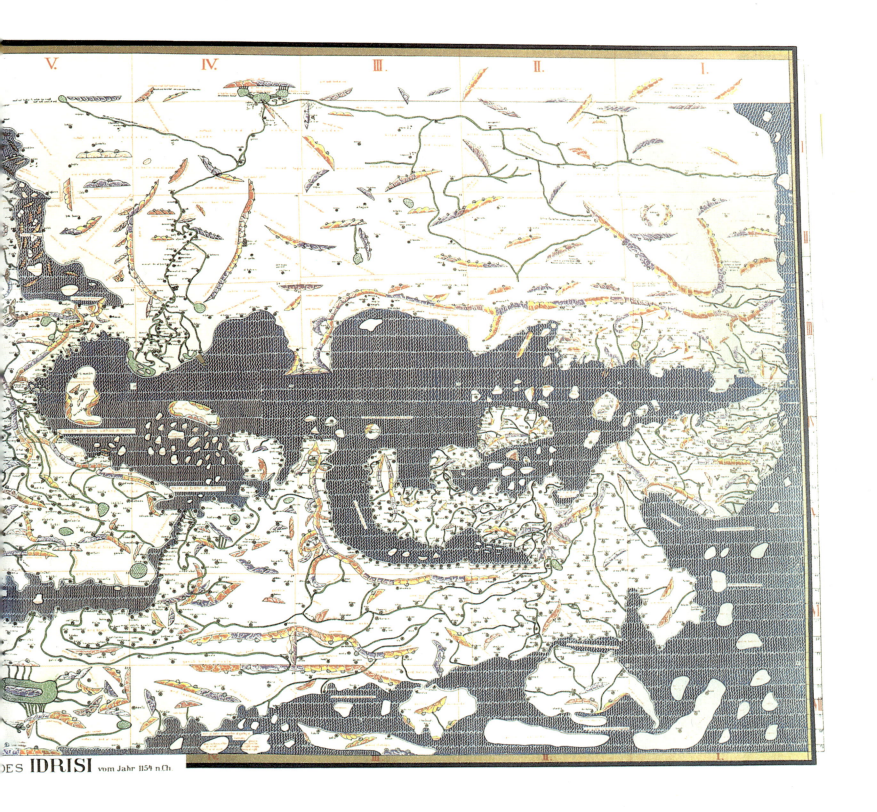

DES IDRISI vom Jahr 1154 n.Ch.

conjugar el protagonismo de una Jerusalén situada en el centro de los mapas con las novedades de la representación ptolemaica y los avances incorporados por los portulanos.

Pero no fueron sólo los geógrafos italianos y centroeuropeos los que se hicieron eco de las novedades conocidas desde comienzos del siglo XIV. Como es natural, la escuela catalana añadió también hacia mediados del siglo XV una serie de mejoras en sus conocidos y valorados mapamundis. Resulta muy peculiar la forma que adoptó entonces el perfil de la mitad sur de África, desplegada como un gran arco que prácticamente alcanza el límite inferior de la circunferencia que representa el globo terráqueo, llegando por el este a la altura del Índico. Por el oeste, el golfo de Guinea aparece tremendamente pronunciado. En la mitad superior de África se distinguen con toda claridad los nuevos descubrimientos portugueses, lo que supuso una notable diferencia respecto a los atlas catalanes del siglo anterior. Cabe hacer notar, asimismo, el hecho de que se prescinde de la representación de seres monstruosos en las regiones inexploradas que, por el contrario, se dejan completamente en blanco.

Algunos de los mapas elaborados ya en la segunda mitad del siglo XV incorporaron nuevas fuentes de información que implicaron un impulso sustancial en al arte de la cartografía occidental. Nos referimos a los relatos de los grandes viajeros que se adentraron en los terrenos inexplorados de Asia y del continente africano. Un buen ejemplo de ello lo tenemos en el mapa genovés anónimo de 1457, cuya representación de Asia se apoya, sobre todo, en las observaciones del viajero veneciano Niccolo dei Conti, recogidas cuidadosamente a mediados del siglo XV por Poggio Bracciolini. Seguramente, lo más interesante de esta obra cartográfica sea la imagen que se ofrece de las islas del sudeste asiático, donde la narración de Conti proporciona grandes novedades respecto a la etapa anterior. El sur de África, al contrario que en los atlas catalanes de esos años, no se prolonga hacia el este, aunque deja abierta la posibilidad de establecer nuevas rutas por vía marítima hacia las Indias circunnavegando el continente. Algunos autores piensan que este mapa es de origen florentino y no genovés, y que puede atribuirse a Toscanelli, pues es muy similar al que el geógrafo florentino envió en 1474 al rey de Portugal.

Pero el prototipo por excelencia de los mapas correspondientes a estos primeros años de la segunda mitad del siglo XV es el del monje camalduense de Murano conocido como fray Mauro, quien compuso un mapamundi que por primera vez puede considerarse como tal. Decimos esto porque, aunque las líneas de costa están dibujadas al modo de los portulanos y sirviéndose de las aportaciones de éstos, no se indican la rutas que siempre aparecen en ellos. Eso es precisamente lo que lo convierte en un verdadero mapamundi y no en una carta náutica. Ese primer mapamundi realizado entre 1457 y 1459 –que lamentablemente se ha perdido– fue enviado a la corte portuguesa, pues su autor trabajaba bajo el patrocinio de Alfonso V de Portugal. Su ayudante, Andrea Bianco, seguramente sería el responsable de dibujar la copia realizada después para la república de Venecia, que es la que se ha conservado en el palacio ducal de esta ciudad.

Pero lo verdaderamente importante desde el punto de vista geográfico estaba aún por venir. Una vez más, los grandes cambios que se produjeron en este terreno tuvieron su origen en una lectura detallada de los clásicos y en la aceptación de alguna de sus «descabelladas» propuestas. Paolo Toscanelli, físico y cosmógrafo florentino, asumió por primera vez las antiguas tesis de Aristóteles y Estrabón en cuanto a la conexión directa entre la fachada atlántica de Europa y el Lejano Oriente por vía marítima hacia el oeste. Fuera del ámbito cartográfico, Alberto Magno y Roger Bacon en el siglo XIII ya habían abogado por el respaldo de esta propuesta del mundo clásico.

«Un punto de inflexión determinante en el desarrollo cartográfico está representado por los llamados atlas catalanes del taller de Cresques Abraham, datados a partir de 1375, en los que se ofrece una imagen exacta del conocimiento geográfico real que tiene el occidente de Europa a finales del siglo XIV.»
(Biblioteca Nacional de Francia. París.)

En las páginas siguientes:

Los grandes viajeros de la Edad Media, desde Egeria hasta Pero Tafur, impulsados tanto por motivos religiosos, como comerciales o diplomáticos, abrieron los principales itinerarios que han marcado el avance en el conocimiento práctico del globo.

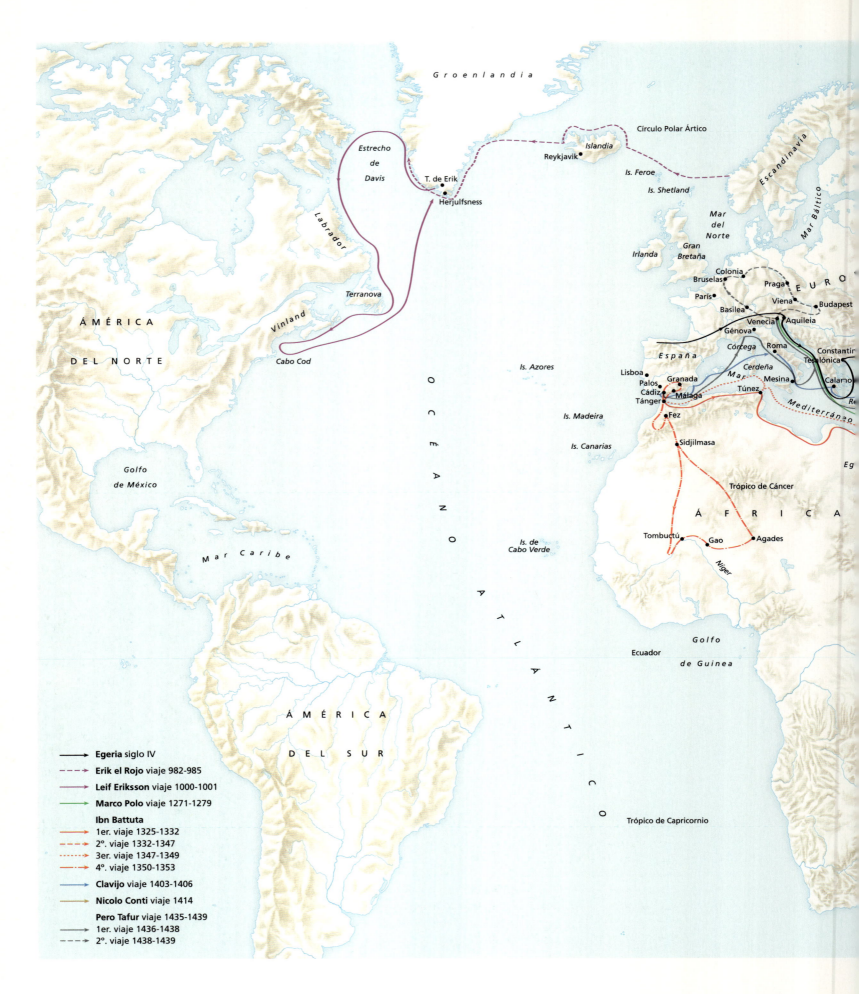

Groenlandia

Círculo Polar Ártico

Estrecho de Davis

T. de Erik

Herjulfsness

Reykjavik

Islandia

Is. Feroe

Is. Shetland

Escandinavia

Labrador

Mar del Norte

Mar Báltico

Irlanda

Gran Bretaña

Colonia

Bruselas

Praga

EURO

Terranova

Vinland

AMÉRICA DEL NORTE

Cabo Cod

París

Basilea

Viena

Budapest

Venecia

Aquileia

Génova

Córcega

Roma

Constantin

Tesalónica

España

Lisboa

Cerdeña

Mesina

Calamo

Palos

Granada

Mar

Cádiz

Málaga

Túnez

Tánger

Mediterráneo

Fez

Is. Azores

Is. Madeira

Is. Canarias

Sidjilmasa

Golfo de México

Trópico de Cáncer

ÁFRICA

Eg

Mar Caribe

Is. de Cabo Verde

Tombuctú

Gao

Agades

Níger

O
C
É
A
N
O

A
T
L
Á
N
T
I
C
O

AMÉRICA DEL SUR

Golfo de Guinea

Ecuador

Trópico de Capricornio

Egeria siglo IV

Erik el Rojo viaje 982-985

Leif Eriksson viaje 1000-1001

Marco Polo viaje 1271-1279

Ibn Battuta
1er. viaje 1325-1332
2º. viaje 1332-1347
3er. viaje 1347-1349
4º. viaje 1350-1353

Clavijo viaje 1403-1406

Nicolo Conti viaje 1414

Pero Tafur viaje 1435-1439
1er. viaje 1436-1438
2º. viaje 1438-1439

Volga

Bulgar

Sarai

Astrakhan

Mar de Aral

L. Baljash

A S I A

M O N G O L I A

Desierto de Gobi

Mar Negro

Trebisonda

nopolis

Aunique

Arzinga

Tabriz

tolia

Mossul

Damogan

Syr Daria

Amur Daria

Bujara

Samarcanda

Anchoi

Valque

Kachgar

Touen Houang

Pekín

Hoang Ho

C H I N A

Yang Tse

P E R S I A

Teherán

Bagdad

Ispahan

Kabul

T I B E T

Himalaya

Yang Tchéou

Damasco

Jerusalén

andría

Basora

Shiraz

Kerman

Ormuz

Kalat

Delhi

Ganges

Brahmaputra

Cantón

Formosa

O C É A N O

Medina

I N D I A

Bombay

Golfo de Bengala

Mekong

Mar de China

P A C Í F I C O

La Meca

A R A B I A

Hallanya

Mar Árabigo

Cananore

Madras

Calicut

Cochin

Ceilán

F i l i p i n a s

Sanaa

Adén

I. Socotora

Is. Maldivas

Kadarang

B o r n e o

Islas Molucas

Abisinia

Mombasa

Kilwa

O C É A N O   Í N D I C O

Sumatra

Java

Timor

Madagascar

A U S T R A L I A

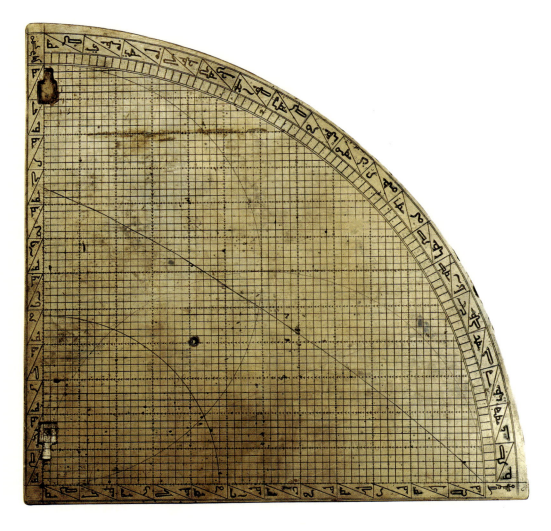

Cuadrante solar elaborado en bronce por Ahmad ben Abd el Rahman al-Duhmani en el siglo XV. (Museo Arqueológico Nacional. Madrid.)

Fue la corte portuguesa, decepcionada ante los intentos de circunnavegar África para llegar a las Indias, la que se puso en contacto con el físico florentino para discutir sus tesis. Aunque el mapa de Toscanelli no se ha conservado, es posible reconstruirlo a partir de las numerosas cartas que han llegado hasta nosotros, tanto las enviadas a la corte portuguesa en 1474, como a Cristóbal Colón antes de 1481. En el segundo caso es evidente la repercusión de las teorías de Toscanelli. Además, podemos imaginar la realización de la carta gráfica de Toscanelli por medio de los mapas de Henricus Martellus en 1490 y de Martin Behaim en 1492. En ambos se plasma la nueva concepción del mundo, en la que se hace una estimación de la distancia que separaba el oeste de Europa y la costa oriental de Asia por vía oceánica.

Pero entre el desaparecido mapa de Toscanelli y los globos terráqueos de los geógrafos alemanes todavía disponemos de una referencia importante que conviene no pasar por alto. Se trata de un mapamundi grabado en cobre y de forma circular, fechado alrededor de 1485 y cuya autoría desconocemos completamente. En él se sintetiza la totalidad de los conocimientos geográficos de ese momento, presentada mediante una nomenclatura latina de los territorios, utilizando, en la medida de lo posible, los nombres de época romana. Llama la atención la correcta ubicación del mar Caspio tanto en su perfil (del que ya existe el precedente, por ejemplo, de la obra de fray Mauro) como su orientación, que es totalmente original y prácticamente idéntica a la realidad. Algunos rasgos recuperan, sin embargo, la más

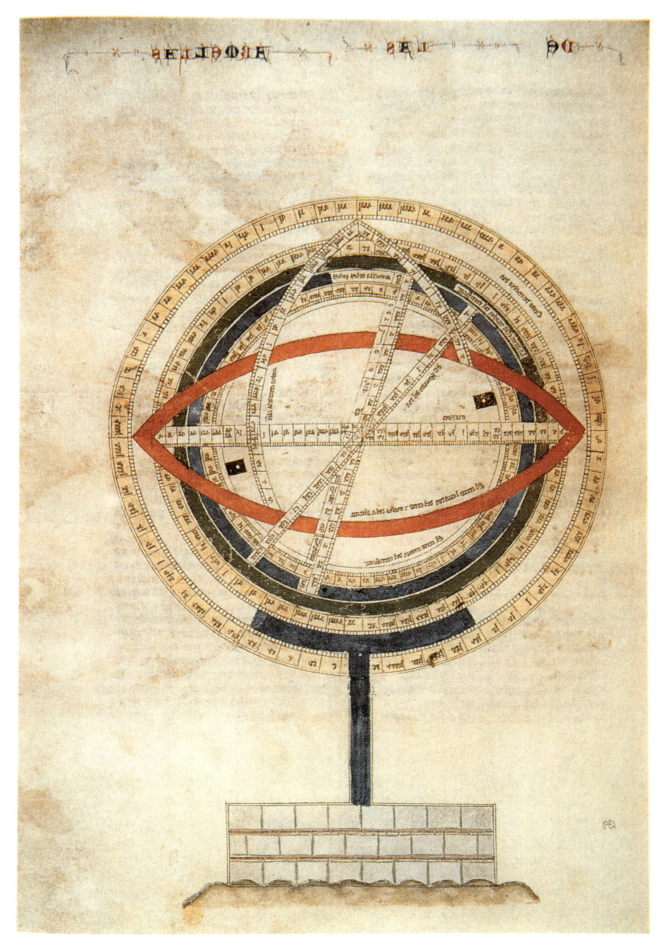

Representación de
una esfera armilar
contenida en el
códice alfonsí *Libros
del saber de Astronomía.*
(Universidad
Complutense.
Madrid.)

antigua tradición cristiana medieval (desde Cosmas Indicopleustes en el siglo VI bizantino), como pueda ser la representación del paraíso terrenal en el Extremo Oriente con sus cuatro grandes ríos y, sobre todo, la ubicación de Jerusalén en el centro mismo del mapa.

El enlace definitivo entre el mundo medieval y renacentista, en lo que a representación cartográfica se refiere, podríamos visualizarlo en el trabajo del alemán Martellus. En sus trabajos realizados entre 1489 y 1490 estaría basado el globo terráqueo de Martin Behaim, y casi con seguridad utilizó alguno de ellos Cristóbal Colón. Como alguno de sus predecesores inmediatos, Martellus utilizó los principios de Ptolomeo, acompañados de las nuevas observaciones, especialmente de los portugueses, siendo el primero que reflejó el cabo de Buena Esperanza descrito por Bartolomé Díaz en su viaje de 1487 a 1488, detalle que otros cartógrafos, como Behaim, unos años después, omitieron, extendiendo hacia el este el borde de sur de África, herencia de fray Mauro. Aunque es tradicional referirse a Italia como el lugar de elaboración de los mapas de Martellus, algunos autores apuntan hacia Portugal, habida cuenta de la inmediata constatación de los descubrimientos de su corte.

Particularmente interesante es el manuscrito de Martellus que se conserva en la Universidad de Yale, pues en él se ofrece una división de latitudes y longitudes en grados. Se impone así definitivamente una nueva forma de entender el mundo, justo antes de la gran era de los descubrimientos, que alteraría la percepción de su fisonomía para siempre.

El paso siguiente habría de consistir en representar la nueva concepción sobre una auténtica esfera. Únicamente se han conservado dos globos terráqueos anteriores a la época de los descubrimientos: el de Martin Behaim, conservado en Nuremberg, y el llamado globo Laon, actualmente en París. El primero de ellos fue construido en 1492 siguiendo las instrucciones del matemático Giovanni Campano descritas en su *Tractatus de Sphera solida*, donde muestra la forma de llevar a cabo estas representaciones terrestres en madera o metal. Behaim permaneció desde 1484 hasta 1490 cerca del rey de Portugal, formando parte de su Junta de matemáticos y participando en algunas exploraciones. A su vuelta a Nuremberg en 1490 se le encargó la construcción del globo en el que quedaran reflejados los nuevos descubrimientos.

Tal vez la mayor aportación del globo de Behaim fuera la necesidad que surgió con su elaboración de estimar con precisión la distancia entre la costa occidental europea y la oriental de Asia. Ello debió de impulsar decididamente a Colón en su proyecto.

En el globo de Behaim, no obstante, se dan cita todo tipo de fuentes: desde las primitivas concepciones de Isidoro de Sevilla, hasta los últimos descubrimientos portugueses, pasando por los portulanos, Ptolomeo, el Atlas de fray Mauro y los relatos de viajes de Marco Polo o de John Mandeville. Tal vez por ello, Behaim no está considerado como un cartógrafo profesional. Se trata más bien de un aventurero que trata de demostrar la viabilidad del «camino de occidente», pero que no es muy meticuloso ni presta atención a todos los detalles. En el fondo, su proyecto era idéntico al de Colón. Simplemente el segundo se adelantó en la materialización de la empresa. Conviene señalar que en el globo de Behaim se recogen numerosas leyendas medievales, como la de los Reyes Magos o el reino del preste Juan, y lugares imaginarios, como la ínsula de Brasil y las Antillas.

En ese mismo año debió de elaborarse un mapa circular, atribuido a Colón o a su hermano Bartolomé, que muestra la dependencia de Portugal, corte en la que trabajó el genovés para su proyecto. La datación de esta obra se apoya en la circunstancia de que Granada aparece como territorio cristiano. A la vista de este mapa, con el que cerramos el repaso del progreso cartográfico de Occidente a lo largo de la Edad Media, parece como si su único objetivo fuera demostrar la viabilidad del proyecto de navegar hacia el oeste para llegar a las Indias.

El libro de la Açafeha (Azafea), de Azarquiel —célebre astrónomo cordobés, que trabajó en Toledo por los años 1061 y 1084—, lo tradujo en 1256 Abraham de Toledo, conocido también como Abraham el Alfaquín. La Açafeha, un tipo de «astrolabio universal», capaz de adaptarse a cualquier lugar en el que se produzca la observación, resolvió la problemática que planteaba el astrolabio al tener éste condicionada su utilidad y aplicación a la latitud del lugar para el que había sido diseñado, o de disponer de tantas láminas como fuese posible definidas para diferentes latitudes. (Monasterio de El Escorial.)

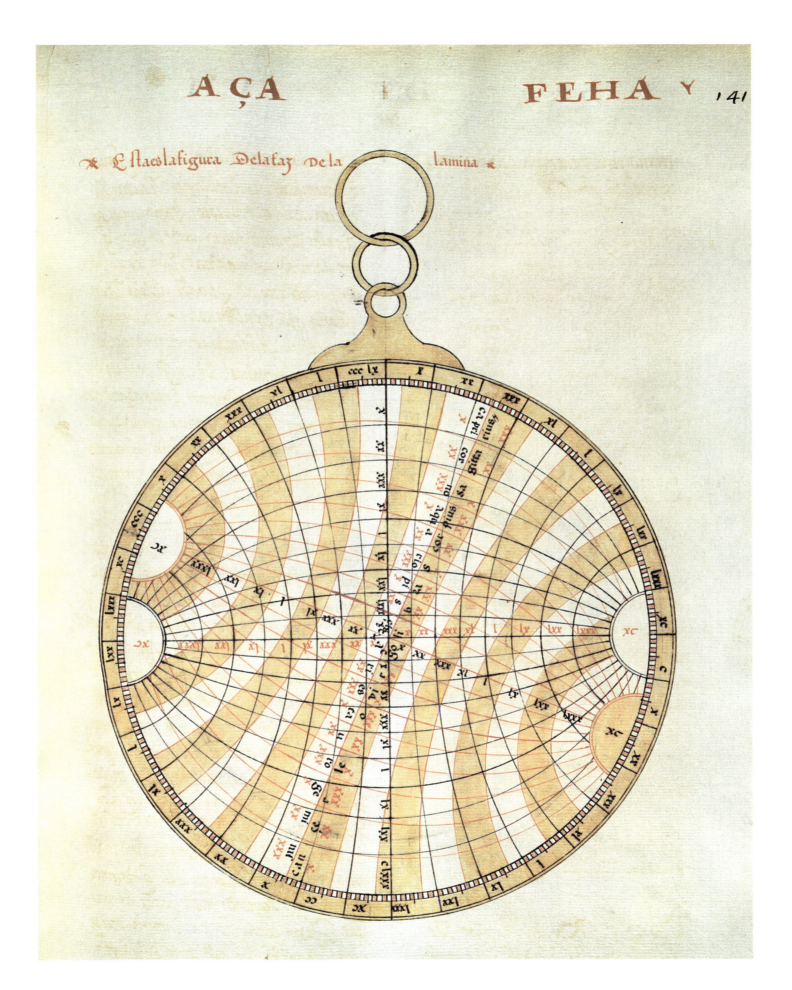

Estaeslafigura Delafaz Dela lamina

MUNDO REAL Y MUNDOS IMAGINARIOS. JOHN MANDEVILLE

Miguel Ángel Ladero Quesada

Como corre la mente de quien muchas tierras anduvo cuando salta de su corazón reflexivo el recuerdo.

La Iliada

El descubrimiento de Oriente

A partir del siglo XII, las cruzadas y el comercio en el Mediterráneo permitieron a los europeos conocer mejor el Próximo Oriente a pesar de las incomprensiones culturales y religiosas que los separaban de los griegos y, sobre todo, de los musulmanes. El *Liber de existencia riveriarum et forma maris nostri Mediterranei*, elaborado en Pisa hacia 1200, demuestra, entre otros testimonios, la madurez que había alcanzado dicho conocimiento. Pero los viajeros no se aventuraban más allá, y la ignorancia sobre Asia y África era total, aunque circulaban fabulosas descripciones, transmitidas casi todas ellas por autores de la Antigüedad tardía, sobre las maravillas que allí había y las gentes monstruosas que habitaban en tan remotas tierras. A ellas vino a sumarse, a partir de 1165, la noticia de la existencia, en algún lugar de las Indias, de un supuesto reino del Preste Juan, poblado por cristianos descendientes de los que evangelizara santo Tomás: reino de extraordinaria magnificencia, riqueza, orden y paz, que tal vez podría ser un aliado eficaz en las luchas contra el islam y la consolidación del dominio sobre los Santos Lugares.

La leyenda del Preste Juan y otras más antiguas perduraron hasta bien entrado el siglo XVI e ilustraron las imágenes mentales que acompañaron a los primeros europeos que viajaron por tierras lejanas desde mediados del XIII. El acontecimiento que abrió las puertas de Asia a su curiosidad fue la gigantesca conquista y expansión protagonizada por los mongoles bajo el mando de Gengis Khan y sus inmediatos sucesores, así como el establecimiento de condiciones de seguridad suficientes para viajar desde las costas orientales del Mediterráneo hasta China, lo que fue posible durante más de un siglo, hasta que el poder de los diversos khanatos mongoles se vino abajo.

Los europeos observaron la expansión mongol con una mezcla de temor, ante la barbarie de los conquistadores, y de esperanza, pues se llegó a pensar que podían ser aliados y convertirse a la fe. Las primeras embajadas tuvieron intenciones misioneras así lo demuestran los viajes de Juan de Pian Carpino (1246) y Guillermo de Rubruck (1253), que pusieron por escrito sus itinerarios hasta Caracorum y sus impresiones. Desde el último tercio del siglo XIII se intercambiaron embajadas, se organizaron las misiones de franciscanos y dominicos y, a la vez, la actividad de mercaderes occidentales. Como consecuencia, se pusieron por escrito itinerarios, memorias de viaje, descripciones del Próximo Oriente islámico y, más allá, de tierras y pueblos del África Oriental, de la India y Extremo Oriente, de Asia Central y China, y se plasmaron, ya bien entrado el siglo XIV, en mapas y tratados de *Pratica della Mercatura*. Gracias a estos testimonios conocemos hoy la importancia que tuvo para la historia europea aquella primera época de descubrimientos geográficos y por qué caminos, a veces tortuosos, se fue enriqueciendo y modificando la imagen del mundo en los dos siglos finales de la Edad Media occidental.

«Pues el hombre cree especialmente aquello que desea que sea verdadero» (Francis Bacon, *Novum Organum*). Ilustración de un barco de pescadores con ballena (siglo XII). En la iconografía medieval, este animal es a veces una alegoría del diablo. (Russian National Library. San Petersburgo.)

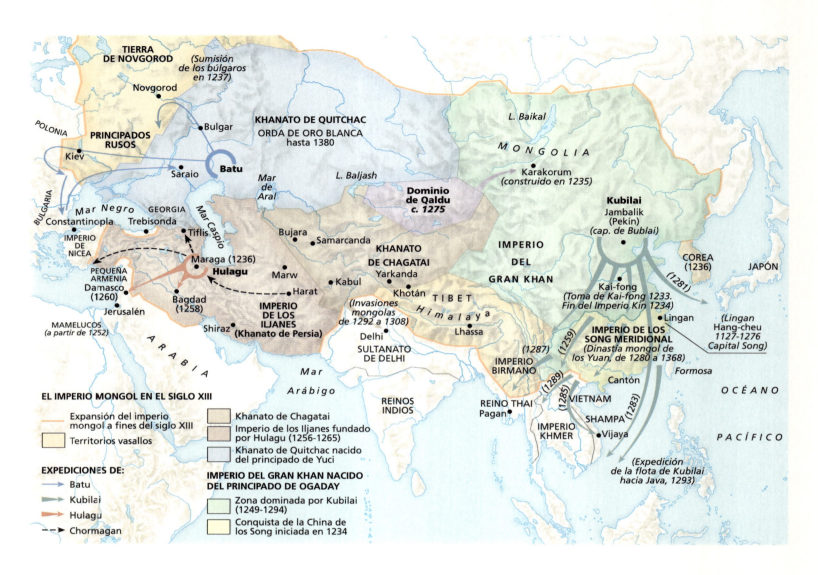

EL IMPERIO MONGOL EN EL SIGLO XIII

Expansión del imperio mongol a fines del siglo XIII

Territorios vasallos

Khanato de Chagatai

Imperio de los Iljanes fundado por Hulagu (1256-1265)

Khanato de Quitchac nacido del principado de Yuci

EXPEDICIONES DE:

Batu

Kubilai

Hulagu

Chormagan

IMPERIO DEL GRAN KHAN NACIDO DEL PRINCIPADO DE OGADAY

Zona dominada por Kubilai (1249-1294)

Conquista de la China de los Song iniciada en 1234

Entre los misioneros, recordemos como hitos principales las obras de Juan de Montecorvino, que fue primer obispo católico de Pekín, desde 1307, después de haber recorrido Armenia, Persia y las rutas del océano Índico; Ricoldo de Montecroce (*Histoire merveilleuse du Grand Khan*); las *Memorias* de Guillermo Adam, sobre Irán y el Índico; el *Livre de l'estat du Grant Caan*, de Juan de Cori, y los *Mirabilia descripta*, sobre la India, de Jordan Catalá de Severac, datables ambos en torno a 1330; los grandes relatos de Odorico de Pordenone sobre su viaje a China y el Tíbet, y, ya a mediados del siglo XIV, el de Juan de Marignoli, también obispo de Pekín, que regresó a Europa por mar, realizando escalas en la India y Próximo Oriente. Mientras tanto, otros misioneros se habían aventurado a recorrer las rutas marítimas que jalonaban la costa oriental africana, como Guillermo Adam (*De modo sarracenos extirpendi*, 1318) y Esteban Raymond (*Directorium ad passagium faciendum*, 1332). Contrasta con esta pequeña avalancha de escritos el silencio de los autores orientales, exceptuando uno que, además, escribió en Aviñón, el príncipe armenio Hayton (*Fleur des Estories d'Orient*, 1307).

Los misioneros, como los mercaderes, en el Índico y sudeste asiático utilizaban rutas ya conocidas y practicadas por los musulmanes desde hacía siglos, al igual que las rutas terrestres que se dirigían hacia el Asia Central, pero estas últimas se prolongaron hasta China y fueron más seguras y transitables gracias a los mongoles. Utilizando todas ellas Marco Polo pudo lle-

La gran expansión protagonizada por los mongoles bajo el mando de Gengis Khan y sus sucesores en el siglo XIII causó un gran impacto en la Europa medieval.

«El preste Juan de la India y de la Etiopía, del qual por estar de nosotros tan lexos no he podido aver de él llena noticia, empero escreviré de los otros antecesores suyos, de la religión y potencia y de las maravillosas cosas y diversidades de las gentes» (Del *Recogimiento de Nobleza*, por Castilla, rey de Armas de los Reyes Católicos y Carlos V, siglo XVI). En la imagen, los dominios africanos del preste Juan en un mapa de Vesconte de Maggiolo, siglo XVI. (Biblioteca Nacional de Mapas y Planos. París.)

var a cabo su extraordinaria experiencia de viaje y estancia en la corte e imperio del Gran Khan entre 1271 y 1295 y dictar algo más adelante sus recuerdos en el llamado vulgarmente *Libro de las Maravillas* o *Il Milione*, aunque su título correcto es *Livre dou divisament du monde*.

JOHN MANDEVILLE: PERSONA Y OBRA

Marco Polo fue un autor muy leído en los siglos XIV y XV. Cabe señalar que si bien entre parte de sus lectores era normal tener por fantásticas y exageradas algunas de sus afirmaciones, se aceptaban en cambio como ciertas las contenidas en otra obra que gozó de mayor fama y difusión pero que fue escrita por alguien que no viajó por las tierras que describe y ocultó su identidad bajo un seudónimo. Me refiero al relato de los supuestos viajes de sir John Mandeville, asunto principal de estas páginas.

Se trata de una obra escrita en dialecto franco-normando, o del norte de Francia, hacia 1357 y que muy pronto fue traducida al inglés y al latín y, enseguida, a otras lenguas, pues alcanzó extraordinaria difusión y popularidad, como lo demuestra el hecho de que hayan llegado a nuestros días más de doscientos cincuenta manuscritos, de ellos, cin-

John Mandeville se presenta en su *Libro de las maravillas del mundo* (1540) como un caballero inglés nacido en Saint Albans que más tarde se instaló en Lieja, donde puso por escrito la memoria y experiencia de sus viajes en 1357. Algunos autores piensan que nunca existió y que su nombre sólo responde al de un personaje de ficción, tal vez Jean d'Outremouse. (Biblioteca-Museu V. Balaguer. Valencia.)

Imagen de la obra *De Universo* (siglo IX), del hebraísta Rabano Mauro, que realizó una peregrinación a Palestina antes de su ordenación en 814 y fue una de las fuentes de John Mandeville. (Montecassino Abbey Archives.)

cuenta y siete en francés, cuarenta y nueve en latín, treinta y seis en inglés, cincuenta y ocho en alemán, quince en flamenco, trece en italiano, ocho en checo, cuatro en danés, tres en irlandés y dos en español,[1] y que se hicieron noventa ediciones impresas entre 1480 y 1600, siete de ellas en Valencia y Alcalá de Henares. Desde la edición inglesa de 1568 la obra suele conocerse como *Viajes de sir John Mandeville*, pero el libro no es un relato típico de viaje o peregrinación, aunque participa de algunas características propias del género, sino más bien «un tratado sistemático sobre los países del mundo», una especie de descripción o *Imago Mundi*, en suma un «primer libro de geografía en una época en la que este término estaba incluso olvidado» (Deluz).

Al comienzo del libro su autor se presenta como John Mandeville, caballero inglés nacido en Saint Albans, que habría salido de su tierra en septiembre de 1322 y viajado por diversos países durante muchos años, hasta que, ya mayor y aquejado de gota (*goutes artetikes*), se instaló en Lieja, donde en 1357 puso por escrito la memoria y experiencia de sus viajes. El examen crítico de la obra y de otros testimonios de la época procedentes de Lieja e Inglaterra ha permitido establecer que «Sir John Mandeville nunca existió y su nombre sólo responde al de un personaje de ficción tras el cual escondió su identidad el verdadero autor de la historia», utilizando el procedimiento literario del «narrador ficticio», que ya se conocía en las literaturas europeas de la época.

La obra se fundamenta en escritos de viajeros auténticos y en otros tratados de los que el autor tomó referencias y datos combinándolos en su relato con buen arte literario y expositivo: no se puede olvidar que durante siglos fue considerado un clásico de la primitiva literatura inglesa. Es más, no se puede descartar que haya viajado a Constantinopla, Egipto y Tierra Santa, pero no, desde luego, a Persia, India, China y Extremo Oriente, destinos para los que utiliza datos y fantasías de otros autores, todos ellos identificados por los historiadores actuales.

PROCEDENCIA DE LOS DATOS UTILIZADOS POR MANDEVILLE

1. **Enciclopedias**
   – Petrus Comestor, *Historia Scholastica Evangelica*
   – Vincent de Beauvais, *Speculum Naturale Speculum Historiale*, hacia 1250 (recoge elementos procedentes de Heródoto, Plinio, Solino, Isidoro de Sevilla, Justino, Valerio, Quinto Curcio, Séneca/Historia de Alejandro/)
   – Brunetto Latini, *Li Lives dou Tresor*
   – Jacobus de Vorágine, *Legenda aurea*
2. **Autores clásicos y altomedievales**
   – Josephus Flavius, *Bellum Judaicorum*
   – Rabano Mauro, *De Inventione Linguarum*
3. **Obras de ficción**
   – Poemas de materia carolingia y artúrica
   – *Roman d'Alexandre* (Alejandro, conquistador que llegó a los confines del mundo)
   – *Litera Presbyteri Johannis* (carta del Preste Juan)
4. **Relatos de peregrinación y viaje. Descripción de países**
   – Albert d'Aix, *Historia Hierosolimitanae Expeditionis*, historia de la primera cruzada (1095-1120), hacia 1125
   – Jacques de Vitry, *Historia orientalis sive hierosolymitana*, antes de 1240
   – Juan Piano Carpini *Itinerarius*, mediados del siglo XIII. (Historia de los mongoles, 1247)
   – Guillermo Rubruquis, *Itinerarium*, segunda mitad del siglo XIII (1255)
   – Marco Polo, *Divisament dou monde*, finales del siglo XIII
   – Guillermo de Trípoli, *Tractatus de statu sarracenorum*, hacia 1270
   – Haiton, príncipe de Armenia, *Fleurs des Histoirs d'Orient*, o *Flor des Estoires de la terre d'Orient*, antes de 1308 (1307)
   – Odorico de Pordenone, *Itinerarium*, 1330 (Trípoli, Haiton y Pordenone, a través de la traducción francesa de Jean le Long, 1351)
   – Guillermo de Boldensele, *Itinerarius* o *Liber de quibusdam ultramarinis partibus* (viaje a Tierra Santa de este dominico renegado), 1336

Mandeville era hombre de amplia cultura, y en su relato deja traslucir rasgos de su personalidad y sus opiniones, al hilo del objetivo principal, que es procurar «solaz, divertimiento, deleite o placer a quien lo oyese, pues a todo el mundo le es grato oír hablar de cosas nuevas y de noticias frescas». Se revela como buen cristiano pero crítico con algunos aspectos del comportamiento de clérigos y seglares, con la prepotencia de la curia romana o con la necesidad de practicar el sacramento de la penitencia exclusivamente bajo la forma de confesión auricular, aunque atribuya tales observaciones a personajes griegos o musulmanes. Describe con respeto los usos de otras iglesias cristianas orientales, del islam e incluso de paganos e idólatras, porque, aunque estén en el error, leemos en la versión aragonesa del texto, «hombre no debe ningunas gentes terrianas por sus diversas leyes haber en despecho, ni ninguno juzgar mas rogar por ellos porque nos no sabemos quales Dios ama ni cuales Dios ha en odio. Porque Él no quiere mal a ninguna criatura que el ha hecho».

Ilustración del famoso salterio de Geoffrey Luttrell, realizado hacia 1325, en el que se representa a un trabajador y una sirena, ésta con un espejo y un peine. (British Library. Londres.)

Esta opinión era corriente en los tratados misionales de la época, y Mandeville, que participaría de ella, la transmite, como tantas otras de diversos autores, considerando que, en definitiva, «no es malo lo que es natural», aunque pueda serlo su uso, según opina al describir las «viles costumbres», la promiscuidad y la desnudez de los habitantes de la remota isla índica de Lamary. Pero, en definitiva, la verdad plena está en el cristianismo latino, y Mandeville culmina sus fantasías declarando que, una vez concluido su libro, lo sometió a revisión pontificia: «[...] el Santo Padre estimó conveniente que mi libro fuese examinado y corregido de acuerdo con el parecer de su sabio consejo privado [...] tras lo cual, mi libro fue tenido por verdadero».

Aunque hoy no podríamos suscribir este dictamen, seguimos reconociendo que el autor ha compuesto un relato dotado de «interés y amenidad [...] Es un narrador que sabe captar y mantener la atención con un estilo conciso, ceñido, de frases cortas y pictóricas. Sabe mezclar lo fantástico con el detalle concreto y cotidiano, dándole así verosimilitud... [narrar] todas las cosas extraordinarias, más o menos reales, que traídas como noticia por los viajeros medievales y adornadas por la fantasía, formaban parte del acervo de creencias de la Baja Edad Media [...] Así se explica su popularidad, mientras muchas de las fuentes que empleó apenas alcanzaron difusión cuando se escribieron y hoy nadie las lee» (Liria). «El Libro de Mandeville –añade Deluz– es una especie de himno a la belleza del mundo, para hacer más imperiosa la invitación a recorrerlo.»

IMAGO MUNDI: LO REAL Y LO MARAVILLOSO EN EL VIAJE DE MANDEVILLE

El texto se divide en dos partes de parecida extensión. La primera es una guía de viaje a Tierra Santa, con descripción detallada de los diversos itinerarios y datos sobre las tierras y los pueblos que atraviesan, complementada con un informe sobre Mahoma, la fe y las prácticas

Etiopía formaba parte del reino del Preste Juan. Ilustración datada en el siglo XVII de un mapa
de esa parte de África. (O'Shea Gallery. Londres.)

«Sabed que de todos estos países de los que os he hablado y de todas las islas y gentes diversas
que os he descrito en ellos y de las diversas leyes y creencias que tienen, no hay ninguno, con tanto
que posea razón y entendimiento, que no tengan algunos artículos de nuestra fe y algunos buenos puntos
de nuestra creencia y que no crean que Dios hizo el mundo», fragmento e ilustración de un texto
de John Mandeville. (British Library. Londres.)

religiosas de los musulmanes. Una vez descritas las tierras *par deçà* de Tierra Santa, la parte segunda del escrito se dedica a las situadas más allá (*par delà*): «[...] he pasado por Turquía, Armenia la Menor y la Mayor, por Tartaria, Persia, Siria, Arabia, Egipto el Alto y el Bajo, por Libia, Caldea y una gran parte de Etiopía, por Amazonia, por la India, la Menor y la Mayor, y por muchas otras islas que circundan la India, donde viven gentes muy diversas, con costumbres, religiones y formas humanas diferentes [...] por el Catay o imperio del Gran Khan y por el reino del Preste Juan, hasta alcanzar los límites de lo que es accesible al hombre».

El relato lleva al lector de lo conocido a lo desconocido, mediante un progresivo «descubrimiento» del mundo, en un escrito cuajado de anécdotas, leyendas, datos más o menos históricos pero tenidos por ciertos en aquel tiempo, donde los *mirabilia* y lo monstruoso van tomando mayores dimensiones a medida que se recorre el *par delà* y se accede al Oriente, en especial a las islas del Índico: en unas o en otras se hallan fabulosas bestias, humanoides monstruosos, extraños fenómenos de la naturaleza. Casi todos ellos, hay que recordarlo, formaban parte del imaginario heredado de la Antigüedad, y los grabados que se incluyeron en las ediciones impresas de Mandeville contribuyeron a difundirlos: *blemmyas* sin cabeza con ojos y boca en el pecho, *astomori* con un pequeño agujero en lugar de boca, *sciápodos* con un solo y enorme pie, *panotios* de inmensas orejas, monóculos o cíclopes, hombres con órganos duplicados, pigmeos, trogloditas bestiales y antropófagos... dragones, grifos, cinocéfalos, caracoles gigantes, hormigas del tamaño de perros, árboles que dan harina, miel, vino y veneno, otros de cuyos frutos nacen animalillos, manantiales de aguas perfumadas, la Fuente de la Juventud en la India, ríos de piedras preciosas, montañas de oro, valles infernales o peligrosos...

John Mandeville conocía perfectamente todo lo relacionado con Alejandro el Grande, como *La Verdadera Historia del Buen Rey Alejandro*, escrita en siglo XIII. La ilustración representa la exploración del fondo del mar. (British Library. Londres.)

La obra de John Mandeville obtuvo gran difusión por Europa, algunos autores piensan que más que la de Marco Polo. Rrepresentación del autor pagando su peaje para poder embarcar hacia Tierra Santa. *Libro de las Maravillas del Mundo*, de sir John Mandeville, siglo XV. (British Library. Londres.)

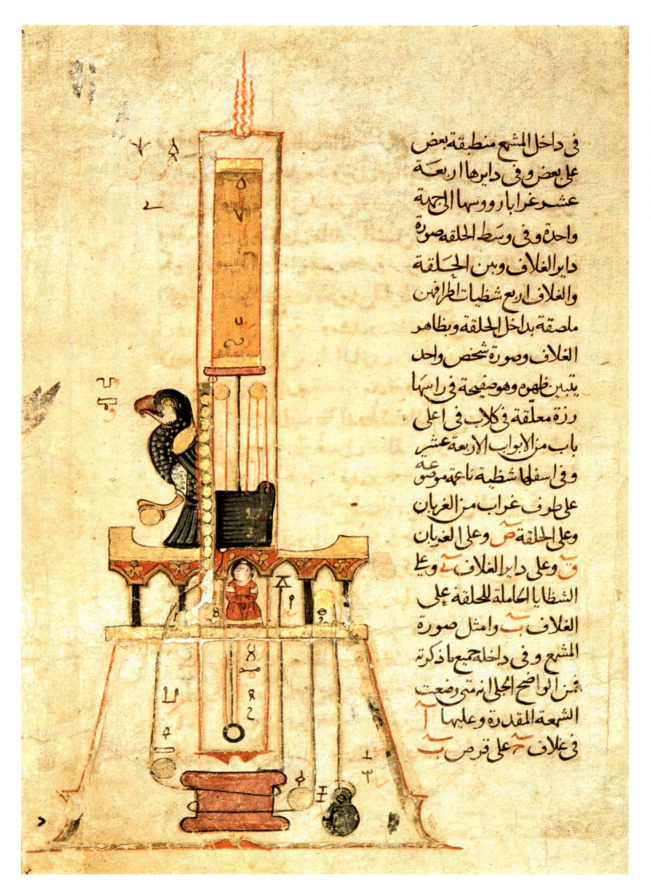

Al peregrino y al hombre medieval en general le es difícil apreciar con exactitud el paso del tiempo ya que sólo percibe el paso de los días y de las estaciones. Ilustración de un reloj en el «Libro de conocimiento de los dispositivos mecánicos ingeniosos», obra de al Jaziri, que vivió en el siglo XIII.

El astrolabio constituye el instrumento astronómico portátil por excelencia. Su nombre proviene de la palabra griega «Astrom», cuyo significado es el de estrella, y de «Ianbaniem», el que busca, es decir el astolabio es un buscador de astros. Además de otras funciones, el astrolabio se utilizaba como instrumento de observación, cálculo y demostración. El ejemplar de la fotografía está datado en el siglo XI y es obra de Ibrahim ibn Said al-Sahh. (Museo Arqueológico Nacional. Madrid.)

Fueron los desplazamientos de los mercaderes y los comerciantes los más asiduos en el mundo medieval. Muchos de ellos llevaban los *Tacuinum sanitatis*, unos códices ilustrados que, datados en los siglos XIV y XV, constituyen una especie de enciclopedias con breves nociones acerca de la salud y la alimentación. Ilustración de uno de ellos datado en el siglo XIV. (Oesterreichische Nationalbibliothek. Viena.)

rante la Alta Edad Media –bien conocido y estudiado por muchos especialistas– no restó protagonismo a este tipo de viajeros; al contrario, las dificultades a las que hubieron de enfrentarse constituyen un incentivo añadido para seguirlos en sus travesías.

Asimismo, como resultado de la evolución de un territorio relativamente marginal de Europa en los primeros siglos medievales, debemos reparar en los viajes de expedición con intereses al mismo tiempo piráticos y aventureros. Nos referimos a las incursiones de los normandos o vikingos por las riberas del mar del Norte y la fachada atlántica, que, sólo circunstancialmente, les llevaron hasta las costas de Norteamérica.

El islam, por otra parte, devolvió al mundo mediterráneo el desplazamiento masivo de tropas, desaparecidas tras el colapso del Imperio romano de Occidente. Valiéndose en muchos casos de la infraestructura viaria romana –o de lo que quedaba de ella– los musulmanes protagonizaron un avance militar para el que casi todos los calificativos quedan escasos. La cristiandad tomó el relevo, en lo que a movimientos de tropas a gran escala se refiere, por medio de uno de los fenómenos más llamativos de su historia: las cruzadas. El espíritu cruzado absorbió las necesidades expansivas del occidente de Europa dotándose de unos cuerpos de ejército institucionalizados que aunaron los principios

A las maravillas naturales se suman las procedentes de extraños sistemas y usos sociales: el falso paraíso del Viejo de la Montaña, eco legendario de la secta de los asesinos, que realmente existió; la tierra de las amazonas o «mujeres sin compañía de hombres»; la extremada riqueza del rey de Java, cuyo palacio tiene escaleras con peldaños de oro y plata, o de la corte del Gran Khan, en su suntuoso salón del trono, o del Preste Juan, que duerme en lecho de zafiro ribeteado de oro... «Pero también se penetra en los dominios donde las gentes se visten con pellejos de bestias, no comen pan sino carne cruda, no saben construir casas [...] donde los referentes morales han desaparecido y se practica el nudismo, la comunidad de bienes, incluidas las mujeres, la eutanasia, la incineración de los cadáveres, y, a veces, de las viudas, el descuartizamiento de los cuerpos, el uso de los cráneos para beber, las mutilaciones rituales, los sacrificios de niños a los ídolos» (Deluz). Y, en fin, las maravillas relacionadas con poderes mágicos o con peculiares creencias: en la corte del Gran Khan viven «filósofos» capaces de conseguir que sea de día o de noche, según su voluntad; en la India se cree en la reencarnación de las almas en animales, que, por ello, son objeto de respeto y cuidado por los monjes.

Hay, sin embargo, límites que el viajero no puede franquear: Mandeville entrevé a lo lejos el muro que cerca el Paraíso terrenal, situado en la parte superior de Asia. Renuncia a penetrar en la tierra de los Árboles del Sol y de la Luna, donde consiguió entrar Alejandro Magno. Alude solamente a las montañas del Cáucaso o Caspio, donde viven enclaustrados los judíos de las tribus de Gog y Magog desde que allí los encerrara Alejandro Magno.

El autor casi nunca adopta posturas apologéticas o denigratorias. Por el contrario, se mantiene en un tono descriptivo, muy parco en juicios. Posee casi «una precisión de cartógrafo para situar sobre el globo cada uno de los tres continentes y los países que hay en ellos, unos en relación con otros, utilizando límites y puntos cardinales». En cada caso da noticias sobre el relieve, la hidrografía, los mares y las costas, el clima, la vegetación, los cultivos, la fauna. Y se refiere a la organización política del territorio, a las ciudades, con su población, sus monumentos, las peculiaridades de su producción y sus manufacturas. La descripción de la *ley* de cada país, tanto la secular como la religiosa, da pie a amplias informaciones sobre el ejercicio y los medios del poder, en especial en el caso de los sultanes mamelucos de Egipto, del Gran Khan del Catay y del Preste Juan, y a detalladas informaciones sobre las creencias y los usos religiosos.

El relato histórico también está presente en la obra, al hilo de la descripción geográfica, para completarla o darle profundidad temporal: «[...] historia del pueblo de Israel y de la cruzadas al hablar de Tierra Santa [...] historia jalonada por golpes de Estado sangrientos de los sultanes mamelucos en Egipto [...] historia de las conquistas de la dinastía de Gengis Khan en Asia [...] menciones sueltas a figuras de la Antigüedad como César, Alejandro o Dido» (Deluz).

Entre tantas *diversitez*, no faltan las premoniciones de la redención del género humano por Cristo, profetizada por Hermes, por los brahmanes indios de vida sencilla y pura, tes-

Entre los muchísimos lectores que tuvo Mandeville, uno de ellos fue Cristóbal Colón, que confió en sus afirmaciones y también en las de Ptolomeo y Marco Polo para planificar su viaje. En la imagen, portada del *Libro de las maravillas del Mundo* en un manuscrito datado en el siglo XVI. (Biblioteca Nacional. Madrid.)

El profeta Jonás, en su viaje, es tragado por un enorme pez, una especie de dragón acuático con claras connotaciones simbólicas. Ilustración de la *Biblia en imágenes de Sancho el Fuerte, rey de Navarra*, siglo XII. (Biblioteca Municipal. Amiens.)

timoniada por los rasgos de verdad «natural» que hay en muchas creencias, por la tolerancia religiosa de los mongoles y su respeto a los misioneros, o, en el caso del reino del Preste Juan, reconocida ya plenamente en una sociedad cristiana singular y exótica, muy distinta a la europea. En el libro de Mandeville subyace una tesis religiosa: el mundo es uno y se encamina hacia el reconocimiento de la Redención, ya ocurrida, aunque muchos pueblos todavía lo ignoren y sus prácticas religiosas parezcan ajenas u opuestas a la ley cristiana, pero, aun así, ninguna es tan errónea, falsa o monstruosa que no contenga algún reflejo o sombra de verdad: «Sabed que de todos estos países de los que os he hablado y de todas las islas y gentes diversas que os he descrito en ellos y de las diversas leyes y creencias que tienen, no hay ninguno, con tanto que posea razón y entendimiento, que no tenga algunos artículos de nuestra fe y algunos buenos puntos de nuestra creencia y que no crea que Dios hizo el mundo».

Por eso, en un mundo tan diverso, habitado por pueblos tan diferentes y de tan heterogéneas costumbres, sólo hay una centralidad simbólica, la de Jerusalén, «corazón y centro de toda la tierra del mundo», ya que fue el lugar elegido para llevar a cabo y proclamar la Redención. En este punto, como en muchos otros, Mandeville traslada al texto escrito la imagen de los *mappae mundi* tradicionales desde la Alta Edad Media, en los que el este ocu-

En el mundo medieval existía la creencia de que los persas e indios construían torres sobre elefantes que utilizaban como máquinas de guerra. Ilustración de *The legend of St. Francis,* siglo XVI. (British Library. Londres.)

«Lo que está en disposición de ocurrir y hay voluntad de que ocurra ocurrirá» (Aristóteles, *Retórica*). Ilustración de la obra *Avarium,* de Hugh de Folieto, siglo XIV. (Bodleian Library. Oxford.)

«... agora es el tiempo, si vos plaze, de vos fablar de la tierra, de los territorios, de las islas, de las diversas gentes e de las diversas bestias que están más allá de la "frontera", fragmento del *Libro de las Maravillas del Mundo*, de John Mandeville. La ilustración corresponde al *Libro de la propiedad de las Cosas*, de Barthelemu l'Anglais, siglo XV. (Biblioteca Municipal. Amiens.)

El filósofo Macrobio ejerció considerable influencia en la Edad Media por la transmisión y elaboración de una parte de la tradición filosófica griega. Ilustración del *Comentario del sueño de Escipión* (siglo XI), en la que se representa al mundo en tres zonas: fría, templada y tórrida. (Biblioteca Municipal. Troyes.)

pa la posición superior, como anuncio de la Luz que proviene de allí: el Paraíso terrenal se sitúa en aquel punto cardinal y la *Casa Santa* (Jerusalén) en el centro de la composición, mientras que Dios, creador y redentor, ampara y da significado, desde el Cielo, por encima de Oriente, al conjunto por Él creado.

Mandeville expone inmejorablemente la geografía imaginaria que poblaba las mentes de los europeos a finales de la Edad Media, referida, especialmente, al ámbito del océano Índico. No fue, por supuesto, el único autor que lo hizo, ya que se basa en relaciones de viajeros efectivos. Es la imagen que encontramos también en la cartografía de la época, por ejemplo en el llamado *Atlas Catalán* de 1375, donde se lee: «[...] En el mar de las Indias hay 7.548 islas, de las que no podemos detallar aquí las maravillosas riquezas que contienen, oro y plata, especias y piedras preciosas». Por su parte, el globo terráqueo de Martín Behaim, en 1492, situaba cerca del Asia oriental muchas islas, entre ellas el Cipango o Japón mencionado por Marco Polo. La interpretación de este «horizonte onírico» fue muy bien realizada por Le Goff hace más de treinta años al enumerar los «sueños Índicos del Occidente medieval»: el sueño de la riqueza, el de la exuberancia fantástica, asociado con él, el de la proliferación de seres monstruosos. La visión imaginaria, al mismo tiempo, de un mundo diferente, extraño tanto en sus delicias como en sus tabúes, peor, en todo caso, sujeto a menos constricciones, un mundo abierto a lo desconocido, a lo infinito, al «miedo cósmico» y, a la vez, vía de aproximación al inalcanzable Paraíso terrenal, para unos, o a exóticas sociedades que conservarían rasgos de la primitiva Edad de Oro, para otros.

John Mandeville describió con respeto los usos de otras iglesias cristianas orientales, del islam e incluso de paganos e idólatras. Representación de peregrinos en el *Libro de las Maravillas del Mundo*, de John Mandeville, siglo XV. (British Library. Londres.)

Hubo también una geografía imaginaria del océano Atlántico, que Mandeville no describió. Menos abundante que la del Índico pero útil también para excitar la curiosidad de los europeos. Eran las míticas Islas Afortunadas, descritas por autores clásicos; después del nuevo descubrimiento de las Canarias hacia 1336, se situaron más al oeste. Y también las islas benditas de Hibernia, al oeste de Irlanda, donde los hombres no morían, y la de Brasil, próxima a ellas, o la de Antilla, en algún lugar del océano, o la isla de Avalón, donde fue a morir el rey Arturo, y la de las Siete Ciudades, refugio de los hispanos que huyeron de la invasión islámica en el siglo VIII.

El Atlántico fue escenario de la prodigiosa navegación del monje san Brandán, que vivió realmente en el siglo VI, de isla en isla, todas ellas habitadas y sede de diversos prodigios y maravillas: la *Navigatio Sancti Brandani*, puesta por escrito a partir del siglo XI, es en realidad un relato iniciático que muestra cómo el monje y sus compañeros llegaron a la contemplación de la bienaventuranza mediante una travesía de siete años cuajada de maravillas, peligros y peripecias superados providencialmente y cargados de simbolismo religioso. Pero la leyenda de san Brandán fue, al mismo tiempo, modelo para otros viajes iniciáticos, como el de Antonio de la Sale al paraíso subterráneo de la reina Sibila (escrito hacia 1420), y, sobre todo, permitió imaginar un Atlánico ignoto: la supuesta isla de San Borondón todavía se buscaba entre los siglos XVI y XVIII navegando desde las Canarias hacia occidente, donde aparecía a veces su borroso perfil.

NUEVAS IDEAS GEOGRÁFICAS ENTRE LA FICCIÓN Y LA REALIDAD: DE MANDEVILLE A COLÓN

El libro de Mandeville, si bien acumulaba tantas concepciones tradicionales, noticias de antiguo origen y elementos fantásticos, proporcionaba y difundía también una imagen del mundo innovadora en ciertos aspectos. Contribuyó a popularizar la noción de la esfericidad de la Tierra, que ya era corriente en los medios universitarios desde que, hacia 1220, el inglés John Holywood o Sacrobosco, compusiera su tratado *De Sphaera Mundi* inspirándose indirectamene en Eratósenes a través de los comentarios del geógrafo musulman al-Farghani (siglo IX). Nuestro autor estima, incluso, la circunferencia de la Tierra en 20.425 millas, medida muy semejante a la que había facilitado Ptolomeo (20.052 millas), en lugar de las 31.500 millas que tiene en realidad. ¿Conoció Mandeville la *Geografía* de Ptolomeo, que no sería traducida al latín hasta 1410, o, al menos, algunos elementos de su contenido? Fuera como fuere, aquel error de medición tendría inesperadas consecuencias prácticas.

Mandeville apoyaba su tesis sobre la esfericidad tanto en hipótesis como en observaciones empíricas: siguiendo la teoría del «equilibrio de los pesos» desarrollada por Juan Burilan en la Universidad de París, afirmaba que la «zona tórrida» ecuatorial y el hemisferio sur debían de tener tierras pobladas y situaba en su firmamento, como correspondiente a la estrella Polar del septentrión, una «Estrella Antártica» que sólo en 1679 se definiría como la constelación de la Cruz del Sur. Calculaba que la distancia entre Inglaterra y Jerusalén era semejante a la que había entre esta ciudad y el reino indio del Preste Juan. Si la India estaba «debajo», cerca de la zona tórrida, casi en el extremo oriental, Inglaterra se situaba «arriba», próxima a la zona fría y al extremo occidente.

En definitiva, «de todo esto se puede deducir que el mundo es redondo, pues la parte del firmamento que aparece en unos países no es la misma que la que aparece en otros [...] por todo lo cual os aseguro que un hombre podría circunnavegar toda la tierra de todo el mundo, tanto por arriba como por abajo, y regresar a su país, si tuviera compañía, embarcación y guía. Siempre encontraría gentes, tierras e islas... [pero] aunque es posible circunnavegar el orbe entero, sin embargo sólo uno entre mil sería capaz de volver al punto de origen pues, debido a la inmensidad de la tierra y del mar, se pueden tomar miles y miles de rutas. Pero nadie sabría dar con la ruta acertada para volver al punto de origen si no fuese por casualidad o por obra de la gracia de Dios, porque la tierra es muy grande, su cicunferencia mide 20.425 millas, según la opinión de los sabios astrónomos del pasado, a los que no contradigo pero a mí me parece, y lo digo con todo respeto, que la circunferencia es mayor» (capítulo 21).

Y mi cuerpo see [queda quieto], que no
  se remece.
A ceves me veo en tierras de Hungría
Y dende traspaso a Alejandría
Y así voy a India y voy a Tartaria,
Y todo lo ando, demientra amanece

Cancionero de Baena (siglo XV)

Según Pomponius Mela, «El mundo es un gran animal», es decir, posee un alma, *alma mundi*. Ilustración de un mapamundi (1417) extraído de un manuscrito de una de sus obras, *De situ Orbis*. (Biblioteca Municipal. Reims.)

Entre los muchísimos lectores que tuvo Mandeville se contó Cristóbal Colón, que confió en sus afirmaciones y también en las de Marco Polo y Ptolomeo. Colón, entre otros oficios, ejerció en Andalucía el de «mercader de libros de estampa» o impresos, como recuerda el cronista castellano Andrés Bernáldez, que añade: «[...] e sentió por qué vía se hallaría tierra de mucho oro, e sentió cómo este mundo e firmamento de tierra e agua es todo andable en derredor por tierra e por agua, segund cuenta Juan de Mandavilla: quien toviese tales navíos e a quien Dios quisiese guardar por mar e por tierra, por cierto él podía ir e trasponer por el poniente, de en derecho del cabo de Sant Vicente, e bolver por Iherusalen e Roma e de ende a Sevilla, que sería cercar toda la redondez de tierra e agua del mundo. E fizo, por su engenio, un mapamundi de esto, e estudio mucho en ello».[2] Hernando Colón, al escribir la vida de su padre, daba el mismo testimonio: «Llegando a decir las causas que movieron al Almirante a descubrir las Indias, digo que fueron tres: los fundamentos naturales, la autoridad de los escritores y los indicios de los navegantes [...] Marco Polo, veneciano, y Juan de Mandavila en sus viajes dicen que pasaron mucho más adentro del Oriente de lo que escriben Ptolomeo y Marino, y aunque suceda que no hablen del mar occidental puede argüirse por lo que describen del Oriente que la India está vecina a África y España».[3]

Así, aquella *Imago Mundi* ficticia, compuesta a mediados del siglo XIV con retazos de otras obras, llena de itinerarios y caminos abiertos «a la audacia de los descubridores que osen lanzarse a ellos», estimuló la aventura del Descubridor, llegó a tener consecuencias reales, y se cumplió en Colón el parecer de Mandeville, para quien los hombres de Occidente sentían el impulso viajero mucho más que los orientales porque habitaban en una zona o «clima» de la Tierra «influido por la luna, la cual nos da ocasión y voluntad de movernos ligeramente y de caminar por caminos diversos y de conocer cosas extrañas y las diversas cosas del mundo».

Representación del arca de Noé en un libro de horas del siglo XVI. (Biblioteca Municipal. Amiens.)

NOTAS

1. El infante don Juan de Aragón, luego Juan I, tenía ya en su biblioteca, hacia 1380, el libro de Mandeville, en francés, así como los de Marco Polo y Odorico de Pordenone.
2. Andrés Bernáldez, *Memorias del reinado de los Reyes Católicos*, Madrid, 1962, cap. CXVIII, ed. de M. Gómez Moreno y J. de M. Carriazo.
3. Hernando Colón, *Historia del Almirante de las Indias Cristóbal Colón*, México, 1958, pp. 32-35.

Cristo Pantocrátor rodeado de santos y de los signos del zodíaco en la cúpula central de la iglesia del arcángel San Miguel en Lesnovo, Macedonia (siglo XIV).

LA ATRACCIÓN POR ORIENTE

Joaquín M. Córdoba

Desde tiempos remotos, desde los orígenes mismos de la conciencia de hallarnos al Oeste próximo de nuestro cercano Este, el Occidente europeo ha sentido siempre una constante fascinación por Oriente. Tal vez sólo porque, como alguien escribió una vez, ese Oriente ha sido y ha de ser siempre «uno de los otros más inmediatos y directos» de los pueblos de Occidente. Y así, pese a tan consciente sensación de proximidad y diferencia nunca ignoradas, la atracción ha sido permanente, aunque en largas etapas de la Historia, como el Medievo, tremendas batallas por mar y tierra nos hayan enfrentado en los suelos de Europa y Asia o en las aguas del *Mare Nostrum* de los romanos de Oriente y Occidente. Milenario y sabio «mar superior» de los remotos imperios mesopotámicos, del que una parte al menos, arsácidas y sasánidas del Oriente contemporáneo de Roma y Bizancio aspiraron siempre a incluir en sus fronteras.

Sin embargo y aun entonces, el Oriente romano de Éfeso, Antioquía y Petra, o el más lejano parto-sasánida de Artábano o Sapur, llegaba siempre hasta Occidente envuelto en sedas y perfumes, en noticia de ejércitos poderosos e imperios magníficos descritos por Flavio Arriano o Amiano Marcelino. Mas de pronto, hacia el 636, el alud islámico arrasó las provincias bizantinas y los territorios del Rey de Reyes de los sasánidas, el Mediterráneo dejó de ser un *Mare Nostrum*, y las monarquías cristianas de Europa se vieron atenazadas por un credo y una cultura que alzó un muro secular entre Oriente y Occidente. Luego, tras centurias de miedos mutuos, invasiones y alianzas o contactos puntuales en bazares y mercados, el prologuista anónimo de los recuerdos orientales de un viajero partido desde un reino de España en 1165 o 1166 escribiría que, a su vuelta, el peregrino Benjamín de Tudela narró cosas que nunca «habían sido oídas en tierras de España». Hoy sabemos que con aquellas páginas comenzaba una cierta literatura viajera, y entendemos que en su tono renacía, con el Medievo, la vieja y nunca olvidada fascinación occidental por Oriente.

DE LOS ORÍGENES, OLVIDO Y RECUPERACIÓN MEDIEVAL DE LA ATRACCIÓN PERDIDA POR ORIENTE

Los griegos fueron por fuerza los primeros que, a través de Heródoto o Jenofonte, manifestaron al tiempo su conciencia de ser cercanos y distintos a las gentes de Oriente, al señalar su admiración por muchos aspectos del mundo aqueménida, ya fuera considerando las costumbres de los persas en el libro I de la *Historia* del de Halicarnaso (siglo V a.C.), ya proponiéndolas como modelo de educación de príncipes en la *Ciropedia* del filoespartano Jenofonte (siglo IV a.C.). La presunción de ser más libres y superiores manifestada por algunos helenos, sobre todo a partir del Imperio ateniense, no ocultaba que la corte del Gran Rey, abierta por lo común a los consejos e influencias más diversos, fue siempre re-

Las cruzadas despertaron el interés por el brillante mundo oriental. En esta miniatura del siglo XV podemos ver representada la conquista de Damieta por el rey Luis IX de Francia. (Musée Condè. Chantilly.)

Representación de una nave en artesonado.
Alrededor de 1300. (Museu Nacional d'Art de
Catalunya. Barcelona.)

fugio último de los griegos enfrentados. Y que muchos sirvieron en su administración y su
ejército con notable complacencia, como Ctesias de Cnido, Temístocles o tantos otros.
Los reiterados tópicos del «bárbaro» en la literatura griega nos llevarán a error, si los to-
mamos como su sola y habitual estima. Y con la victoria, el mismo Alejandro quiso ser
sentido por los grandes persas como uno de los suyos, como un heredero razonable de
Ciro, sugiriéndose así en sentimientos que la lectura de Arriano corrobora. Su muerte y
la atomización helenística traerían sin embargo la lenta definición de dos áreas, la greco-
rromana y bizantina (Occidente) por un lado, y la parto-sasánida (Oriente) por otro.
Pero la división no fue jamás tan radical como en principio pudiera suponerse, pues la curiosidad prevalecía entre ambos, como muestran el comerciante Isidoro de *Cárax* –que en
época de Augusto cruzaba el Imperio parto hasta el remoto Afganistán–, la *Historia de los
partos* de Arriano, la *Historia* de Amiano Marcelino, o el refugio que el Irán sasánida pres-
tó a los filósofos aristotélicos de las escuelas liquidadas por el cristianismo de los siglos v
y vi d.C. Durante mucho tiempo, con la intermediación de los árabes en Arabia y el mar
Rojo o los partos y sasánidas en Irán, el Mediterráneo recibió la canela y la pimienta, el
cinamomo, el sándalo, el incienso, la muselina de algodón y las sedas chinas o persas.
Productos, riquezas cuya procedencia cuidaban mucho de ocultar los comerciantes orientales, y que en los textos romano-bizantinos se sumaban a lo maravilloso que en aquel
Oriente del Rey de Reyes parecía guardarse tras su «ejército innumerable [...] rutilante por
el brillo de sus ropas», tal y como le distinguiera el asombrado Amiano Marcelino en un
dramático amanecer.

En las páginas siguientes:

La representación geográfica del Próximo Oriente cuenta con un abundante número de ejemplos a lo largo de toda la Edad Media. En la imagen podemos ver la zona de Palestina durante el siglo XIII, tomada del mapa de Matthew Paris. (Corpus Christi College. Oxford.)

Pero muy poco después, Oriente y Occidente iban a romperse de verdad en dos mundos inconciliables. En el 636, los árabes musulmanes aplastaron a las tropas bizantinas en Yarmuk y a las sasánidas en Qadisiyah. Siria, Irán, África e incluso España se integraron pronto en el califato de Damasco, porque una fe nueva y conquistadora que impregnaba las costumbres de los árabes vencedores les hizo inasimilables –a diferencia de los germanos, como indicara hace mucho H. Pirenne–; y una lengua y escritura difíciles, pero imprescindibles y dominantes por la religión que las difundía y el imperio que las imponía, completó el muro entre Oriente y Occidente. La marina bizantina se mantuvo sólo en una parte limitada del Mediterráneo, y los restos cristianos de la península Ibérica e incluso el Imperio carolingio quedaron encerrados en el continente, porque la mar y las costas fueron predio de los sarracenos, que en el 720 asediaron Marsella y otras muchas poblaciones. La unidad cultural y mercantil mediterránea había quedado rota, y el Oriente se fue perdiendo entre las brumas de los relatos bíblicos o las leyendas de un Alejandro que a punto había estado de unir los dos mundos.

Entre el siglo VIII y el XI, los contactos entre Oriente y Occidente serían sólo realizados por peregrinos de distintas confesiones y algunos comerciantes, judíos casi todos al principio, cristianos de las ciudades italianas después, a los que siguieron luego los guerreros cruzados de los distintos reinos y sus embajadores y misioneros, que en la remota profundidad de un Oriente inmenso y misterioso acabarían buscando la ayuda de un supuesto gran rey cristiano. Gracias a unos y a otros, el mundo medieval europeo comenzó a sentir de nuevo su natural atracción por Oriente, que vendría testimoniada en las páginas de

La nueva concepción que se tenía del mundo en las últimas décadas del siglo XV se revela en este mapamundi de Henricus Martellus, uno de los más sobresalientes ejemplos, junto con la obra de Martin Behaim, del desarrollo cartográfico occidental. (British Library. Londres.)

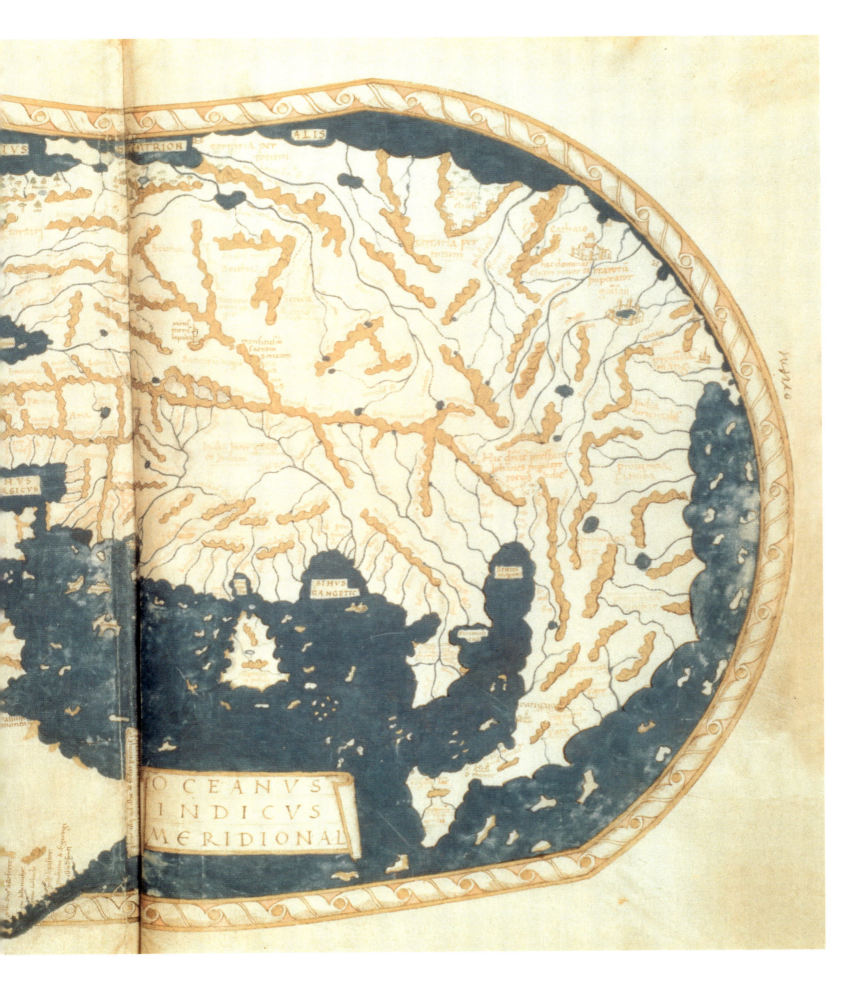

LA TITÁNICA VIDA Y LOS VIAJES DE NICCOLÒ DEI CONTI (¿-1469)

Dice la tradición que, en 1439, un ya olvidado comerciante veneciano volvió a Italia tras haber pasado en remotas tierras casi veinticinco años de su vida. Y que habiéndose visto obligado a convertirse al islam el Papa le impuso en penitencia el relato de lo que habían sido aventuras no menos asombrosas que las de Marco Polo. Francesco Poggio Bracciolini recogería alguna de ellas por escrito, y de esta forma llegaría hasta nosotros la epopeya de un periplo iniciado en su lejana juventud, en el animado Damasco de 1414. Ejerciendo allí su oficio mercantil aprendió el árabe, y en busca de mercancías raras marchó luego con las caravanas a Bagdad. Navegó por el Tigris y todo el Golfo Pérsico; comerció en sus costas, aprendió el persa y caboteó hasta la costa de Malabar en India, continente que fue el primer europeo en cruzar de oeste a este y lo contó después. Por mar y tierra conoció Ceilán, Sumatra y Java –donde estuvo nueve meses «con su mujer y sus hijos que le acompañaban en aquellos viajes»–, Indochina y la misma China, recogiendo en todos lados informes ciertos de las islas de las especias. Conti sería el primero, por ejemplo, en saber con certeza el lugar de origen de los clavos de olor y la nuez moscada, y uno de los primeros también en conocer los vientos de la navegación por el océano Índico, Adén y los puertos árabes del mar Rojo –donde por cierto aceptó convertirse al islam, como declaró después, por proteger a su mujer e hijos–, hasta desembarcar en un pequeño muelle de la península del Sinaí. En una de sus playas, cuando marchaba en caravana camino de El Cairo, buscando ya tras largos años de aventuras la vuelta a Italia, tuvo su famoso encuentro con el noble viajero castellano Don Pero Tafur, con el que compartió trayecto y charla durante algunas semanas, como sabemos por el relato que éste haría en sus recuerdos.

En tierra de Egipto, la peste se llevó a su mujer, a dos de sus hijos y a todos sus criados, pero por fin hacia 1439, acompañado de los dos hijos supervivientes alcanzó el suelo de Italia. Recogidas sus fantásticas aventuras en el relato de Poggio Bracciolini, Niccolò parece haber vivido el resto de su vida en Venecia, entregado al comercio y aprovechando los conocimientos obtenidos en beneficio de sus empresas, rico y estimado por sus conciudadanos.

una cierta literatura especial que llamamos «de viajes a Oriente». Las riquezas de sus reinos, magnificadas por la codicia con que eran buscadas por genoveses y venecianos por ejemplo –la misma por cierto con la que árabes y persas encubrían sus orígenes reales–, se superpondrían a la evidencia de imperios poderosos y ciudades mayores que otras cualesquiera de Occidente. Páginas escritas por viajeros valerosos irían descubriendo poco a poco los mares, las montañas, los ríos y los desiertos de Oriente, que hacían pequeños cuanto ellos hubieran conocido en su Occidente. Los mitos, las ruinas y los recuerdos legendarios, apenas velados por los textos religiosos o la literatura clásica, serían de nuevo visitados y descritos por viajeros occidentales. Y así, entre los siglos XII y XV sobre todo, la fascinación, la atracción occidental por Oriente se fue recuperando en las páginas de gentes como Benjamín de Tudela o fray Giovanni di Pian di Carpine, fray Guillermo de Rubruck o Marco Polo, Odorico da Pordenone o Johann Schiltberger, Ruy González de Clavijo, Niccolò dei Conti o Pero Tafur entre tantos hoy bien conocidos, y en los relatos orales de muchos otros más para siempre ignorados, cuyos recuerdos se han ido perdiendo a lo largo de los siglos. Y como aquellos viajeros escribieron de la inmensidad del Oriente Próximo y de los otros muchos Orientes que se abrían más allá de la costa levantina, de la portentosa variedad de sus riquezas, de la magnitud incomparable de sus grandes ciudades y los ejércitos de sus imperios, o de la sorprendente supervivencia de los mitos del pasado en ruinas espléndidas, podemos hoy nosotros reconstruir la conciencia de sus sorpresas, las causas de la irresistible atracción y de su asombro maravillado.

El contacto prolongado entre el mundo bizantino e islámico dio como resultado la aparición de temas y ornamentación artística mixta. En la fotografía podemos observar la presencia de motivos geométricos y vegetales islámicos junto a representaciones de la Virgen con el niño y de santos cristianos en una cantimplora fechada en el siglo XIII. (Freer Gallery of Art. Smithsonian Institution. Washington.)

LA ADMIRACIÓN POR ESPACIOS INMENSOS, ANIMALES EXTRAÑOS Y PLANTAS FABULOSAS

Poco a poco y a medida que los peregrinos entraban cada vez más adentro, y los comerciantes conseguían romper el recelo de sus congéneres en los puertos del Levante, comenzó a entenderse que tras el califato omeya o abasí existían otros Orientes mucho más lejanos, de montañas y desiertos inmensos, y océanos sin límites, por los que transitaban tres caminos que se perdían en lo desconocido: los rumbos del mar Rojo y otros mares más remotos aún al sudeste, la Ruta de la Seda –de la que el lejano corazón de Irak e Irán era sólo el comienzo– al este, y la inacabable estepa que se extendía más allá de la cristiandad de la Rus de Kiev por el nordeste. Paisajes cuyo tamaño superaba con mucho los estrechos confines de los horizontes europeos, animales asombrosos y plantas maravillosas fueron alimentando la atracción renovada de aquel Oriente. Al principio, los comerciantes judíos, que hablaban fácilmente las lenguas de ambos mundos, se movían con relativa libertad comerciando con especias, telas y piedras preciosas. Alguno de ellos podría haber sabido acaso de las descripciones de países lejanos escritas por Ibn Hurdadbih, Yaqubi, Ibn al-Faqih, al-Masudi, el capitán Buzurg, Ibn Hawqal, al Muqaddasi o Yaqut al-Rumi, que fueron los primeros geógrafos e informadores. Pero pronto vendrían los cristianos. Antes, en el siglo XII, el rabí Benjamín de Tudela, peregrino y tal vez comerciante al mismo tiempo, que visitó Oriente entre 1166 y 1173, describió con sorpresa la magnitud del Jordán y el llamado «mar de la Sal» en Palestina, las corrientes que bajaban del monte Hermón y los acueductos y acequias que hacían de Damasco y sus alrededores un vergel, los grandes calores de Egipto y las imponentes crecidas del Nilo. Su asombro se completaría en el mismo siglo con el de un musulmán de la España islámica, llamado Ibn Yubayr, que entre 1183 y 1185 peregrinó a La Meca y escribió sus recuerdos de viaje luego en su *rihla*, primer relato de la literatura de viajes en lengua árabe, que tanto habría de inspirar siglos después la facundia de Ibn Battuta. El peregrino valenciano vivió las angustias de una fuerte tormenta en el Mediterráneo: distinguió, asombrado, la enorme extensión de los cultivos del Bajo Egipto, gracias a la crecida del Nilo. Cruzó la soledad del desierto entre el Nilo y la orilla del mar Rojo, donde hubo de sufrir otra horrible tempestad. Y luego, tras la visita a los santos lugares del islam, el viaje a través de los grandes desiertos de Arabia, «territorio llano; la mirada descubría tan sólo las cosas más cercanas y no llegaba a las lejanas», hasta alcanzar el Éufrates y más tarde Bagdad, de la que sólo alabaría el curso del Tigris y la belleza de sus mujeres, tal que llegaría a apuntar, con cierta gracia, que en Bagdad «hay, pues, que temer los desórdenes de las pasiones amorosas».

Los viajeros y musulmanes occidentales marchaban por un Oriente que, aun produciéndoles asombro por sus paisajes y fenómenos naturales, les debía resultar en parte cercano en sus ruidos, voces y caminos. Mas para los cristianos peregrinos, comerciantes o viajeros, el recuerdo de lo vivido debía resultarles por fuerza mucho más impresionante, como descubrimos en las páginas dejadas por fray Guillermo de Rubruck, Marco Polo o Ruy González de Clavijo. El primero partió en 1253 enviado por san Luis, rey de Francia, en busca del Gran Khan de los mongoles, por la ruta de las estepas. Tras desembarcar en Crimea y cruzar montañas y una llanura boscosa llena de ríos y riachuelos, entró en la gran estepa de los cumanos, que se extendía por más de cinco días de marcha, abandonada entonces por las destrucciones que ocasionaran los mongoles, y al extremo de la cual alcanzó el Etilia (el Volga) «que es el río más grande que he visto nunca [...]» y que «desemboca en un lago que tiene más de cuatro meses de circuito[...]» que, como recordaba bien, Isidoro llamaba Caspio, aunque contra la opinión de éste confirmó que estaba «rodeado de tierra por todas partes». Era, al fin y al cabo, el descubrimiento de un verdadero mar. Luego vendría la marcha por el gran desierto al norte del mar de Aral por el que pasaron hambre, sed y frío. Y más tarde las grandes montañas de los Kara Jitai, tras las cuales citaría un «mar o una especie de lago» (¿acaso el Balkach?). Y más lejos aún siguió su marcha, hasta que el día de san Esteban «entramos en una llanura vasta como un mar, en la que no se señalaba altura alguna», alcanzando a poco Karakorum. Salvo el también franciscano fray Giovanni di Pian di Carpine, ningún otro occidental había descrito antes los remotos rincones de aquel inmenso Oriente.

Años después, los lectores del *Livre des merveilles du Monde* o *Il Milione* de Marco Polo, que describía los viajes del veneciano Marco Polo por el imperio del Gran Khan Kubilai entre 1271 y 1295, conocerían un desierto mil veces más impresionante, el de Taklamakán, que las caravanas de la Ruta de la Seda tenían que bordear con mil angustias y peligros, tan terrible que «quien quiere passar [...] cúmplele estar una semana en esta cibdad por proverse para un mes de lo necessario para sí e para sus bestias. En este desierto no ay qué comer ni qué bever, e ay en él grandes montes de arena. E caminando de noche por este desierto se oyen en el aire tamboriles e sonidos que asombran los viandantes e les hazen apartar de sus compañías e perderse, e assí mueren muchos engañados de los espíritus malignos [...]». Fue la primera y asombrosa descripción occidental del medio físico y las leyendas del Taklamakán, que siglos después sufrirían también Aurel Stein, Sven Heddin y tantos otros exploradores de los últimos rincones del Asia Central.

Para la cristiandad latina, Oriente encarna el desarrollo de las ciencias y, particularmente, de la medicina. Numerosas obras islámicas sobre esta disciplina serán tomadas como ejemplo y como manual de estudio en el entorno occidental. En la imagen se recogen diversas ilustraciones que tratan de acercarnos a la elaboración de algunos de los tratados de medicina más importantes, desde el de Abu Gaafar Amed ibn Ibrahim ibn abi Halid al-Gazzar, hasta el de Avicena. Manuscrito del siglo XIV. (Biblioteca Nacional. Madrid.)

En 1404, el embajador de Enrique III de Castilla y sus compañeros, camino de la corte de Tamerlán en Samarcanda, hubieron de cruzar las altas montañas de Anatolia y sufrir la dureza del invierno, pues «anduvieron un fuerte camino de montañas muy altas, de muchas niebes, e de aguas muchas», aunque el asombro mayor sería expresado más tarde, en la ciudad de Joy, cuando coincidieron con la embajada del sultán de El Cairo, que entre otros presentes para Tamerlán llevaba «una animalia que es llamada jornusa» –es decir, una jirafa–, que describió con minucioso detalle y atención, pues era un animal por demás desconocido en Castilla y tan extraño en su opinión que «omne que nunca la oviese visto, le parescía cosa maravillosa de ver». Y lo era, desde luego, como lo sería años después para el noble viajero Don Pero Tafur, que entre 1436 y 1439 viajó por Oriente y Europa, y que en Egipto también vió «una animalia que llaman xarafia» –que le asombró tanto como tiempo atrás a Clavijo–, aunque su mayor atención parece reservarla a los elefantes, a los que describe con cierta ternura y simpatía, cuando dice que «estas bestias parece como que tengan entendimiento, tantas burlas fazen que a las vezes traen aquella trompa llena de agua e échala encima a quien quiere». Y luego, andando por la costa del mar Rojo, en sus mismas riberas, se encontraría con el veneciano Niccolò dei Conti, del que sabría maravillas de India y regiones más lejanas aún, de las que contaría algo luego, en su propio libro. Y es que a lo largo del Medievo, cada vez con más exactitud y contención, los paisajes maravillosos, los animales fabulosos y el mundo cierto de Oriente volvían así alimentando la milenaria atracción.

La fascinación por los bazares y las rutas de lujos y riquezas

Frenado en parte el vigor de la expansión musulmana y recuperado paulatinamente el comercio y las peregrinaciones, las riquezas de Oriente y el lujo de sus productos recuperaron el valor de los mitos fabulosos, atrayendo por igual la curiosidad y la codicia. Normandos, bizantinos, francos, genoveses y venecianos compitieron por ventajas, monopolios y mercancías, que en los bazares y mercados de Oriente compraban para luego revenderlas por toda la cristiandad. Los libros de viaje recuerdan el asombro ante el color de los bazares y las noticias sobre el origen de las especias y las sedas, las maderas aromáticas y los perfumes. Porque los grandes y los menos grandes de Francia, Italia, España o Alemania ansiaban poseerlas. De ahí la atención que los viajeros prestaron a describir los mercados y los productos, las riquezas y los lujos de las gentes de Oriente. Y de ahí la maravilla asombrada con la que muchos hubieron de escuchar, atentos y en suspensa quietud, la lectura reposada de alguno de aquellos relatos al amor de la lumbre en las noches de invierno. Porque Oriente fascinaba también en sus imaginados mercados y sus mercancías.

Maravillaba a todos, desde Benjamín de Tudela a Ruy González de Clavijo, la abundante riqueza de los mercados de Constantinopla, que aún siendo cristiana era fin y destino de comerciantes orientales, además de compartir acaso un cierto aroma de Oriente. En 1166, Benjamín de Tudela dice que comerciantes de Babel y el país de Sinar, Persia y Media, Egipto y Canaán, del reino de Rusia, de Hungría, de Patzinakia, de Jazaria, de Lombardía y España venían «con mercadería desde todos los países marítimos y continentales», y que los naturales eran «muy ricos en oro y piedras preciosas, visten trajes de seda, con encajes de oro tejidos y bordados en sus vestiduras». Tanto en fin, que le parecía a él que «no se ha visto tal riqueza en ningún otro país». Sin mención alguna a los bazares y riquezas de Damasco y Mosul, el relato de su viaje destaca luego que a Bagdad iban de todos los países con mercancías –sin más indicación–: pero seguro que allí recogió la información dispersa que su manuscrito incluye sobre Irán, Asia central, Malabar y China, países todos que jamás visitó. Pudo hablar así de una isla en el estrecho de Ormuz –la misma que siglos después sería cabeza de los presidios portugueses–, donde fondeaban comerciantes de India y las islas, del país de Sinar, Persia y Yemen, donde se intercambiaban ropajes de seda, púrpura y lino, trigo, cebada y toda clase de comestibles y leguminosas, o especias de todo tipo. Por allí también se recogían las perlas. Y en el lejano Cawlam –posiblemente el Quilón de la costa índica de Malabar–, dice que se encontraba la pimienta, la caña azucarera y el jengibre. Como es bien sabido, el manuscrito de Benjamín de Tudela fue sólo accesible a sus hermanos hebreos hasta bien entrado el siglo XVI, pero sus recuerdos debieron de ser muy próximos a los de cualquier comerciante de la Europa de su siglo y aun después.

Desde mucho más lejos todavía hasta los curiosos europeos llegarían los avatares de Marco Polo, que desde finales del siglo XIII circularon por Europa en copias manuscritas y

A pesar de su origen mongol, la figura de Kubilai Khan ha llegado a Occidente como el máximo representante de la grandeza de la corte de China gracias a los escritos de Marco Polo. Retrato anónimo de Kubilai Khan, siglo XIII. (Archiv für Kunst & Geschichte. Berlín.)

元世祖

En el mundo islámico, la obligada peregrinación a La Meca puso siempre en camino a los fieles.
En la imagen se representa la despedida de Abu Zayd y Al-Harith.
(Biblioteca Nacional de Francia. París.)

El conocimiento del espacio oriental, especialmente de la India, alimentó la imaginación occidental, que concibió formas de combate como la que vemos en la imagen, en la que los guerreros permanecen en el interior de una torre acoplada sobre una montura de elefante. Bestiario inglés del siglo XIII. (Bodleian Library. Oxford.)

traducciones diversas. Había en ellos no sólo noticia de China y los territorios cercanos al Gran Khan, sino de sitios más remotos y pintorescos aún como el reino de Ciaban (el Champa de Indochina), «tierra de muchos elefantes e lináloe en mucha cuantidad e montes grandes de ébano negro», de la isla de Java y las muchas especias que allí se daban, pues «ay allí gran abundancia de pimienta, canela y clavos y otras muchas singulares especias», de la de Ceylán, donde «se hallan los mejores rubíes del mundo [...]» y «muchas piedras preciosas, topazios, amatistes e otras de diversas especies [...]», y del reino de Malabar en India, que tiene «abundancia de pimienta e de gengibre e de turbit, que son ciertas raízes medecinales». Los informes del veneciano debieron de inflamar el valor y la codicia de sus compatriotas que buscaron, más allá de los límites impuestos por el comercio y los reinos musulmanes, la fuente segura de las riquezas que tan caras les costaban a ellos en los bazares del Oriente mediterráneo.

En la todavía rica Constantinopla, capital aún de un mínimo imperio y a la vista misma de sus cercanos verdugos turcos, el embajador castellano Ruy González de Clavijo paseó visitando asombrado la riqueza de sus edificios en noviembre del año 1403. Sorprende, desde luego, que la magnificencia señalada se refiera no tanto a las seguras mercancías que aún llenaban sus mercados, cuanto a las vestiduras de los grandes y ricos ornatos de los edificios. Aunque más explícito se mostró luego describiendo el mercado y los productos de la remota Sultaniya, menor que Tabriz, pero mucho más activa en el comercio, dado que en los meses de junio, julio y agosto de cada año llegaban «grandes caravanas de camellos que traen grandes mercadurías» de la India Menor, con muchas especias que no podían ha-

La travesía de Marco Polo hasta los confines del continente asiático proporcionó abundantes recursos a los iluminadores medievales. En la escena observamos el paso de la comitiva del comerciante italiano por el puente sobre el río Yung-Ning, en China. *Libro de las maravillas del Mundo.* (Biblioteca Nacional de Francia. París.)

La época medieval utiliza las representaciones de los libros sagrados para reproducir el mundo circundante. En esta miniatura que describe las tentaciones de Jacob podemos apreciar una caravana de camellos como las que seguirían alguna de las rutas hacia Oriente. (Biblioteca Nacional de Francia. París.)

llarse en Siria o en Alejandría, y la seda de Guilán y Xamain, el aljófar y piedras preciosas de Ormuz y los rubíes de Catay. Y al fin, cuando los embajadores arribaron a la mítica Samarcanda, ocasión tuvieron de visitar sus bazares y mercados, comprobando que cada día llegaban de sus huertas muchos camellos cargados de melones, y que era tierra bien abastecida de pan, vino y carne, «e los carneros son muy grandes, e an las colas grandes e anchas». Era tanta la riqueza que no podía ser más, en la ciudad cuyo nombre venía a significar —escribe— «villa opulenta». Y es que se hallaban allí, como no podía ser menos, cantidades enormes de paños de seda y otras telas de gran valor, pieles y especias, almizcle «que no lo hay en el mundo», piedras preciosas de Catay, nuez moscada, clavo, canela, cinamomo, jengibre y otras especias «que no llegan a Alejandría». Acostumbrado el noble castellano a los mercados ricos, pero mucho más limitados de la península Ibérica, la descripción que hizo del de Samarcanda supone la expresión misma de su admiración maravillada. La misma en parte que no mucho después expresaría Don Pero Tafur en los bazares de Babilonia (El Cairo), ante «tantas cosas como allí se venden de las que descienden de la India Mayor, en especial perlas e piedras preciosas, especerías, perfumes e toda cosa odorífera, e seda e lienços». Y cuando partió de allí con licencia del sultán, de Niccolò dei Conti y de su intérprete, llevó consigo los regalos que aquellos le hicieron: «dos gatos de la India e dos papagayos e perfumes e otras cosas, e una turquesa, la cual yo tengo agora». Tiempo después, ya en su ciudad de Córdoba, cuando el noble español escribiera calmoso los recuerdos de su pasado viaje, acaso contemplaría a veces aquella hermosa turquesa que le devolvía las voces del magnífico Conti y su familia, de su respuesta negativa a la consulta sobre la posible existencia de los monstruos con formas semihumanas descritos por el fantástico Jean de Mandeville, de los puertos de Arabia que había visitado con su mujer e hijos y de tanto más que «de oir tan buenas cosas como dizíe Nicolo de Conto, yo no sintía trabajo» durante las quince jornadas que hicieron juntos.

Por aquellos años, sin embargo, marinos portugueses iban navegando las costas de África en busca de una vía libre hacia India, una ruta que permitiera a los comerciantes europeos el acceso directo a las tierras de la seda y la especiería. Si la hallaban habían de acabar las angustias medievales, aunque la magia de los bazares hubiera que buscarla en horizontes cada vez más lejanos.

El estupor ante ciudades magníficas, imperios gigantescos y ruinas míticas

El 28 de julio de 1402, los nobles Payo Gómez de Sotomayor y Hernán Sánchez de Palazuelos, enviados de Enrique III de Castilla ante el Gran Khan de los mongoles, asistieron sobrecogidos en las llanuras de Ankara, en el corazón de Anatolia, a una de las batallas más tremendas de toda la historia humana, en la que más de medio millón de guerreros turcos y mongoles se enfrentaron a muerte hasta la caída de la noche. Familiarizados con los mortales, pero limitados, choques de entonces en la frontera granadina, la batalla y los ejércitos luchando en Ankara debieron de producir en los nobles castellanos un tremendo estupor, ante la desmesurada fuerza desplegada por aquellos colosos de Oriente. Porque ejércitos tales se correspondían con imperios sin medida, cuyos reyes se entronizaban en ciudades gigantescas que carecían de paralelo alguno en Occidente. Y con todo ello, con las imágenes de maravillosas urbes, ejércitos ingentes y ruinas magníficas y silenciosas, se alimentarían aún más los sentimientos vivos de atracción por Oriente. Y en las páginas de libros y

Oriente es muchas veces sinónimo de un arte islámico llamativo y que conserva ciertos rasgos de las culturas sobre las que se forjó la sociedad musulmana. Uno de los ejemplos más notables bien puede ser la fachada de la mezquita del Viernes de Isfahán (Irán), cuyo *iwan* sur (en la fotografía) da acceso al santuario y conserva no pocos rasgos del arte del antiguo Imperio persa.

En la ciudad de Bukhara, en la actual Uzbekistán, se encuentra el mausoleo de Isma'il, que data de comienzos del siglo X; la disposición del enladrillado de terracota debió de cautivar la imaginación de los viajeros medievales.

recuerdos dejados por los viajeros, peregrinos y embajadores de la Europa de entonces, encontramos también memoria de este asombro y sus hallazgos.

Aunque los castellanos lo ignoraran, en aquella batalla de fragor satúrnico cayó prisionero el alemán Johann Schildtberger (1380-1450), capturado antes por los turcos en la de Nicópolis en 1396, y que esclavo de distintos amos mongoles habría de rodar por las más remotas regiones de Oriente hasta 1427, cuando por fin pudo huir hacia su patria, en la que redactó sus recuerdos y aventuras por el corazón de los imperios en su *Ein wunderbarliche und kurtzweylige Histori*. Muchos antes que él, pero en condiciones menos dramáticas, habían también tomado conciencia de los inmensos escenarios urbanos y políticos de la región, así y entre otros menos conocidos: Benjamín de Tudela e Ibn Yubayr en la Bagdad abasí, fray Giovanni di Pian di Carpine o fray Guillermo de Rubruck en la remota Karakorum, Marco Polo y Odorico da Pordenone en los de China, Ruy González de Clavijo en la magnificencia de Constantinopla y Samarcanda, y Don Pero Tafur en la de Alejandría, El Cairo y la misma Constantinopla. En el siglo XII y a su paso por Mosul, recordó el rabino navarro que al otro lado del río había estado Nínive, «que está en ruinas», cuya extensión «se reconoce por las murallas, como de unas cuarenta leguas hasta la ciudad de al-Bal». Pero sería Bagdad la ciudad que despertó su entusiasmo, por el palacio del califa, de «tres millas de extensión» y los jardines que contenía, por el itinerario que a través de la ciudad seguía una vez al año el monarca, desde su palacio

En el mausoleo de Bur-Emir, en Samarcanda (Uzbekistán), descansan los restos de Tamerlán, uno de los iconos de la civilización turco-mongola durante la Edad Media.

En las páginas siguientes:

Tratado de astrología musulmana del siglo XV atribuido a Al-Bulhan. (Bodleian Library. Oxford.)

hasta la «Gran Mezquita, que está en la puerta de Basora», adornado en todo su trayecto por mantos de seda y púrpura, entre las aclamaciones, música, danza y cánticos de hombres y mujeres. Emporio enorme en su opinión: «Diez millas de circunferencia alrededor de la ciudad. Es tierra de palmeras, huertas y vergeles como no los hay en todo el país de Shinar», aunque no mucho después, en 1184, Ibn Yubayr se mostró mucho más cauto diciendo de ella que «esta antigua ciudad continúa siendo la sede del califato abasí [...] pero la mayor parte de sus edificios ha desaparecido y no queda de ella sino el prestigio de su nombre». Con todo, la gran destrucción vendría algo más tarde, en 1258, con la desolación de los mongoles, que la arrasarían exterminando a centenares de miles de personas.

También a Benjamín de Tudela y a su siglo se remonta la primera mención a las ruinas de Babilonia, el palacio de Nabucodonosor y el imponente zigurat de Birs Nimrud –que supuso la mítica de Babel–, desde cuya enorme altura se veía «una extensión de veinte millas, pues el país es llano». Pero como sus manuscritos hebreos fueron desconocidos para el Medievo cristiano, una de las más tempranas referencias europeas a Babilonia o a la fantástica y más remota Persépolis sería debida a fray Odorico da Pordenone –«andai una città, che fue antichamente grande città [...] et in quella sono e palagi tutti interi, che non vi dimora persona»–, cuando de vuelta a su convento de Padua, dictó los recuerdos de su viaje por Oriente y estancia en China, entre 1318 y 1330.

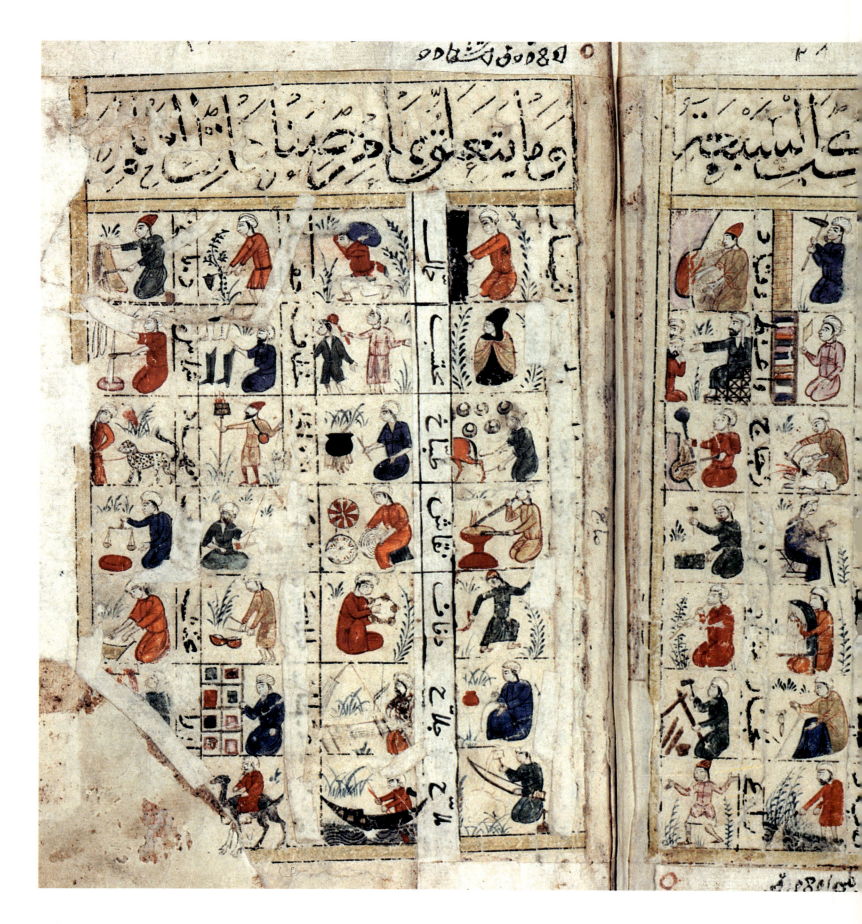

Con todo, mayor aún y fuera de cualquier ponderación y asombro sería para los lectores de su manuscrito la Pekín de Marco Polo, que «tiene veinte e cuatro millas al derredor; es cuadrada, y en cada cuarto tiene seis millas al derredor de muro fortísimo [...] tiene doze puertas e a cada puerta un palacio muy hermoso [...]» y «las calles son derechas a filo, de suerte que del un cabo al otro veen el fuego [...]» en la que también se alzaban «muy bellas casas e palacios, y en medio d'ella ay un grande e maravilloso e bello palacio», asombroso modelo de policía urbana y colosal grandeza que iba a producir estupor incrédulo. Porque al fin y al cabo, acaso fueran las más cercanas urbes de Babilonia (El Cairo) o Constantinopla las que encendieran impresiones más fácilmente corroboradas por las gentes del Medievo. De esta última escribiría serenamente admirado Ruy González de Clavijo, en 1403, alabando la fábrica de Santa Sofía, iglesia «la mayor e la más onrrada e la más privillejada que en la ciudad ha», y de tantas otras iglesias o edificios antiguos, como el hipódromo, y aunque le maravillara a él y a sus posibles lectores la magnitud de las seis leguas de sus murallas y sus torres, percibió los signos de decadencia al notar que aun «grande e de grand cerca no es tan bien poblada, ca en medio d'ella ha muchos oteros e valles», y que en otro tiempo, cuando la ciudad estaba en su esplendor, «era una de las nobles ciudades del mundo». Melancólico realismo que había de acompañarle hasta el esplendor de Samarcanda y sus edificios cuajados de maravillosos azulejos, y que quizá le ayudó a calibrar mejor el estupor causado por su vista, al decir de ella que «lo que es así cercado, es poco más grande que la ciutat de Sevilla». Y es que poco a poco, la ponderación reflexiva se fue añadiendo al estupor maravillado. Tal vez por eso Don Pero Tafur más tarde hablaría con moderación visible de la mezquita mayor de El Cairo, «que es una buena cosa de ver, pero muchas mejores he visto yo en tierra de cristianos», pensando acaso en las columnas de la ya cristianizada mezquita de su ciudad de Córdoba. Y comparando las gigantescas pirámides —«graneros de José»—, escribiría que eran «fechos a manera de un diamante con aquella punta arriba tan aguda [...]» y que «será la altura mucho más que la torre mayor de Sevilla», acercando así las maravillas de Oriente a las medidas cabales de su patria.

Epílogo: del asombro maravillado a la curiosidad inteligente

A lo largo de su historia, los viajeros medievales y sus libros fueron cubriendo un camino al tiempo físico y de progresiva seguridad en sí mismos. Del miedo difundido tras el asalto musulmán del siglo VIII por el entonces tenebroso mar Mediterráneo, al descubrimiento paulatino de las luminosas rutas por las que, a través del islam primero y burlándolo después, llegarían a India y hasta un nuevo e inesperado mundo. Cuando, en 1491, los informes del magnífico agente Pedro de Covilhao llegaron a Lisboa, hacía tiempo que Bartolomé Días había doblado el cabo de Buena Esperanza. Y dos años después, una carabela española traería la noticia de haber alcanzado las Indias por el oeste del gran Océano. Muchas otras maravillas iban luego a llenar las páginas de otros libros, pero a lo largo del Medievo, entre miedos, peregrinaciones, batallas, viajes y escritos, los europeos habían ido pasando del estupor admirado ante las fabulosas «cosas que» nunca «habían sido oídas en tierras de España», a la curiosidad inteligente de una actitud nueva que a Don Pero Tafur le empujó a visitar tierras extrañas y conocer estados para así «venir en conocimiento de lo más provechoso a la cosa pública» de los propios. Verdaderamente, un mundo nuevo estaba ya naciendo.

LOS VIAJES DE LOS MERCADERES: MARCO POLO (SIGLO XIII)

Christiane Deluz

Marco Polo... ¿No evoca este nombre por sí solo al viajero medieval? «Marco el Veneciano, el mayor viajero y el observador más agudo que se haya conocido jamás», según el testimonio de Pietro de Abano (1303), sigue siendo a los ojos del mundo el descubridor de Asia, como Cristóbal Colón lo fue de América. La rapidez con que se difundió su obra escrita demuestra el éxito que obtuvo desde un principio: 1295, regreso a Venecia; 1307, primera copia entregada a Thibaut de Chépoy; 1302 o 1315, traducción al latín de fray Pipino; primeros años del siglo XIV, versión toscana. Las copias y traducciones se sucedieron hasta finales del Medievo, y los casi ciento treinta manuscritos que han llegado hasta nosotros atestiguan que la obra fue leída en toda Europa. Nos encontramos ante lo que Philippe Ménard define como «uno de los grandes textos de la Edad Media».

El libro de Marco Polo merece toda nuestra atención. Es el primer relato que muestra una visión del conjunto de Asia, a la que el viajero llegó por vía terrestre y que abandonó por vía marítima; el primer discurso realizado por un mercader, después de los viajes de los embajadores y misioneros enviados a las tierras de los temibles conquistadores mongoles. ¿En qué contexto se inscribe su viaje? ¿Con qué bagaje intelectual partió este joven mercader? ¿Qué visión de los países recorridos nos ofrece? ¿Cuál fue la primera acogida que tuvo su obra? Éstas son algunas preguntas a las que vamos a intentar dar respuesta.

Cuando en 1272 (o 1273) Nicolo Polo, mercader de Venecia, embarcó en Acre acompañado por su hermano Maffeo y su hijo Marco, de 18 años, la ruta de Asia llevaba mucho tiempo cerrada. Él mismo y Maffeo habían intentado abrirse camino en ella algunos años antes (1260-1266) desde Soldaia, en el mar Negro, empujados en cierto modo por la guerra que enfrentaba a los soberanos mongoles, Hulagu, dueño de Persia, y Berka, jefe de la Horda de Oro, por lo que «estimaron oportuno avanzar más allá». Pero el contacto directo entre mercaderes occidentales y asiáticos estuvo interrumpido durante siglos. El descubrimiento de monedas de los Antoninos en Tonkín sugirió que bajo el Imperio romano había existido algún tipo de relación entre las dos culturas; sin embargo, la inestabilidad de la época conocida como la de las grandes invasiones (siglos IV-V) y, posteriormente, la conquista árabe, a partir del siglo VI, habían cerrado las rutas casi por completo. A partir de 1230, otra conquista, la realizada por los mongoles, reunió bajo un mismo dominio los inmensos territorios que se extienden desde las estepas rusas hasta las orillas del mar de China, y los sometió a un código de leyes muy rigurosas que garantizaba la seguridad de cualquier viajero. A partir de entonces, árabes y persas perdieron el monopolio y los italianos ocuparon un lugar en este fructífero comercio. Las investigaciones llevadas a cabo ya en los años 1950 por Roberto S. López y continuadas más recientemente por Michel Balard pusieron de manifiesto la presencia de venecianos y genoveses no sólo en las factorías que la conquista de Constantinopla en 1204 había permitido abrir en el mar Negro, sino

«En nombre de Dios y del beneficio», inscripción en un libro del comerciante italiano Francesco Datini. En la ilustración, procedente de un manuscrito italiano de finales del siglo XIV, se representa a tres mercaderes venecianos del textil. (Museo Correr. Venecia.)

también en Persia, en Tabriz, donde residía una importante colonia genovesa asistida por un convento de hermanos menores, y también en China, donde el descubrimiento de la tumba de Catalina y Antonio, hijos del mercader genovés Domenico de Yllionis, fallecidos en 1342 y 1346, respectivamente, demostró la existencia de un asentamiento estable. Además de a los embajadores occidentales y mongoles, dado que ambas partes buscaban entrar en contacto y formar alianzas, debemos tener en cuenta la existencia de mercaderes en las rutas del Próximo y el Extremo Oriente. Los documentos abundan sobre todo a partir del siglo XIV, y los Polo aparecen como pioneros, pero las expediciones papales y las del rey de Francia, que las habían adelantado algunos años, cuentan que habían recibido ayuda y consejos de los mercaderes. Cuando Jean de Plan Carpin, nuncio del papa Inocencio IV en 1245, expone al final de su *Historia Mongolorum* la lista de testigos que podían dar fe de la veracidad de su relato, nombra a una docena de «mercaderes de Constantinopla que cruzaron Tartaria para llegar a Rusia... Miguel el Jan... Manuel el Veneciano... Jacobo Reniero... un pisano...». También eran mercaderes quienes aconsejaron en Soldaia a Guillaume de Rubrouck, enviado de san Luis en 1253, qué carros debían emplear en su viaje y qué provisiones y regalos tenían que disponer. La negación de la existencia del viaje de los Polo, en particular por Frances Wood, no se fundamenta en ningún argumento serio. En su

La banca conoció un gran desarrollo a finales de la Edad Media, la mayor parte estaba en manos de judíos, para los cuales no tenía aplicación la condena de la Iglesia contra la usura. Manual de mercadería escrito por Gaspar Muntmany a finales del siglo XV. (Archivo del Reino de Mallorca. Palma de Mallorca.)

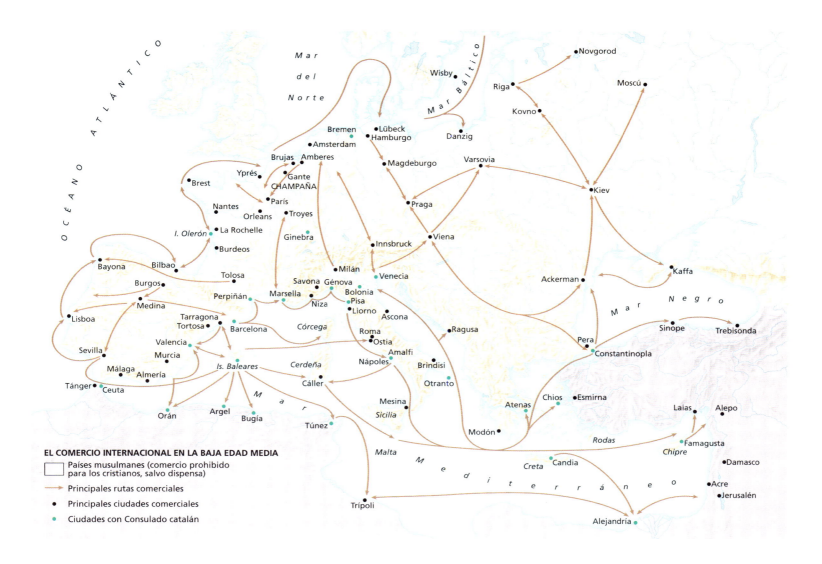

EL COMERCIO INTERNACIONAL EN LA BAJA EDAD MEDIA

☐ Países musulmanes (comercio prohibido para los cristianos, salvo dispensa)

→ Principales rutas comerciales

● Principales ciudades comerciales

● Ciudades con Consulado catalán

Representación de la actividad comercial internacional durante la Baja Edad Media.

En las páginas siguientes:

Marco Polo permaneció alrededor de diecisiete años en China, donde llegó a convertirse en un diplomático al servicio de Kubilai Khan. Ilustración de Marco Polo en el *Libro de las Maravillas*. (Biblioteca Nacional de Francia. París.)

opinión, sólo se atrevieron a «ir un poco más allá» de lo que habían hecho los demás hasta entonces...

Varios eran los itinerarios que permitían unir Europa y Asia. El más antiguo, la famosa Ruta de la Seda, desde Constantinopla o Bagdad, pasaba por Tabriz, bordeaba el mar Caspio por el sur, continuaba por Bujará, Samarcanda, Turfán y por el sur del desierto de Gobi, y terminaba en China, en Catay, como se llamaba entonces. Existía también otra ruta más al norte que partía de Soldaia, en el mar Negro, alcanzaba Sarai, en la desembocadura del Volga, pasaba por Urguench, retomaba la ruta anterior en Bujará y Samarcanda, continuaba por Taskent, Almalik y el norte del desierto de Gobi hasta llegar a Karakoram o Catay por el sur de este desierto. Existían variaciones. Así, Jean de Plan Carpin siguió un itinerario directo, de Sarai a Karakoram por el norte del mar de Aral y las estepas de Mongolia, mientras que Guillaume de Rubrouck cruzó el Volga al norte de Sarai, de un campamento mongol a otro, antes de retomar el camino de Plan Carpin.

Esta ruta resultaba muy larga. Plan Carpin partió de Lyon el 16 de abril de 1245 y llegó a Karakoram el 22 de julio de ese mismo año, una cabalgada muy rápida que no pudo igualar Rubrouck, que prefirió viajar con carros: salió de Constantinopla el 13 de abril de 1253 y no alcanzó la corte del Khan hasta el 27 de diciembre. Los mercaderes, en cam-

Itinerarios del viaje de Marco Polo en *El libro de Sir Marco Polo*.
(Colección privada.)

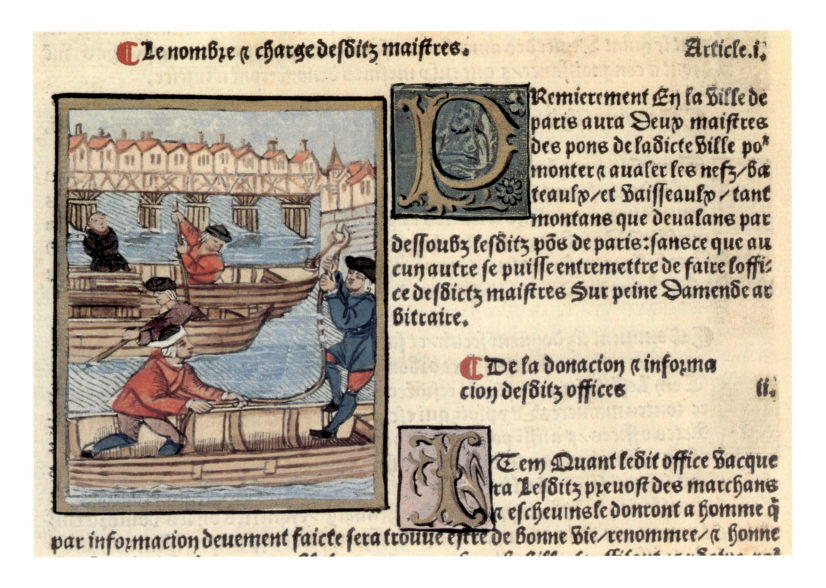

Los ríos europeos fueron durante toda la Edad Media una importante ruta de tránsito comercial. En la ilustración, representación de unos barqueros en el río Sena, de las *Ordenanzas Reales de los mercaderes de la villa de París*, siglo XV. (Biblioteca Histórica de la Villa de París.)

bio, se tomaban su tiempo, buscando posibles ganancias en cada región. Los hermanos Polo, que habían partido de Soldaia en 1260, tardaron más de cinco años en llegar al Gran Khan. Su segundo viaje de Acre a China duró tres años.

Este camino, largo y difícil, no evitaba la dura travesía de los desiertos de Taklamakan y Gobi ni los peligrosos pasos a través de altísimas cordilleras, como las de Afganistán y Tayikistán. Había que contar también con las inclemencias del clima, los ardientes días de verano, la aridez de los desiertos y las gélidas heladas de los inviernos en las estepas. Marco Polo evoca así los «numerosos días amargos y duros» de Siarcian (en Turkistán); los «montes y valles de arena» del desierto de Lop (Gobi), donde los espíritus «hacen extraviarse» al viajero; las «montañas y bastante malos caminos» de Balacian (Badajshán); el Pamir, donde las «montañas suben tanto que se dice que son el lugar más alto del mundo» y donde «el fuego, para el gran frío, no es tan claro ni da tanto calor como en otros lugares», mientras que en Ormuz la gente «se mete en el agua hasta la cabeza» para escapar del calor y de las tormentas de arena.

La ruta marítima por el océano Índico tampoco era fácil. Fue la que eligieron los Polo para regresar, y en el camino se cruzaron con el misionero Juan de Montecorvino, que se dirigía a

Representación de Marco Polo
en el *Libro de las Maravillas*, 1477.
(Biblioteca Nacional de Francia.
París.)

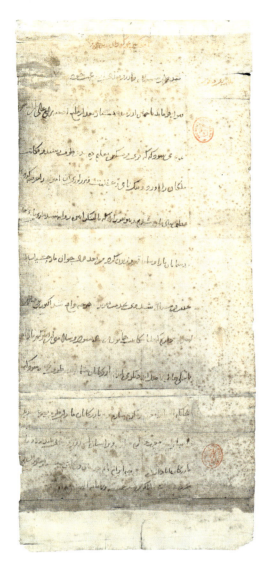

Carta de Tamerlán al rey Carlos IV que trata de la necesidad de enviar comerciantes a Oriente, siglo XV. (Centro Histórico de los Archivos Nacionales. París.)

China. Además del peligro de los piratas, estaban expuestos a los temporales y a los vientos monzones. Marco Polo relata que el viaje a las islas del océano Índico, donde los mercaderes «consiguen grandes ganancias», dura un año, ya que sólo soplan dos vientos, «uno que les lleva y otro que les trae, un viento de invierno y otro de verano». Así, habiendo partido de Cayton (Cantón) a principios de 1291, los Polo no llegaron a Ormuz hasta 1293.

Cuando Marco Polo emprendió en 1272 la gran aventura asiática, ¿con qué bagaje contaba? Se ha documentado la presencia de su familia en Venecia en el siglo XI, procedente seguramente de Sibenik e instalada en el barrio de San Germano. Eran simples mercaderes, que no pertenecían a la gran aristocracia veneciana, como los Ziani, Dandolo, Gradenigo... Poseyeron una factoría en Constantinopla hasta 1260 y otra en Soldaia administrada por Marco el Viejo. El joven Marco recibió la educación habitual de un mercader: adquirió conocimientos de aritmética, aprendió a leer, a escribir, a llevar las cuentas y a hacerse cargo de la correspondencia. A lo largo de su libro le vemos hacer malabarismos con los números para calcular el tipo de cambio, el valor de las piedras preciosas o el número de habitantes de Cambaluc (Pekín) o Quinsay (Hangzhou). Su formación era sobre todo práctica, poco libresca. Marco conocía el Evangelio, como se refleja en su libro cuando llega a Saba, en Persia, el país de los Magos, y oye un relato muy diferente al que conocía. Dominaba también la historia de la religión, y se valía de sus conocimientos sobre Adán a propósito del pico que llevaba su nombre en Ceilán. Había leído u oído acerca de las leyendas: la del árbol seco aislado en Asia central, la del Preste Juan, ese misterioso soberano asiático cuya historia intenta esclarecer, y la de Alejandro, siempre relacionada con Oriente. En realidad, la cultura mercantil se adquiría sobre el terreno; los muchachos acompañaban desde muy jóvenes a sus mayores por mar o por tierra. Así lo evidencia el libro:

Resulta que Marco, el hijo del señor Nicolo, aprendió tan bien las costumbres de los tártaros y su lengua y su escritura... que fue maravilloso. Y sepan de verdad que conoció en poco tiempo varias lenguas y las cuatro letras de sus escrituras.

¿Qué lenguas? ¿Qué escrituras? La cuestión hoy sigue siendo tema de debate. Podemos afirmar que, además del italiano, conocía el árabo-pérsico, hablado por los mercaderes en todo Oriente; también conocía el mongol, tal como lo demuestran multitud de nombres de ciudades y dignatarios; pero ignoraba el chino, pues los nombres chinos que aporta los escribe en persa.

¿Conocía el francés? Aquí se plantea el problema de la redacción de su obra. Sabemos por los manuscritos franceses que cuando Marco Polo fue capturado por los genoveses en la batalla naval de Laias (1296) o en la de Curzola (1298) se encontraba en compañía de «mesire Rusta Pysan», Rusticiano o Rustichello de Pisa, autor de libros de caballerías escritos en «romance» (que era entonces la lengua culta de los laicos), y le hizo «relatar por orden» sus descubrimientos. Nos encontramos, por tanto, ante un libro en cierto modo redactado a dos manos, ya que los «yo», «nosotros» y «él» se entremezclan a lo largo de las páginas, dificultando así poder atribuir la autoría de algún pasaje a uno u otro. ¿Debemos asignar a Marco las reseñas económicas o geográficas y a Rusticiano los relatos de guerras y batallas? No parece posible, pues también a los mercaderes les apasionaban las gestas caballerescas. Hoy en día la crítica tiende a considerar el libro como un todo. La profusión y precisión de datos proceden indiscutiblemente de notas tomadas *in situ* y en veneciano por Marco Polo, pero encargó a Rusticiano la tarea de redactarlos en una lengua y en un estilo que resultaran agradables al lector. Cesare Segre piensa que este último incluso «añadió a la sequedad de la página es-

Marco Polo, en *Libro de las maravillas del mundo*, señalaba a los mercaderes que quisieran dirigirse a las islas del océano Índico para comerciar que el viaje les llevaría aproximadamente un año. Representación del Kubilai Khan utilizando corteza de árbol como moneda. (Biblioteca Nacional de Francia. París.)

crita su propia voz rememorativa» y que «la voz de Marco relatando su viaje se encuentra sin darse cuenta en las páginas del libro que incita a escribir a Rustichello».

Este libro es una descripción de las distintas regiones de Asia continental y, posteriormente, de las costas e islas del océano Índico según una especie de orden preestablecido: situación, población, lengua, religión, adscripción política, ciudades principales y recursos, enumeración que se ve interrumpida por el relato de anécdotas, pasajes históricos, descripciones de las poblaciones más importantes y de sus monumentos. La parte central de la obra está dedicada al Gran Khan y a la excelencia de su gobierno. Pero el conjunto está escrito siguiendo el hilo de los recuerdos, con numerosos saltos atrás para subsanar los olvidos. Muy diferentes son las dos obras más importantes sobre Asia anteriores a la de Marco Polo: la *Historia Mongolorum* de Plan Carpin, que sigue un riguroso orden temático, y el *Itinerarium* de Guillaume de Rubrouck, que relata escrupulosamente el curso del viaje. Todavía no se ha elaborado plenamente el género del «relato de viajes».

Tal como ha llegado hasta nosotros, este libro nos cuenta lo que el joven mercader Marco Polo asimiló de su descubrimiento de Asia, donde vivió dieciocho años. El libro *Divisament dou monde* es una geografía, pero muy distinta a anteriores *Imágenes del mundo*, como la de Gossouin de Metz, escrita en romance medio siglo antes que la de Polo. Éstas pre-

La isla de Mallorca fue un punto importante para el comercio por el Mediterráneo. Ilustración del puerto de la ciudad balear, lleno de barcos de todos los tipos y tamaños. Retablo de San Jorge de finales del siglo XV, obra del pintor Pere Niçart. (Museo Diocesano. Palma de Mallorca.)

En las páginas siguientes:

La geografía de Marco Polo no es física; sus anotaciones sobre el relieve o el clima son breves, impuestas por las dificultades del itinerario. Se trata de una geografía económica, que clasifica los productos artesanos. Ilustración de la recolección de la pimienta en el *Libro de las Maravillas*. (Biblioteca Nacional de Francia. París.)

tendían ofrecer una imagen sintética del mundo, ordenada según los continentes y divididos éstos en países, provincias, regiones, con una nomenclatura y una delimitación de las fronteras más o menos heredadas de la Antigüedad tardía. En la obra de Polo sólo se inspiran en ese modelo los capítulos sobre Oriente Próximo y Oriente Medio: «Ya hemos contado los confines de la Gran Armenia hacia la tramontana, ahora os contamos el otro límite que se halla entre el Sur y el Levante... Es el reino de Mosul».

Pero una vez ha abandonado Persia, el relato prima sobre el itinerario. Marco Polo nos da la visión que tiene de Asia un mercader en camino, con una gran precisión en cuanto a la dirección que es necesario seguir y a las distancias que hay que recorrer. No describe cada región desde sus límites sino desde el centro, desde la ciudad principal que sirve de etapa, y más que describir el paisaje del entorno, relata sus actividades:

Cuando dejamos esta ciudad de Chinghianfu [Zhanjiang] y cabalgamos tres días hacia el sureste... encontramos la ciudad de Chinginguy [Changzhou] que es muy grande y noble. Y son «idólatras» y pertenecen al Gran Khan y tienen moneda de papel. Y viven de artes y mercancías y tienen bastante seda y hacen paños de seda y oro de muchas maneras y... tienen bastante de todas las cosas para vivir pues su tierra es muy fecunda.

Podemos encontrar reseñas parecidas a lo largo de toda la obra. La geografía de Marco Polo no es una geografía física; sus anotaciones sobre el relieve o el clima son breves, impuestas por las dificultades del itinerario. Se trata de una geografía económica, que clasifica los productos artesanales, los equipamientos para los jinetes, las telas de algodón, los paños de seda, la porcelana, las riquezas mineras, la sal, el carbón («piedras negras que arden como leña»), así como las perlas y las piedras preciosas, como lapislázulis, rubíes y diamantes. Descarta los productos de la tierra, pues no eran objetos del gran comercio, excepto las especias, como la pimienta, el jengibre, la canela, la nuez de India..., que merecen toda su atención. Reseña también las diferentes monedas, el famoso papel moneda que circula en el imperio del Khan y las conchas que se utilizan en las transacciones efectuadas en las regiones periféricas del imperio. Finalmente, centra su atención en los medios de transporte –caballos, camellos y naves, que son profusamente descritos debido a la curiosidad que suscitan en un viajero de Occidente– y en los mercaderes de otros países, como India, China, Persia y Arabia, que los emplean. Estudia todas las vías de comunicación: caminos amplios y flanqueados por árboles en China, ríos –algunos de ellos tan inmensos que parecen un mar–, canales para conectarlos, puentes para cruzarlos. Estos últimos son objeto de una pormenorizada descripción que incluye los pilares de mármol coronados por leones y a veces con la cubierta adornada con pinturas. No pasa por alto las rutas marítimas, habla del monzón, resalta la presencia de grandes fondos a la altura de Ceilán y, sobre todo, señala dónde se pierde de vista la tramontana y sigue de isla en isla su lento recorrido mar arriba por el horizonte.

Así pues, la imagen del mundo de Marco Polo es la de una encrucijada de caminos, que dibuja una amplia red de ejes de comunicación, insospechada hasta entonces en Occidente:

> Y en la orilla [del golfo Pérsico] hay una ciudad llamada Cormos [Ormuz] que tiene un puerto y os digo que los mercaderes llegan desde la India con sus naves cargadas con especias y pedrerías y perlas y paños de seda y oro y de colmillos de elefantes... y los mercaderes que pueden, los llevan por el mundo entero.
>
> Y les digo que en esta ciudad [Cambaluc (Pekín)] llegan las cosas más caras, más valiosas y más extrañas que haya en el mundo... Llegan tantas que no se acaban nunca.
>
> Y sepan que esta ciudad es el puerto de Cayton [Cantón], allí donde llegan todas las naves de India con sus especias y otras mercancías... Y les digo que por una nave de pimienta que parte a Alejandría... para ir a tierra de cristianos, llegan a este puerto más de cien.

Pero no debemos confundir este libro con una simple *Pratica della mercatura*, un manual para mercaderes como los que empezaban a escribirse en Venecia o Florencia. A lo largo de sus viajes y durante su larga estancia en China, Marco Polo se interesó por los pueblos que iba conociendo. ¿Acaso la actividad comercial no conlleva el contacto con el otro? Encontramos en su relato una descripción muy completa de los pueblos de Asia y de las islas, del aspecto físico de las gentes (hombres gruesos, de nariz chata y sin barba en Tangut; «señoritas hermosas y agradables» al servicio de la emperatriz); de la vestimenta (desde los suntuosos vestidos de la corte del Khan hasta la desnudez de los habitantes de las islas); de los tatuajes de los pueblos del Cancigu (alto Tonkín), cuya carne está «labrada con agujas con leones, dragones y pájaros»; de la lengua que hablan, a veces incomprensible; de las costumbres, las tradiciones matrimoniales y los ritos funerarios. Polo muestra un interés especial por las prácticas mágicas y astrológicas (aunque a veces las considera «extremadamente perversas»), así como por las creencias, y da muestras de conocer bien la vida de Buda. Sus antecesores

Os contaré cómo casan a las mujeres. Ningún hombre tomaría por esposa a una virgen; dicen que no valen nada si no han conocido a otros hombres antes de casarse. Y por esta razón se aplican las mujeres a perder su virginidad. Cuando pasan extranjeros por esta región y despliegan sus tiendas de campaña para descansar y hacer un alto en el camino, las viejas de los castillos y poblados bajan a sus hijas hasta el campamento y las entregan a los forasteros para que con ellas se acuesten, y ellos las retienen y usan de ellas pero no pueden llevárselas.

Pasaje del *Libro de Marco Polo* referido al Tíbet (siglo XIII)

Tintoreros removiendo paños en una gran tinaja. Esta actividad artesanal tenía gran importancia para el desarrollo de la industria textil en Europa. *Libro de la propiedad de las cosas*, de Barthélemy l'Anglais, finales del siglo XV. (St. John's College. University of Cambridge.)

Caravana de camellos del
patriarca de Constantinopla.
Detalle de una obra de Benozzo
Gozzoli (1420-1498). (Palacio
Medici-Ricardi. Florencia.)

mostraron ese mismo interés: tanto Plan Carpin como Rubrouck se refirieron ampliamente a las costumbres de esos tártaros a cuyas tierras habían sido enviados. Sin embargo, cabe destacar que Marco Polo distingue claramente la información sobre aquellos que siguen llevando una vida nómada y los que se han asentado de forma estable en China.

Marco Polo se sintió profundamente fascinado por el Gran Khan Kubilai, que, según nos cuenta, le tomó a su servicio y le encargó varias misiones. La parte central del libro está dedicada a él. Lo describe físicamente («de hermosa grandeza,... el rostro blanco y bermejo»); refiere detenidamente el esplendor de los palacios y la capital, Cambaluc; relata las suntuosas fiestas, indisociables de su imagen de majestuosidad como soberano, y las cacerías, donde se muestra su poder sobre los animales salvajes. Pormenoriza todos los aspectos de su buen gobierno: la fuerza de su ejército, la emisión de papel moneda, la recaudación de impuestos, la constitución de reservas de alimentos para hacer frente a las hambrunas, la ayuda a los pobres, el mantenimiento de los caminos y la organización de comunicaciones con caballos y postas. Cabe resaltar el gran conocimiento que Marco Polo tiene de la geografía administrativa establecida tras la conquista de Kubilai: China que-

Comerciantes y compradores se reunían en las grandes ferias internacionales, donde se llevaban a cabo grandes negocios. *Libro de los Estatutos del gremio de los sastres*, siglo XIV. (Museo Cívico. Bolonia.)

Puente de origen sasánida de la ciudad de Isfahán, una de las capitales económicas del antiguo Irán.

dó dividida en doce gobiernos, los *sing*, subdivididos en provincias, las *lou*, subdivididas a su vez en circunscripciones más pequeñas. Si estudiamos los epítetos con los que califica las cincuenta ciudades del imperio con funciones administrativas, comprobamos que describe poco o nada la cabeza de partido de una pequeña circunscripción («ciudad grande y hermosa»), mientras que sí lo hace respecto a las *lou* o a los *sing* como «ciudad maestra» o «amo y señor de toda la provincia». Tal interés por el buen gobierno no resulta sorprendente, puesto que en Venecia, como en otras grandes ciudades de Occidente, los mercaderes ostentaban el poder junto con la antigua aristocracia.

El Asia de Marco Polo resulta así muy diferente de la que habían dado a conocer sus antecesores, quienes, por cierto, no habían llegado hasta China. Tanto Plan Carpin como Rubrouck sólo tuvieron contactos con los mongoles, que todavía no llevaban del todo una vida sedentaria y cuyo modo de vida rudimentario les había amedrentado. Plan Carpin se interesó sobre todo por la lucha armada; Rubrouck, por la evangelización. Marco Polo presenta una China rica, trabajadora, de ciudades maravillosas, con un gobierno intachable. Lo observó todo con sumo cuidado y detalle, tanto si se trataba de evaluar el valor de

las monedas o las mercancías, como de contar la población o de describir plantas, animales, piedras preciosas o formas de construcción. Esta precisión le lleva a criticar numerosas ideas falsas (sobre la salamandra, el unicornio, los supuestos hombres mono...), lo que no impide que muestre cierta credulidad acerca de las maravillas y leyendas con las que sin duda los marinos le entretuvieron en el camino de regreso (el pájaro Roc, cuyas alas tienen treinta pasos, las islas Macho y Hembra...)... Pero la verdadera maravilla sigue siendo a sus ojos la desmesura de todo lo que ha visto en el continente asiático: flora, fauna, ciudades, riquezas incalculables.

A este conjunto de maravillas se debe el éxito de la obra. Los lectores, interpelados en el libro permanentemente («¿Qué puedo deciros?»), respondieron con entusiasmo. Ya en los primeros años del siglo XIV aparece traducida del francés una versión toscana, con un estilo poco elaborado y en la que se han suprimido numerosos detalles; se trata en cierto modo de una versión utilitaria, cuyos cinco primeros manuscritos están en *scrittura mercatura*, y no copiados el uno del otro: un trabajo de mercader para mercaderes. Una versión

Gracias a su espíritu innovador e inquieto, la labor de los comerciantes fue imprescindible para el desarrollo económico, social e incluso cultural de la sociedad medieval. Pago de impuesto por parte de unos comerciantes a la entrada de una ciudad, siglo XV. (Biblioteca Cívica Queriniana. Brescia.)

Los miembros de la familia Polo fueron los primeros latinos que vio el Khan, quien se interesó por todo lo referente a la civilización y organización política y económica de Occidente. Representación de la figura de Marco Polo en madera dorada, siglo XIII. (Museo Correr. Venecia.)

veneciana más o menos similar data también de principios del siglo XIV; un ejemplar de esta versión se encadenó al puente de Rialto, a disposición de los mercaderes. El texto se tradujo posteriormente en los países dedicados al gran comercio, como Alemania y España. Su título, *Il Milione*, relacionado quizá con el apodo de la familia Polo, evocó enseguida las maravillas y riquezas de Asia.

Con otros títulos, *Divisament dou monde*, *Livre du Grant Khan*, el libro se difundió también rápidamente en las cortes principescas, dado que Thibaut de Chépoy, escudero de Carlos de Valois, recibió de manos de Marco Polo la «primera copia» de su obra en 1307. Se trataba de una copia inacabada que se encuentra en las bibliotecas de Carlos V, de los duques de Berry y Borgoña, y de la condesa Mahaut de Artois; unos manuscritos suntuosamente iluminados y cuyas miniaturas revelan la lectura que se hace de él, pues destacan el poder del Khan, la riqueza y actividad de los mercaderes, pero sobre todo los animales y pueblos maravillosos, cuando en realidad éstos no constituyen lo esencial del libro.

Finalmente, en 1315 como muy tarde, fray Pipino, un dominico de Bolonia, tradujo la obra del italiano al latín, probablemente por orden del capítulo general de la orden. El título, *De condicionibus et consuetudinibus orientalium regionum*, mostraba que los clérigos consideraban que el libro era un manual útil para conocer Asia en un momento en el que se estaban organizando las misiones hacia ese continente bajo la égida de los papas de Aviñón. Los cerca de setenta y cinco manuscritos que se conservan, así como las traducciones realizadas al francés, portugués, irlandés, checo y veneciano, ponen de manifiesto el interés suscitado en los círculos más eruditos.

Cabe añadir sin duda a este conjunto los relatos orales del viajero, cuyo testimonio recogen los escritos de Pietro de Abano y que podrían constituir el origen de la versión latina llamada *Zelada*, descubierta en Toledo en un manuscrito del siglo XV y que añade numerosos detalles inéditos sobre China y los países del norte.

Así, los estamentos de la sociedad que escucharon a un mercader tomar la palabra por primera vez fueron diversos. Asistimos al asceno al poder de este cuerpo social que no tenía un lugar en el antiguo esquema triangular de «*oratores, bellatores, laboratores*». En su voluntad de corroborar la veracidad de lo que se narra, Rusticiano exageró sin duda la importancia del protagonismo de los Polo como embajadores del Khan —aunque existen otros ejemplos de mercaderes a quienes éste confió cartas para los soberanos occidentales—, y nos presenta a Marco como el hombre de confianza de Kubilai y gobernador de una ciudad, cuando no hay el menor rastro de él en los archivos chinos. Pero Marco Polo escribió un libro, y a su regreso se casó con Donata Badoer, perteneciente a una de las más antiguas familias venecianas, que se enorgullecía de haber tenido como antepasado al primer dogo en el 697; sus hijas también entraron, por matrimonio, a formar parte de la alta aristocracia de la ciudad (los Bragadin, Deolfin, Gradenigo). A partir de entonces, el *Divisament dou monde*, el descubrimiento de viajes reales, gustará más a los lectores que las vagancias imaginarias de las novelas de caballerías. Los mercaderes invitan al lector a maravillarse ante un mundo con cuyo relato se atreven a «desorientar» en los portulanos (la carta pisana de 1291 es contemporánea al regreso de los Polo) para incitarles a recorrerlo mejor. Las leyendas del Atlas catalán, del mapa de fray Mauro, del de Martin Behaim incluyen numerosas citas del *Devisement du monde*, junto a las autoridades más venerables. Leído y comentado por Cristóbal Colón, el libro de Marco Polo es la primera llamada a los grandes descubrimientos.

En las páginas anteriores:

En el siglo XIII Samarcanda fue ocupada por los mongoles, y en el siglo XIV Tamerlán instaló allí su capital y atrajo a ella a gentes de todas las artes, profesiones y comercios: griegos, chinos, egipcios, persas, armenios, sirios, etc., convirtiéndola en uno de los puntos principales de la Ruta de la Seda. Fue visitada por Marco Polo durante su estancia en Oriente. Cúpulas de la necrópolis de Sah-i Zinda, en Samarcanda.

Dios se aparece a Moisés y a otros personajes que le acompañan. Todos ellos visten a la manera oriental
y llevan cimitarras, una especie de sable utilizado por turcos y persas. Manuscrito de principios
del siglo XV. (British Library. Londres.)

Los musulmanes utilizaron frecuentemente los desplazamientos de tropas en embarcaciones militares que alcanzaron gran desarrollo. Cantiga de Santa María Nº 95- F 139-D. Siglo XIII. (Biblioteca del Monasterio de San Lorenzo de El Escorial. Madrid.)

LOS VIAJES MILITARES: EXPEDICIONES Y OPERACIONES GUERRERAS

José Enrique Ruiz-Domènec

Una delgada línea de admiración nos separa de los caballeros de la Edad Media que desafiaron al mundo llevando a cabo grandes viajes lejos del hogar. La vida como aventura es la aceptación de un cosmos exótico, ilimitado, a veces maravilloso, un lugar de encuentros con seres del más allá, como las hadas o los duendes, y que se creía poblado de monstruos como los dibujados en los márgenes de los manuscritos o en ese inventario de animales fantásticos que constituyen los bestiarios.

Los peregrinos de las casas nobles, celebrados por Widukind de Corvey, sintieron desde épocas muy tempranas el deseo de encontrarse a sí mismos en un largo y peligroso viaje a alguno de los centros de peregrinación de aquel tiempo. A Santiago de Compostela, final de una ruta que comenzaba en cualquier importante ciudad del norte o del centro de Europa; a Roma, a la que acudían para rendir homenaje a los mártires de la tradición cristiana, manteniéndose ajenos a la riqueza de las ruinas de la civilización romana; a Jerusalén, lugar santo por excelencia para los cristianos, por cuyas calles, plazas y colinas transitó el Hijo de Dios. Los viajes de peregrinación se organizaban conforme a un ritual perfectamente fijado, que comenzaba con la redacción del testamento y seguía en muchos casos con la obtención de un crédito sobre los bienes patrimoniales con el que sufragar los costes del viaje. Desde Ermengol I, conde de Urgell, llamado el Peregrino, quién marchó a Jerusalén en 1038, sin que se supiese más de él, hasta Guillermo X, duque de Aquitania y padre de la famosa Leonor, que fue a Santiago un siglo más tarde, y cuyo viaje se convirtió en una hermosa leyenda compostelana, miles de caballeros europeos se sintieron atraídos por la peregrinación, hasta convertirla en un lugar de la memoria, como reconocía en el siglo XIV el influyente escritor Philippe de Mézières en su obra *Le Songe du vieil pélerin*. No obstante, para entonces la política pontificia ya había sugerido a los caballeros otra modalidad de viajar: la cruzada.

El ideal de cruzada se forjó en medio de confusas imágenes de revancha contra los turcos, que habían vencido al emperador romano Diógenes en la batalla de Manzikiert, y de no menos confusos sueños de realizar el reino de Dios en Tierra Santa. Allí, en el abigarrado enjambre humano que constituía la ciudad de Jerusalén en el siglo XII, cada cual, desde el noble cultivado hasta el ignorante pueblerino, encontraba la razón de un viaje tan atractivo como peligroso. Veamos el caso de Godofredo de Bouillon y su hermano Balduino, los máximos responsables de la expedición militar que conocemos como Primera Cruzada. Ambos hermanos debieron confiar sus vidas a unos navegantes de los que ignoraban casi todo y que sólo se interesaban por el dinero que debían pagarles. Viajaban en grupo, con todos sus vasallos y sus amigos, y debían cargar en los barcos las armas de hierro, los caballos, las tiendas..., lo mismo que había hecho el gran duque Guillermo cuando conquistó Inglaterra en 1066, y cuya hazaña quedó reflejada para siempre en el tapiz de Ba-

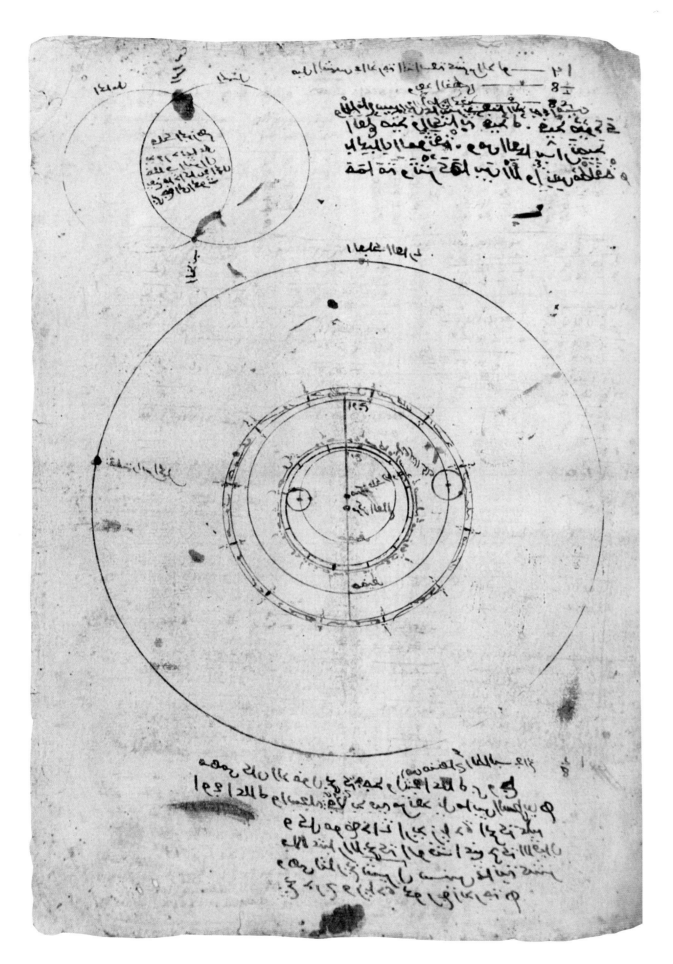

Las tablas astronómicas serán reproducidas incesantemente a lo largo de la Baja Edad Media debido a la demanda de sistemas de orientación. En la ilustración podemos ver una esfera celeste procedente del manuscrito MS-1818. (Museo Naval. Madrid.)

or quas vesus nomes oncir note uoldroie.
e pure seroit rien satoi micobracnoie.
on segnor dit leduch de bairt qil nel otroie.
or lugita lacrois por lacorde de soie.
olant qant la croise engenoilo se ploie.
ante crois ora de gi soit tote qoie.

El aspecto religioso de las cruzadas trata de potenciarse con imágenes como ésta, en la que observamos a un monje atendiendo espiritualmente a un caballero que se dirige a Tierra Santa y entregándole un crucifijo como símbolo de su misión. (Biblioteca Marciana. Venecia.)

yeux que la condesa Matilde mandó hilar en su honor; pero en esta ocasión no se trataba de atravesar el estrecho canal de la Mancha –peligroso, no cabe duda, y donde muchas naves habían naufragado, pero estrecho, pues en los días claros se podía ver la otra orilla desde las posesiones de los señores de Boulogne en Calais–, se trataba de atravesar el Mediterráneo sin saber siquiera cómo era el lugar del desembarco. Cerca de Antioquía, Godofredo meditó a fondo sobre el sentido de aquella aventura, y sólo encontró consuelo en la posibilidad de arrebatar la ciudad santa a los musulmanes. Dios lo quería así, y con ese grito se lanzó contra las murallas de Jerusalén en el mes de julio de 1099. Los cronistas que narraron el suceso de esta nueva Ilíada de barones sólo retienen de su heroísmo y su salvaje agresividad una idea: la guerra santa era un bien para la cristiandad y estos viajeros lo hicieron posible. Nada dicen de que lograran tomar la ciudad contra todo pronóstico. En el asalto final destacó entre los que más el genovés Guilielmo Embriaco, el Roldán mediterráneo, como se le ha calificado. Más que los hechos mismos, en el viaje a Tierra Santa de este hombre singular era decisiva la razón que lo impulsaba, mitad religiosa, mitad mercantil, como era costumbre en su ciudad natal, según se apresura a señalar el cronista Caffaro al relatar sus hazañas. El héroe de una ciudad es aquel que tiene el momento a su favor. Y, desde los muros de una Jerusalén asediada, Embriaco descubrió con temeraria

confianza su misión en la vida. El viaje por mar había sido un éxito, y no tenía reparos en confesarlo, y así rindió homenaje a muchos otros que lo precedieron pero no tuvieron tanta suerte y perecieron en el intento, ahogados en las olas de un Mediterráneo a veces cruel, o asaeteados en alguna refriega con los musulmanes.

Cuando Godofredo de Bouillon instaló un consejo de barones en las dependencias de lo que había sido el Templo de Salomón, el lugar estaba habitado por misteriosas leyendas, y quizá por ese motivo lo puso bajo la custodia de un grupo de amigos que con el tiempo fundaría el famoso priorato de Sión. Pocos años después, primero furtivamente y después con el apoyo del influyente monje cisterciense san Bernardo de Claraval, la Orden de los Caballeros del Temple comenzó a dirigir los viajes de los miles de peregrinos y de cruzados que desde cualquier lugar de la Europa occidental llegaban a Palestina con el fin de alcanzar el perdón y la misericordia de sus pecados. Los sueños de viajar a tierras lejanas encontrarían en la cruzada un motivo de legitimidad. Así lo confesaban cuando decidían partir, aunque sabían, pues se lo habían oído decir a otros que fueron antes que ellos, que la verdadera emoción estaba en el viaje en sí, en sus peligros, en el alto riesgo que existía de no regresar jamás. Estos hombres de armas viajaban a Jerusalén no tanto para instruirse o conmoverse con los santos lugares como para sufrir: no obedecían a la parte creadora del ser humano, sino a la dimensión catártica –como diría Aristóteles– de los hechos cuando son difíciles. La lluvia, el viento, las largas marchas, las ascensiones por los senderos helados de las montañas, los albergues de paso donde les devoraban los piojos..., eran realidades que conocían bien y no rechazaban, pues la razón del viaje era purgar los pecados o lo que ellos creían pecado. Con esa actitud confirmaban la creencia medieval de que el ser humano es ante todo y sobre todo un *homo viator*. El cronista Orderic Vital se recrea en esta idea al comentar el segundo viaje de Étienne de Blois a Jerusalén.

Este afamado caballero había regresado a su casa, junto a su esposa Adela, a la que echaba de menos, un gesto poco usual entonces; pero se encontró con la sorpresa de que tanto ella como la gente de sus tierras le incitaban a que tomara de nuevo la cruz. Étienne se resistía. No quería volver a pasar por el calvario del viaje; pero era inútil, pues su esposa le recriminaba todos los días su conducta y le incitaba, según sus propias palabras, recogidas por el cronista, a que «volviera a tomar las armas del glorioso ejército por la salvación de millares de personas, para que brote la gran exultación de los cristianos por todo el universo y en los paganos el temor y la vergüenza de sus perversas leyes». Estas palabras reflejan el ambiente que se respiraba por entonces y que incitó a muchos caballeros como Étienne a viajar, quizá sin demasiadas ganas. Un nuevo viaje comenzó entonces. En esa ocasión para cumplir la promesa a su mujer, por lo que Étienne de Blois emprendió por segunda vez el camino a Jerusalén. Y entonces percibió mejor las incomodidades del viaje para un hombre de armas. Entretanto, nuevos impulsos llevaron a los caballeros a Palestina. Fue el caso de Fulko V, conde de Anjou, viudo de su primera esposa, que dejó el condado y las propiedades en manos de su hijo Godofredo Plantagenet, al que había casado con Matilde, hija del rey de Inglaterra, y se dirigió a Palestina a casarse con Melisenda, hija y heredera de Balduino II, rey de Jerusalén. Éste era un viaje sin retorno. Una modalidad que parecía útil en algunos casos. Aquí era el amor, y no la amistad ni la devoción, lo que les impulsaba a hacerlo. El descubrimiento de ese nuevo universo de sentimientos brindaba a los hombres de armas europeos otros motivos para viajar. Así surgió la vida errante de los caballeros, una forma de viaje que poco o nada tiene que ver con la peregrinación o la cruzada. Sus motivaciones eran otras.

El transporte de tropas por mar es una constante a partir del desarrollo naval de la Edad Media. Miniatura del siglo XIV que representa el desembarco de Guillermo I el Conquistador, rey de Inglaterra, en Gascuña. Siglo XI. (British Library. Londres.)

Escenas del célebre *Tapiz de Bayeux*, en el que se describen los preparativos y el desarrollo de la batalla de Hastings, en la que Guillermo de Normandía se hace con el trono de Inglaterra a vencer al rey Harold. Es uno de los mejores documentos gráficos que poseemos para la reconstrucción de muchos aspectos de la vida cotidiana de la Europa del siglo XI.
(Musée de la Tapisserie. Bayeux.)

En las páginas siguientes:

Enrique V de Inglaterra toma la ciudad de Rouen, después de asediarla durante seis meses entre 1418 y 1419. Manuscritos de Warwick, *c.* 1484-1490. (British Library. Londres).

Dibujo que describe el sitio de Calais por el duque de Warwick en el año 1436. Manuscritos de Warwick, *c.* 1484-1490. (British Library. Londres).

Howe Erle Richard in the name of ffrannce toke Denfront and entred ffirst into Came but
inasmuche as he was there w[t] Cludre lord Thoms Duc of Clarance the kynge next
brother he sette on the wall the kynge Armys and the Dukes and made cry a Clarance
a Clarance And then entred the Duke and gabe the Erle many great thankes After
the Erle besieged Cadelleh on the water of Eyn and they appoynted to stonde vndre [t]
fauonre of Rou And then brought he vp vessels by water to Rou And then by his
poliey wace it besieged both by londe & water After he wan
mount Seynt a myghell e many other stronge townes And the
kyng made hym Erle of Annadle

134

Here shewes howe Philip Duc of Burgoyn beseged Caleys / And
Humfrey Duc of Gloucestr, Richard Erle of Warwicwik and Humfrey
Erle of Stafford. Wt a grret multitude . went ovr the see / and folowed
the Duc of Burgoyn he did fleyng before them / And there they sore
noyed the contrey . Wt fire and swerd /

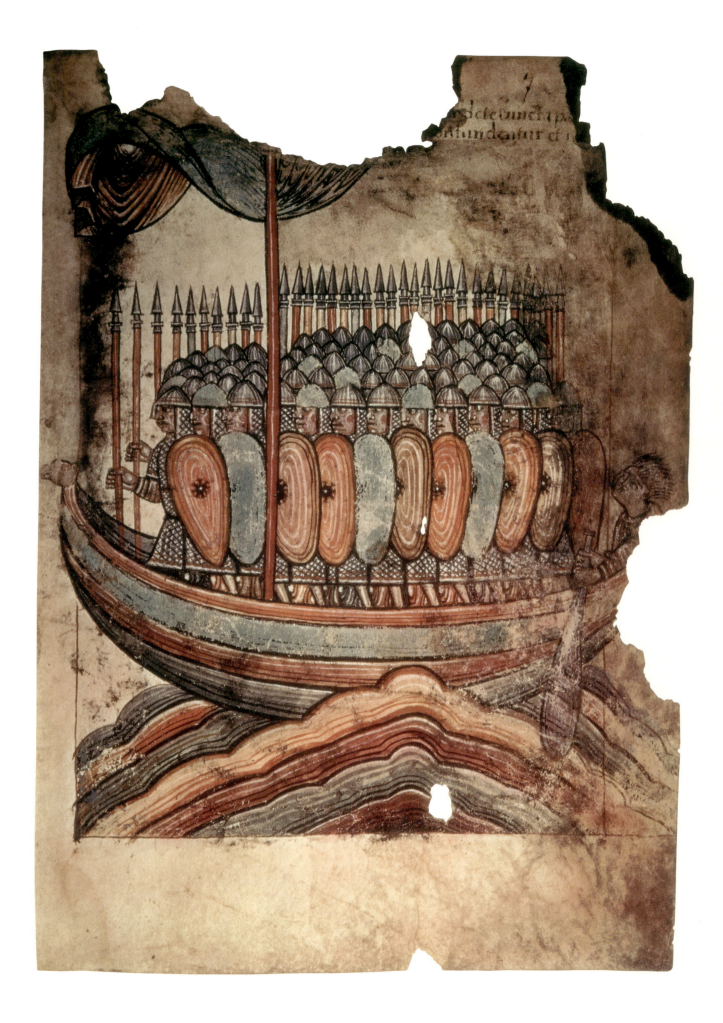

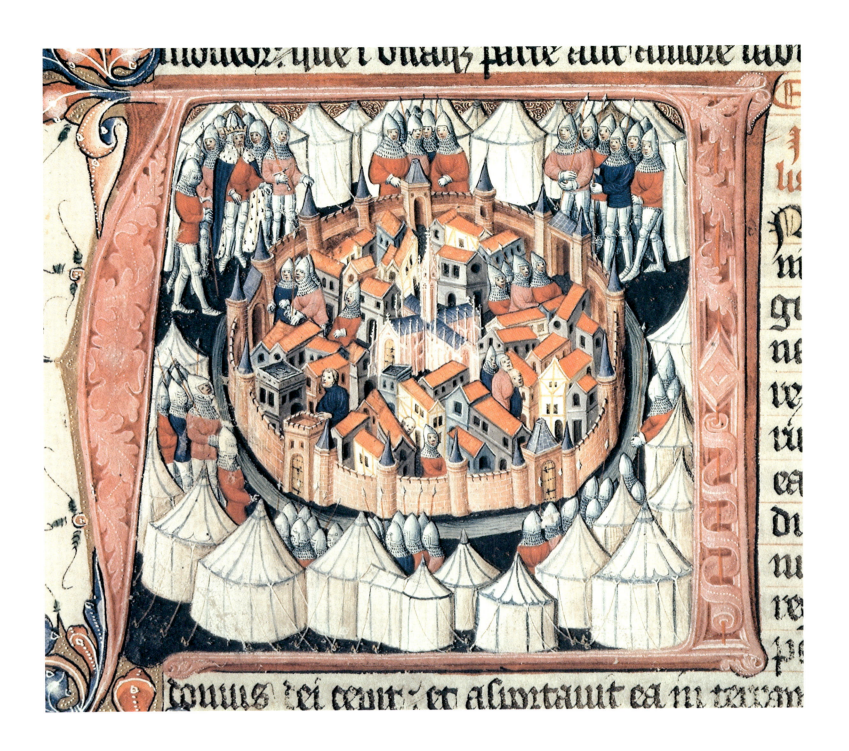

El interés del mundo medieval por Tierra Santa se pone de manifiesto en la labor didáctica que ofrecen muchas recreaciones del pasado histórico de ese territorio. En esta miniatura de comienzos del siglo XV se representa el sitio de Jerusalén por las tropas de Nabucodonosor II en el año 598 a.C. *Gran Biblia de San Jerónimo.* (British Library. Londres).

Uno de los desplazamientos de tropas más determinantes para la evolución de la Historia europea de la Edad Media, es probablemente el que lidera en el año 1066 Guillermo de Normandía para luchar por el trono de Inglaterra. (Biblioteca Nacional de Francia. París).

El rey Luis IX de Francia encarna, como pocos monarcas de Occidente, el espíritu de cruzada.
En esta miniatura podemos verle embarcando con dirección a Túnez en el año 1270.
(Biblioteca Nacional de Francia. París).

re tuue la rotme œ na
uarre. En la quele se

ce la orotte et tonue a
rance. Rebuche

San Luis es representado en muchas ocasiones al frente de las tropas francesas en la aventura cruzada. Esta miniatura nos muestra una escena de la sexta Cruzada (1248-1254) en la que el rey se propone aniquilar Egipto. (Museo del Louvre. París).

En las páginas siguientes:

Las cruentas batallas campales de la Edad Media han sido descritas infinidad de veces en obras literarias e ilustraciones, como la que podemos observar en estas imágenes del *Speculum Historiae* de Vincent de Beauvais (siglo XIII). La segunda ilustración recrea la presencia en el campo de batalla del emperador bizantino Heraclio, prototipo de la encarnación del imperio en la época medieval. (Musée Conde. Chantilly).

Mientras el joven Ricardo, hijo del rey Enrique II de Inglaterra y de Leonor de Aquitania, creía en la poética de una geografía llena de trovadores, y aún no era Ricardo Corazón de León, el único rey que actuó como simple caballero en la cruzada contra Saladino, el viejo Guillermo el Mariscal invitaba a los jóvenes de su tiempo a viajar de un lugar a otro para participar en torneos donde pudieran probar su proeza y su valor, lo que significaba que visitaban muchos lugares («*torniamenta frecuentando multas provincias et multas regiones*», escribe un cronista coetáneo). En cierta ocasión, la reina Leonor de Aquitania se detuvo en uno de esos encuentros anuales que, al igual que sucede hoy en los grandes campeonatos deportivos, congregaba a una inmensa muchedumbre que quería ver de cerca a los famosos torneadores. La reina comprobó que esos encuentros facilitaban el contacto cultural entre los diferentes pueblos europeos, pues vio allí a hombres de Frisia, Brabante, Francia, Provenza y Aragón. Esos jóvenes convivían en medio de francachelas y juegos de azar (los naipes y los dados en particular), hablaban de las innovaciones en los arneses defensivos, y se alimentaban de las historias de algunos campeones que gracias a su pericia en un torneo consiguieron alcanzar fama, honor y victoria, y con ello cumplir el sueño de cualquier muchacho de aquel tiempo: casarse con una rica heredera. Los viajes por tanto fueron un mecanismo de promoción social y de encuentro cultural. Los sacer-

Ilustración de un pasaje del *Romance de Lancelot du Lac*: Lancelot es conducido en un carro al que siguen Sir Gawain y otros caballeros. Siglo XIV. (The Pierpont Morgan Library. Nueva York).

dotes se indignaban y escandalizaban ante las costumbres de esos jóvenes, la moda en el vestir y la propensión a llevar el cabello largo como las mujeres, y no entendían cómo era posible que por el hecho de ganar un torneo un hombre alcanzara un estatus social diferente al de sus antepasados. El caso de Guillermo el Mariscal se generalizó entonces: hijos de siervos o de pequeños propietarios agrícolas ocuparon los puestos más elevados en la corte gracias a la fama adquirida en los torneos, es decir, al hecho de haber decidido viajar por media Europa para probar su bravura.

Frente a esta indignación, surgió la postura opuesta, la que miraba esos gestos con respeto y admiración y fue difundida en esos mismos años por la novela cortés. Las bibliotecas señoriales se llenaron de libros en cuyas páginas se narraban las andanzas de héroes singulares que con el tiempo se convirtieron en figuras estelares de la cultura europea: Lanzarote, Tristán, Gauvain, Yvain, Erec, Perceval formaron el grupo de caballeros de la Tabla Redonda, que tenían en el rey Arturo de Bretaña a su guía y en la reina Ginebra a su ideal de belleza. Nobles y caballeros pasaban los días escuchando los relatos que leían las mujeres letradas de la corte: las andanzas en busca del Grial o los requiebros de amor hacia alguna dama. Pero sobre todo se deleitaban en el hecho de que esas novelas hablaban de viajes a lugares exóticos, misteriosos. Cuando reflexionaban sobre esos grandes desplazamientos, esas grandes sacudidas, cuyas descripciones llenan páginas enteras de las novelas de caballerías, los lectores se convencían de que su situación en la vida era menos irrevocable. Con un astuto deslizamiento, el europeo del siglo XII convirtió el viaje en una recreación de sus sueños más íntimos. Eso explica que hubiera muchos caballeros que quisieron actuar como lo hacían los personajes de las novelas. Se tienen noticias de encuen-

Sectores de Gunter. Este instrumento de navegación, junto a la regla del mismo nombre, representan el precedente de las reglas de cálculo. Siglo XVII. (Museo Naval. Madrid).

tros sociales realizados conforme a los criterios elaborados por los novelistas. El más llamativo fue, sin duda, la reunión organizada en 1184 por el emperador Federico Barbarroja con ocasión de la investidura de su hijo Enrique; aquella fiesta caballeresca en Maguncia congregó a centenares de caballeros, procedentes de los más diversos lugares de Europa, que viajaron a la llamada del emperador atraídos por el glamour que significaba participar en un grandioso festival caballeresco, y cuyos ecos podemos aún percibir en las miniaturas del libro de Mannese que acompaña a las poesías de los Minnsänger. Algo parecido ocurrió en Chipre, según relata Philippe de Novare, cuando un importante grupo de caballeros viajó hasta Nicosia para celebrar la fiesta de ordenación como caballero de Juan de Ibelin, el viejo señor de Beirut, y hacerlo vestidos con indumentaria artúrica y al modo de los caballeros de la Tabla Redonda.

De esos años de profunda impregnación de la literatura en la vida social de los nobles europeos, cuando no era extraño que grandes escritores como Wolfram von Eschenbach o Walter von der Vogelweide viajaran de corte en corte ofreciendo sus servicios, nos quedan las anotaciones de viaje del caballero Ulrich von Lichtenstein, que quiso vivir, y lo consiguió, como los caballeros andantes de las novelas. Todas sus acciones están impregnadas del recuerdo de prolongadas veladas de audición de novelas de caballerías y de exacerbadas fantasías de viajero, como la vez en que, disfrazado de mujer, se subió en un cesto para llegar hasta el lugar donde se encontraba su amada, con tan penosa fortuna que la cuerda se rompió y dio con el libertino en el suelo, o aquella otra en que se presentó en una cena vestido de rey Arturo, mientras que sus amigos ejercieron de caballeros de la Tabla Redonda. Ulrich pertenecía a la noble-

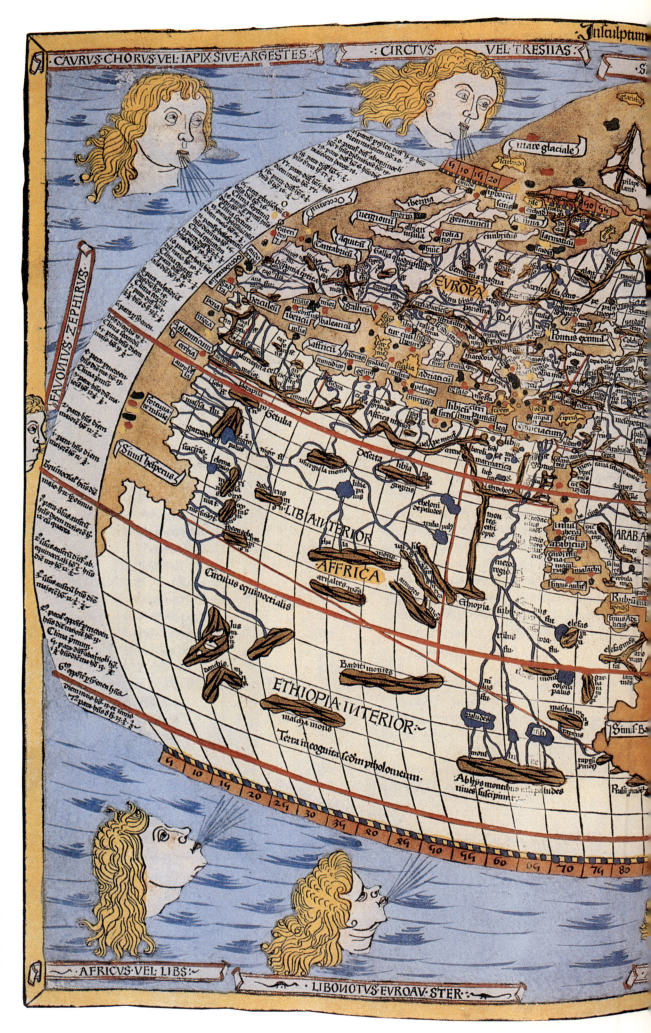

Reproducción facsímil de la
Cosmografía de Ptolomeo.
(Biblioteca de la Universidad
Complutense. Madrid.)

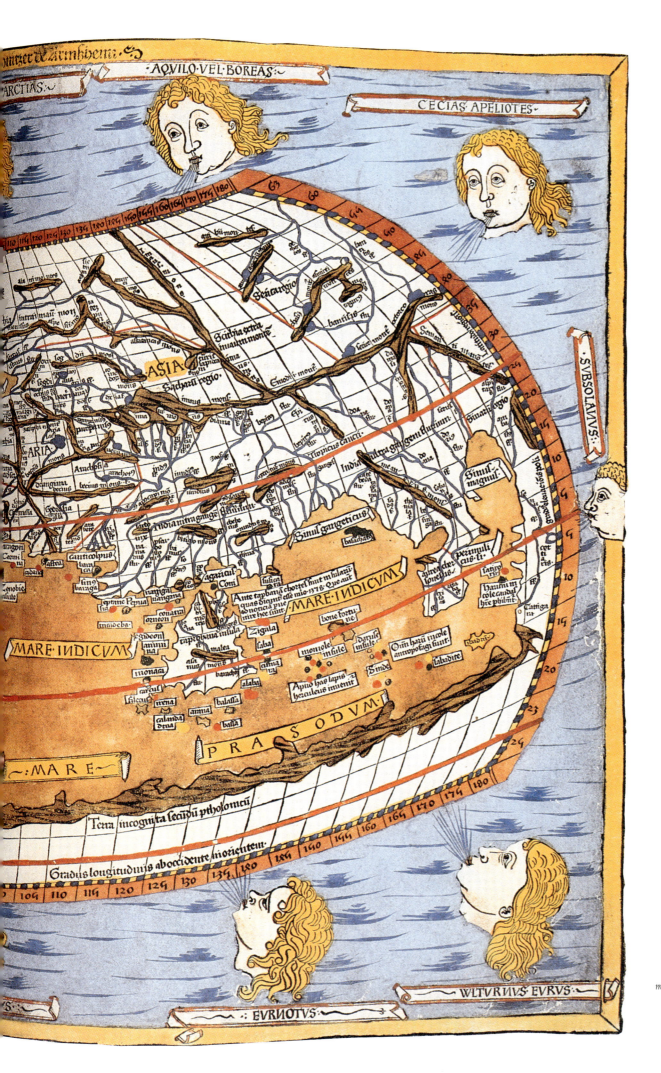

En las páginas siguientes:

Recreación de la travesía de barcos de guerra que se dirigen a Troya, en la que podemos apreciar las formas de transporte de tropas por mar en el siglo XV. Ilustración de *Los libros de Historias del comienzo del mundo*. (British Library. Londres).

za de la región austríaca de Estiria, y debía representarla con dignidad, por eso convirtió el viaje en un largo cortejo por las cortes europeas. Le gustaba viajar acompañado, y se cuenta que en sólo un mes rompió trescientas lanzas. Fue un poco extravagante, sin duda, pero jamás un lunático ni un marginal. Se adaptó bien a las costumbres y los gustos de su época, y vivió por encima de sus rentas debido a su condición de viajero famoso.

La vida y los hechos de Ulrich son un reflejo de la ideología presente en las novelas corteses, en especial las de Chrétien de Troyes, con sus caballeros pobres que alcanzan un señorío gracias al matrimonio, como era el caso de Yvain, el Caballero del León, que para poder casarse con la rica Laudine tuvo que matar a su marido en un encuentro singular delante de una fuente. Todo el simbolismo de esas novelas retrotrae al hecho mismo del viaje como medio de realización; de los actos cotidianos se pasa a las fantasías de esas islas fuera de la historia que con el tiempo serían las ínsulas demandadas por Sancho a su señor Don Quijote. Pero antes de que la fantasía cubriera con su escepticismo esas actitudes, en el siglo XIII hombres como Jacques de Hemricourt dedicaron su vida a viajar, advirtiendo en ese acto el perfume de un mundo en transformación, de horizontes abiertos, como refería Roberto Sabatino López. Los caballeros no fueron a la zaga de los comerciantes que se aventuraron en tierras cada vez más lejanas y misteriosas, hacia los confines de la tierra conocida, para alcanzar el *devisement du monde* del que hablaba Marco Polo. No obstante, fue el caballero John de Mandeville quien fijó la estructura del libro de viajes al presentar el mundo como el objeto de una peregrinación caballeresca en busca de los territorios donde viven los dragones.

Para Eduardo III de Inglaterra, las novelas de caballerías y los viajes eran el fundamento de la cultura palaciega que quería imponer en su país, primero en lengua francesa por medio del talentoso autor del *Perceforest*, y luego en lengua inglesa en las diferentes versiones de la aventuras del rey Arturo, una producción literaria que conduce directamente a Thomas Malory. Antes de eso, sin embargo, el rey mostró el camino que debían seguir sus caballeros, que debieron viajar por toda Europa para hallar respuestas a los interrogantes suscitados por las novelas. El mismo Eduardo se dispuso a hacerlo en sus fiestas galantes, a imitación de las que se hacían en Camelot, como la ocasión en que galanteó en público a la condesa de Salisbury, como hacían los caballeros de la Tabla Redonda, o en sus numerosos viajes acompañando a la reina Filipa en los carromatos que vemos en el salterio de Lutrell con el fin de participar activamente de la vida de su reino. Envuelto en ese halo, Eduardo convenció a los caballeros a cambiar de actitud y afrontar su destino lejos de la isla. Todos estuvieron conformes con ello, sin importarles, al parecer, el viaje a través del canal de la Mancha. Ésa era la señal que esperaba el rey para dar comienzo a una de las apuestas más arriesgadas de la Edad Media, la conquista de Francia por parte de la caballería inglesa. Esta decisión condujo directamente a Crécy, la batalla campal por excelencia del siglo XIV, a la que acudieron caballeros de todo Europa, en un largo viaje de respuesta a la llamada de los dos reyes que iban a enfrentarse, como si de una ordalía se tratase, para dirimir los derechos dinásticos de uno o de otro sobre el trono de san Luis. Unos pocos años después, el cachorro del rey inglés, el príncipe Eduardo de Gales, que en el siglo XVI bautizaron como el Príncipe Negro, se dice que por el color de su armadura, se llevó consigo a sus caballeros en una brillante cabalgada, aunque tuvo que enfrentarse en las afueras de Poitiers al rey Juan II de Francia, molesto por esa espléndida demostración de fuerza y de brillantez, dando lugar a la batalla de Poitiers; un éxito,

147

LEIF ERIKSSON, GUERRERO VIAJERO, DESCUBRIDOR DEL NUEVO MUNDO

Reproducción de una pintura de Oscar Wergeland que muestra a Leif Eriksson ante la costa de Vinland, 1877. (Nasjonalmuseet for Kunst, Oslo.)

Uno de los grandes tesoros de la literatura europea nos transmite la atracción invencible de un guerrero por la aventura marítima. Las sagas que narran la vida de Leif Eriksson, hijo de Erik el Rojo, escritas muchos años después de los acontecimientos, enuncian una poética del viaje que es la opuesta a la defendida por Homero en la *Ilíada*, y sobre todo mucho más radical en su oposición al pasado. No se trata de un regreso dramático a una isla situada al este, salpicado de mil anécdotas llenas de lírico exotismo, sino de una exploración de los mares profundos hasta la última frontera de la humanidad que se encuentra en el oeste, allí donde el océano acaba. Lo que en otros relatos épicos es una larga cadena de testimonios a favor del hogar, se convierte aquí en una decidida apuesta por el cosmos. Tanto en la saga *Islendingabók* de Ari Borgilsson el Sabio, como en *Landnámabok*, y en las que se refieren a Vinland se expone con sencillez, no exenta sin embargo de estimable riqueza descriptiva,

Erik el Rojo viaje 982-985
Leif Eriksson viaje 1000-1001

Mascarón con decoración de cabeza de animal perteneciente a un barco vikingo procedente de Oseberg, hacia 825. (Viking Ship Museum. Oslo.)

la historia de unos hombres de acción, aventureros, sin duda, pero sobre todo viajeros, que desafiaron la moral del sedentario y se enfrentaron con un destino que tenía las olas del Atlántico norte como testigo mudo.

Hacia el año 986, Bjarni Herjölfsson partió de Groelandia y navegó en dirección oeste-sur-oeste hasta llegar a las costas y los bosques de un país desconocido que sin embargo no osó explorar. Ese lugar se convirtió en poco tiempo en tierra de promisión, donde el mal no tenía sitio, porque así lo querían los dioses; la promesa de un paraíso situado más al oeste aún de aquella extraña tierra, un paraíso que años después tratará de encontrar Leif Eriksson, llamado Hinn Heppni (el Afortunado), junto con treinta y cinco compañeros. Tras dejar a su espalda la tierra vista por Bjarni, continuó su navegación siguiendo

unas costas de arena blanca, con bosques en la lejanía, que bautizó con el nombre de Markland (País de los bosques), hasta que un buen día se topó con una isla a la que llamó Vinland (Wineland), que, según parece, coincide con el «promontorium Winlandiae» de una carta náutica de 1570 atribuida al islandés Sigurd Stefansson, una isla rica en salmones y pastizales.

Vinland es la imagen de una felicidad sin depurar, arcaica, la expresión de un comienzo, una tierra de la que quiere formar parte sin abocarla a la destrucción, una de esas islas afortunadas de las que habló san Isidoro de Sevilla y que eran tan del gusto de la gente de la Edad Media. Pero, además, en ese descubrimiento tuvo lugar el primer contacto de

un europeo con el continente americano, contacto que se materializó cuando un año más tarde Thorvald, hermano de Leif Eriksson, encontró a los *skrälingar*, los algonquinos, como propuso G. Jones, o los indios naskapi, caracterizados por sus pieles blancas, como sugieren otros eruditos. Convendría saber si este Vin que da nombre a la tierra lleva una «i» larga (gráficamente «í») o breve, pues en el primer caso hablaríamos del País del vino, en el segundo, del País de las praderas. La cuestión erudita no es ociosa, pues afecta por igual a la latitud de la tierra a la que llegó Leif Eriksson como al clima de la tierra a finales del siglo X de la era común: si se trata del país de Chanaan, en las riberas del San Lorenzo, o por el contrario de un lugar llamado Anse-aux-Meadows, al norte de Terranova, objeto de minuciosas excavaciones por parte de Helga y Anne Ingstad. En todo caso, como reconoció el famoso cronista Adam de Bremen, «se trata de un país descubierto en el océano, y que se llama Vineland debido a que la vid crece espontáneamente y da el mejor de los vinos». Un país que hoy situamos entre 64° y 58° de latitud norte, es decir, entre el Labrador y Terranova.

Las aventuras de Leif Eriksson, su padre y su hermano emanan un aura poética difícil de olvidar. Impregnadas de leyendas y tópicos literarios de procedencia céltica, y en parte de la fascinación que en los escritores islandeses de los siglos XII y XIII tuvo la *Navegatio* de San Brandán, examinan hasta el último detalle de la geografía, de la botánica, de la vida indígena con una curiosidad que mantiene subyugado al lector. Profundiza en los pormenores de la acción guerrera de estos hombres intrépidos y aventureros que decidieron viajar a los confines del mundo conocido, hicieron realidad su sueño y llegaron más lejos de lo que aconseja la prudencia del sedentario. Para Leif Eriksson, y otros muchos islandeses de Groenlandia de su tiempo, era necesario deslizarse en las profundidades del océano. El viaje que culmina en lo que hoy es América es la mejor prueba de la esforzada actitud con la que los guerreros viajeros de la Edad Media afrontaron la vida.

Estatua de Leif Eriksson frente a la iglesia de Halgrim. Reykiavik. Islandia.

caballeros como John Chandos espolearon sus monturas *cum bravia*, como se hacía en las novelas.

La biografía del príncipe de Gales, escrita por Chandos Herald, da comienzo a un género literario de enorme interés para el estudio de los viajes militares, pues desde ese momento caballeros de carne y hueso viajaron por media Europa seguidos de un escudero que anotaba sus hazañas como si fueran personajes de novela. Así lo hizo el escudero de Jean de Maingre, llamado Boucicaut, un caballero francés de finales del siglo XIV que fue gobernador de Génova y mariscal de Francia, y cuya vida fue un inmenso rodeo, lleno de viajes, desde su hogar natal hasta una prisión inglesa en la que ingresó como rehén tras la batalla de Azincourt. Es el caso también de Pero Niño, conde de Buelna, cuya biografía escribió su alférez Gutierre Díez de Games y que conocemos como *El Victorial*, donde se dan cuentan de los viajes por tierra y mar de este caballero castellano que concibió la existencia como un largo viaje de aventuras de un confín a otro de la tierra. Sin embargo, nadie como el conde Richard de Beauchamp respetó con tanta fidelidad las conveniencias de una vida caballeresca organizada en torno al viaje. En *Warwick Pageant*, libro biográfico donde se anotan sus andanzas con soberbios dibujos explicativos, se sigue paso a paso su larga carrera militar: desde la batalla de Sherewsbury hasta las campañas normandas de Enrique V. Este audaz tono de *routier* se extiende con facilidad a partir de finales del siglo XIV en los ambientes de los soldados profesionales que firman una *condotta* y se convierten por ese motivo en condotieros, desde el inglés sir John Hawkwood hasta el gascón Pierre de Brezé o el francés Jean de Bueil, cuyo testimonio personal, conocido como *Le Jouvencel*, es un verdadero elogio a la vida militar y viajera de unos hombres espoleados por el deseo de ir de un lado a otro en busca de aventuras, hasta el punto que se llega a decir que un gran caballero es ante todo un gran viajero.

Preguntarse si la voluntad de los caballeros europeos del siglo XV era pasar a la eternidad como grandes viajeros es tan inútil como preguntarse si la literatura refleja la sociedad. No cabe duda de que en esa época todo estaba perfectamente imbricado. La literatura y la realidad se confundían hasta tal punto que todavía hoy resulta difícil distinguir la biografía de un caballero real como fue Jacques de Lalain, del relato de la vida de un personaje novelesco como fue Jean de Saintré, creado por Antoine de la Sale. En ambos casos se adivi-

En múltiples ocasiones encontramos representaciones de los guerreros cristianos y musulmanes enfrentados en combate. Los caballeros que aparecen en la imagen se encuentran en un artesonado. (Museu Nacional d'Art de Catalunya. Barcelona.)

En la página anterior:

Dibujo fechado en 1483 de una máquina de asalto árabe que pretende atemorizar al enemigo por medio de la apariencia de un fiero dragón. *De re militari Roberti Valturii.* (Biblioteca Colombina. Sevilla.)

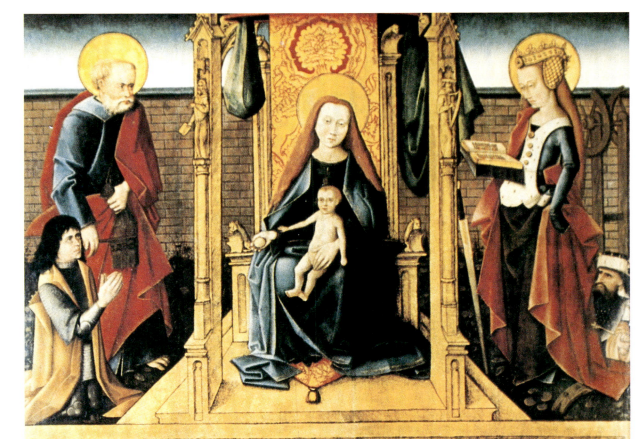

Retablo de la virgen de los navegantes. Iglesia de San Pedro, Zumaia. (Archivo fotográfico del Untzi Museoa-Museo Nard. San Sebastián.)

Barco de guerra turco preparado para zarpar. Manuscrito Memoire Turchesche, siglo XVI. (Museo Correr. Venecia.)

na que el objetivo de la vida militar comenzaba en un viaje, en una *queste* de aventuras en las andanzas caballerescas. La nómina de los nobles y caballeros europeos del siglo XV que compartieron esa creencia es enorme, y crece a medida que se conocen nuevos archivos. Pocos imaginaban el riesgo al que se enfrentaban desde el momento en que comenzaban el viaje; todos deseaban realizarlo, pero fueron muchos los que nunca regresaron a sus casas. A su muerte, podía negársele la sepultura religiosa y verse obligado a la miseria de unas exequias poco honorables; este hecho se solventó creando órdenes de caballería como la prestigiosa Orden del Toisón de Oro o la menos célebre de la Banda castellana. Se trataba de asegurarse un lugar adecuado donde reposar en este y en el otro mundo, el viaje con garantías, lo que además obligó a perfilar el tema de los seguros y el uso del papel en lugar de la moneda para evitar robos y asesinatos en los caminos. A nadie se le ocurría robar un pagaré como antes robaban una bolsa llena de monedas al grito de «La bolsa o la vida».

La camaradería jalonaba el camino de los caballeros que viajaban para participar en pasos de armas programados de antemano, cuyos carteles constituían todo un acontecimiento social. Fue para responder a la llamada del caballero leonés Suero de Quiñones, que había retado a los mejores caballeros del mundo a verse con él en la localidad de Puente de Órbigo, donde se disponía a defender unas lanzas, por lo que numerosos caballeros borgoñones emprendieron el camino a la península Ibérica. Y fue el éxito de esta empresa

La toma de Constantinopla por los turcos en 1453 se ha propuesto, en muchas ocasiones, como el final de la Edad Media. Con la capital bizantina cayó el gran símbolo de la civilización cristiana. En la imagen vemos una interpretación del asedio turco de la ciudad. (Biblioteca del Palacio de Topkapi. Estambul.)

la que despertó el interés por el país en un momento en que los reyes Enrique III, Juan II y Enrique IV reactivaban la guerra en la frontera con el reino nazarí de Granada, hasta el punto de provocar el comentario de Fernando del Pulgar que cierra su libro *Claros barones de Castilla*: «Ya por cierto no vi en mis tiempos, ni leí que en los pasados viniesen tantos caballeros de otros reinos y tierras extrañas a estos vuestros reinos de Castilla y León para *fazer* en armas a todo trance».

La política ofrecía nuevas perspectivas a los viajeros con armas. Jörg von Ehingen, un noble nacido en el castillo de Entringen, en Suabia, junto con George de Ramyden, procedente de Salzburgo, aceptaron la invitación de Enrique IV de acompañarlo a una correría por los castillos fronterizos del reino de Granada, pero cuando llegaron a la corte de Valladolid la expedición estaba ya de vuelta. Decidieron viajar entonces hasta el vecino reino de Portugal, donde el rey Alfonso V les recibió con los brazos abiertos. Primero les mostró parte de los monumentos de su país, incluido el monasterio de Batalha, y luego les invitó a la gran aventura de acudir a Ceuta, un viaje que puso al rey en contacto con numerosos caballeros pobres que hablaban el idioma de la Baja Alemania, según cuenta, y que le informaron de la situación. Al ser un relato a su mayor gloria, se detiene a narrar una justa con un caballero musulmán, al que vence y le corta la cabeza. De regreso a Portugal, escuchó en la corte que el rey de Castilla había organizado una nueva expedición contra Granada. Decidió alistarse y viajó con él hacia el reino nazarí, donde llevaría a cabo numerosas tropelías que no dudó en comentar, pues le valieron entre otros honores ingresar en la Orden de la Banda.

Un humanista bohemio llamado Frantisek Sasek escribió con todo detalle el largo viaje que el barón Leon de Rozmithal realizó por media Europa hasta llegar a España, con un sequito de cuarenta personas y cincuenta y dos caballos, con la intención de observar y anotar las costumbres de los países visitados y, en caso necesario, aceptar alguna justa o paso honroso. Los comentarios que realiza sobre la situación del reino de Castilla a su llegada en 1466 no son nada positivos. Habla de saqueos, robos, asesinatos, violencia y cierta indolencia de la gente. Un país a punto de estallar, sugiere, y lo hace con un humor cáustico, precedente sin duda de muchos viajeros modernos que se enfrentaban a la cruel realidad social de España sin entenderla del todo. Una noticia que llama la atención es la misteriosa navegación atlántica ordenada por el rey de Portugal, el nombre de la cual se omite más por cautela que por ignorancia, habida cuenta del secreto que rodeaba las exploraciones en el Río de Oro en aquellos años. Son también numerosos los comentarios sobre la vitalidad de las aljamas en el Reino de Navarra y, como nota curiosa, cabe citar el interés que despiertan en él las costumbres de la comunidad mudéjar, su música, sus cantos, su ropa, su cocina. Cuando leemos a Sasek sorprende ver que un caballero centroeuropeo percibe España como tierra de frontera, fascinante a la vez que misteriosa, cuyos ritmos vitales le interesan tanto por los inconvenientes y molestias que aportan como por el éxtasis que dispensa su belleza. Unos comentarios que bien podrían haber escrito humanistas como Münzer y otros. El viaje es reconfortante pese a sus aspectos penosos, o a veces incongruentes, que los caballeros europeos habían silenciado discretamente. Para este barón bohemio, por el contrario, los insectos y el polvo son elementos propios de los viajes que no deben olvidarse, pues más allá del honor y de la gloria está el placer de la vida. Una nueva época se percibía en el horizonte, y con ella los viajes militares cambiaron de sentido.

En las páginas anteriores:

Jerusalén representa, a lo largo de toda la Edad Media, el lugar sagrado por excelencia. La propaganda de los cruzados hizo de este enclave el eje de la política de no pocos reyes y emperadores de Occidente. En la ilustración podemos ver a Federico II entrando en la ciudad en 1227. (Biblioteca Vaticana. Ciudad del Vaticano.)

La aventura militar de los almogávares en el oriente mediterráneo ha sido interpretada muchas veces como una gesta épica. En la imagen podemos ver a uno de sus caudillos más sobresalientes, Roger de Flor, en la ciudad de Constantinopla. (Palacio del Senado. Madrid.)

157

LOS VIAJEROS DE DIOS
EN LA EDAD MEDIA

Feliciano Novoa Portela

Caminad mientras tenéis luz,
para que no os sorprendan las tinieblas
(Jn. 12, 35)

«Por servir a Dios e honrar los santos e por sabor de fazer esto, estrañanse de sus lugares, e de sus mugeres, e de sus casas, e de todo lo que han, e van por tierras ajenas, lacerando sus cuerpos e despendiendo los averes, buscando los santos».

Alfonso X (siglo XIII)

En el cristianismo, a diferencia de en otras grandes religiones, la peregrinación nunca fue una exigencia para el creyente, ninguno de los libros sagrados la recoge como imposición, aunque sí es posible encontrar referencias, algunas de las cuales llegaban a denominar «Camino» al propio Cristo: «Yo soy el camino» (Jn. 14, 6). Pero para los primeros padres de la Iglesia la peregrinación no era ni tan siquiera una necesidad. En este sentido, san Jerónimo (siglo IV), que se había retirado a Belén, señaló que no es en Jerusalén «donde los verdaderos creyentes adoran al Padre, porque Dios es espíritu... y el espíritu sopla donde quiere» (*Epístola*, 58, 3). De la misma forma, el obispo de Ciro, Teodoreto, censuró, a principios del siglo V, a los monjes peregrinos que se acercaban a la ciudad santa y les advertía que Dios no estaba encerrado allí. Igualmente, san Gregorio de Nisa, tras regresar de Tierra Santa, desaconsejaba el viaje con las siguientes palabras: «¿Alguien cree que el Espíritu Santo abunda entre los habitantes de Jerusalén y no puede venir a nosotros?». A pesar de esto, lo extraordinario es que, siendo la peregrinación una opción, una práctica devocional más dentro de la religión cristiana, ésta considerará al creyente un *homo viator*, y a la vida un camino hacia la única «patria», la celestial. Lo expresa muy bien el *Liber Sancti Jacobi*: «El camino de la peregrinación es cosa muy buena, pero penosa. Pues es estrecho el camino que conduce al hombre a la vida». Es decir, la vida del hombre sólo tiene sentido si se toma como un camino hacia Dios, tal como lo proclama la espiritualidad agustiniana. Ésa debía de ser la idea que movía a Godric de Finchale, un santo viajero nacido en Norfolk (Inglaterra) en la última mitad del siglo XII y que constituye sin duda un ejemplo del ideal cristiano del hombre o, mejor, del paso del hombre por la tierra. Desde muy joven peregrinó por Escocia, Flandes, Dinamarca, Santiago de Compostela, Roma (ciudad que visitó repetidamente), Jerusalén, a donde viajó portando sobre sus hombros «la bandera de la Cruz de Nuestro Señor», después de haberse bañado en el río Jordán, y terminó sus días como ermitaño, cerca de la ciudad inglesa de Durham, componiendo himnos a santa María, haciendo milagros y siendo visitado por otro santo, Thomas Becket, que buscó su consejo. Más conocida fue santa Brígida de Suecia, nacida en el castillo de Finstad a principios del siglo XIV. Peregrinó a Santiago de Compostela con su marido, quien enfermó en el viaje y murió a su regreso a Suecia. Más tarde visitó Roma y, posteriormente, cerca ya del final de su vida, fue a los santos lugares, a los que llegó después de pasar, entre otras ciudades, por Mesina, Siracusa y Famagusta (Chipre).

El deseo más hondo del peregrino es volver al Origen, al Principio, como una forma de reconocerse a sí mismo y a toda la humanidad. Ilustración de una miniatura flamenca del siglo XV de Guillaume de Diguleville. (Bibliothéque Royale Albert I. Bruselas.)

LOS MOTIVOS

Las razones que llevaban al viaje eran muchas, seguramente tantas como peregrinos o como caminos hay. La principal, responder a una llamada interior, acercarse a Dios y au-

Las peregrinaciones hacia lugares santos han formado desde antiguo parte de la piedad del mundo cristiano. Para san Cirilo, un lugar santo es, ante todo, un testigo del paso de Cristo, de su existencia. En la imagen, Jesús calma la tempestad, miniatura de los *Evangelios de la abadesa Hilda de Meschede*. Siglo XVII. (Hessische Landesbibliothek. Darmstadt.)

«El camino de la peregrinación es cosa muy buena, pero penosa. Pues es estrecho el camino que conduce al hombre a la vida».*(Liber Sancti Jacobi)*. Figura alegórica de un peregrino en la *Crónica* de Pietro e Floriano Villola. Siglos XIV-XV. (Biblioteca Universitaria de Bolonia.)

En las páginas siguientes:

Las calzadas fueron durante toda la Edad Media la vía terrestre más importante para llegar a cualquier sitio, ya que unía los lugares más remotos del antiguo imperio romano: desde Galicia se podía llegar por ellas hasta Jerusalén. Fue muy utilizada por los peregrinos. Vía Cassia, en la región italiana del Lazio.

El monje inglés Matthew París, muerto a mediados del siglo XIII, escribió numerosos libros y publicó algunos de los primeros mapas itinerarios medievales como el de la imagen. (British Library. Londres.)

mentar la fe en un lugar propicio para ello, en un *locus sanctus*. En el otro extremo, a veces la peregrinación no era más que vagabundeo: viajeros a ninguna parte «que disimulados con el hábito de peregrino y el bordón andan vagando por el mundo por no trabajar». Otras veces lo que movía al peregrino era el mero interés por conocer el mundo, por ver con sus ojos, por ejemplo, las mismas cosas que vieron los protagonistas de la Biblia o los lugares donde murieron. Por el contrario, en la peregrinación algunos buscaban solamente una huida de sí mismos, de recuerdos que querían dejar atrás, e intentar poner orden y sentido al desconcierto interno. Existían asimismo razones más egoístas, aunque justificables, como la búsqueda de un milagro que permitiera recobrar la salud del cuerpo o del alma. Tras el peregrinaje podía estar también el cumplimiento de una promesa, como hiciera la famosa Eudocia, que en el siglo IV se trasladó a Jerusalén para agradecer a Dios la boda de su hija, y también Hipatios, sobrino del emperador Anastasio, que viajó a la ciudad tres veces santa para dar gracias por su liberación después de haber estado cautivo. Otras veces primaba la observancia de asuntos meramente «profesionales», como las visitas *ad limina* que hacía el estamento clerical a Roma y del que tenemos un buen ejemplo en el viaje del obispo gallego Diego Gelmírez, a principios del siglo XII. En ocasiones la peregrinación se hacía en representación de otro, no por razones propias. Así, en el año 1400, Tomás Kirkby, un clérigo de la diócesis de Carlisle, en Inglaterra, mandó en su nombre a un procurador, ya que él no podía cumplir la promesa que había hecho de peregrinar a Santiago y a Jerusalén si curaba de sus enfermedades. También la condesa Matilde mandó a su criado Ivon Le Breton a Santiago, en 1317, para pedir por el alma del hijo muerto y llevar una ofrenda de cuatro chelines de plata. Esteban, abad de San Pedro a principios del siglo XIII, forzado por la justicia y como parte de su castigo público, que más parece una penitencia, tuvo que desplazarse a Roma después de ser condenado por instigar a su hermano a robar la fortuna de un peregrino que dirigía sus pasos a Santiago de Compostela. La misma intención purificadora se perseguía obligando a ir a Santiago a los pocos cátaros que quedaban en algunas zonas de Francia a finales del siglo XIII y a los adúlteros de la lo-

calidad francesa de Saint-Troud en 1523, aunque en este caso la pena podía ser mayor si después de volver de Compostela no habían roto su relación extramatrimonial: el destierro perpetuo y, lo que en principio parece más grave, la amputación de un pie o una mano.

Por último, estaban aquellos que después de hacer la promesa no podían cumplirla pero por razones ajenas a ellos mismos y a las contingencias de la vida, que no de la política. Fue el caso de Blanca de Castilla (1188-1252), casada con el heredero al trono de Francia, Luis VIII, y madre de san Luis IX, que hizo votos para ir a Santiago pero no pudo cumplirlos porque el obispo de París la «invitó» a ofrendar a su iglesia el dinero que le hubiera costado la peregrinación.

Fuera cual fuese la razón, durante los siglos medievales los caminos se llenaron de peregrinos. Todos buscaban un lugar adonde ir, adonde encaminar sus pasos, todos intentaron dar un sentido a la vida, por lo menos la religiosa, y todos desearon comprender: «Y dando gracias renovadas a Dios que, sin merecerlo, se dignaba mostrarnos todo lo que deseábamos ver, nos dispusimos, pues, a retomar nuestro camino como cada día» (Egeria, siglo IV).

La principal razón del peregrino es acudir a una llamada interior, acercarse a Dios y aumentar la fe en un lugar que es propicio para ello, en un *locus sanctus*. Uno de estos lugares es el Mont-Saint-Michel que durante toda la Edad Media atrajo numerosos peregrinos, procedentes sobre todo de Normandía, Alemania y Flandes.

LOS LUGARES

Jerusalén, Roma, Santiago, preferentemente estos tres, pero también San Salvador de Oviedo, Alejandría, el monte Sinaí en Egipto, Santa Eulalia en Mérida, la tumba de Tomás Bec-

Ilustración del mapamundi de Hereford datado en el año 1290. Como en muchos otros mapas medievales, el mundo se representa por un disco plano con el este en la parte superior y Jerusalén en el centro exacto del mapa. (Archivo de la catedral de Hereford.)

kett en Canterbury, Walsingham, Chartres... fueron focos de peregrinación cristiana en la época medieval. Algunos de estos lugares estaban directamente relacionados con la vida de Cristo, otros tenían que ver principalmente con la exaltación popular de los mártires y sus reliquias. Unos y otros eran lugares sagrados donde, de una forma u otra, se relacionaban el mundo celestial y el terrenal

Una de las primeras peregrinas que conocemos fue la hispana Egeria, que viajó a Tierra Santa entre los años 381 a 384. Nos dejó el llamado *Itinerarium Egeriae,* que, aunque incompleto, constituye un testimonio excepcional para conocer el peregrinaje de aquel tiempo. Copia del manuscrito. Siglo IX. (Biblioteca Nacional. Madrid.)

Jerusalén

La principal meta de peregrinación era Jerusalén, el lugar donde «la tierra estaba más próxima al cielo». La ciudad y el conjunto de Tierra Santa atrajeron a multitudes, sobre todo desde tiempos del emperador Constantino (306-337), que favoreció y protegió el culto a los mártires construyendo numerosas iglesias, como la del Santo Sepulcro, que el emperador romano quería que fuera la más hermosa basílica de la tierra. También el hallazgo de la cruz de Cristo en el año 326 tuvo mucho que ver en el incremento de peregrinos a Oriente. Aun así, los primeros testimonios son anteriores al emperador. Uno de ellos fue el de Melitón, obispo de Sardes (Lidia), que viajó a Jerusalén y fue contemporáneo de los

Los peregrinos que habían optado por la vía marítima tenían en Venecia el más importante de los puntos de embarque. La siguiente parada era normalmente San Juan de Acre. En esta ilustracion, de finales del siglo XV, obra del canónigo alemán Bernhard von Breydenbach, se identifica claramente la plaza de San Marcos de Venecia. (Librería Marciana. Venecia.)

emperadores Antonino Pío (138-161) y Marco Aurelio (161-180). Otro testimonio temprano, poco después del año 200, es el de un obispo capadocio, de nombre Alejandro, que fue a la ciudad para «rezar y visitar los santos lugares». Solamente un siglo y medio más tarde, la llegada de peregrinos a la ciudad ya era ingente, como lo señala san Jerónimo: «Aquí se viene de todo el orbe, la ciudad está llena de hombres de todo tipo». Desde entonces, la llegada de peregrinos no se interrumpió ni siquiera en los peores momentos, como los que vivieron los peregrinos cristianos durante el reinado del califa al-Hakim, que a principios del siglo XI destruyó el Santo Sepulcro y todos los establecimientos cristianos en Jerusalén; ni tampoco después del siglo XIII, cuando cayó San Juan de Acre y desapareció el reino cristiano de Jerusalén. La permisividad musulmana durante todo este tiempo tuvo mucho que ver con el enorme negocio que suponía la llegada de peregrinos, aunque las formalidades que exigieron para entrar en Jerusalén fueron muchas.

Pero el viaje a Oriente no se circunscribía sólo a la ciudad tres veces santa, otros lugares relacionados con mártires constituían un reclamo para los peregrinos. Era el caso de Betania, donde estaba la tumba de Lázaro, o Hebrón, con la tumba de los patriarcas, pero además los peregrinos se acercaban a Nazareth, Caná, Samaria, etc. También era frecuente que la peregrinación incluyera una visita a los monjes y anacoretas de Siria o de Egipto,

«Cuando íbamos caminando, nos avisó un presbítero del lugar y nos dijo: "Si queréis ver el agua que sale de la roca, es decir, la que les dio Moisés a los hijos de Israel sedientos, podéis verla, si os imponéis el trabajo de apartaros del camino aproximadamente seis millas". Cuando nos dijo esto, nosotros deseamos ardientemente ir, e inmediatamente, desviándonos del camino, seguimos al presbítero. Allí en medio, entre la iglesia y la ermita, mana de la roca agua abundante, muy clara y cristalina, de delicioso sabor».

Itinerario de Egeria (siglo IV)

Ilustración de Bernhard von Breydenbach en la que aparece una embarcación que tenía como destino Tierra Santa. (Librería Marciana. Venecia.)

«Pues bien, a menudo, antes del canto de los gallos se abre la puerta de la Anástasis y bajan todos los monjes y vírgenes. Y no solamente estos, sino también los laicos, hombres y mujeres que quieren hacer la vigilia matinal *(Itinerarium Egeriae)*. Imagen del Santo Sepulcro en un manuscrito del siglo XV. (Biblioteca Nacional. Palermo.)

Era frecuente entre los peregrinos
que se acercaban a Tierra Santa
desplazarse, antes o después de la
visita a la ciudad santa, a los
monasterios de Egipto. Plano de la
ciudad de Alejandría. Manuscrito.
(Archivo General de Simancas.)

A. Porta della Marina
B. Burgo fuora della città
C. gran faraglion
D. Porta della dogana
E. faraglion picolo
F. fundico de francesi
G. Dasso della mercantia
H. Monte deguardia
I. Torre de Porto vecchio
K. Torre nova deporto vecchio
L. Torre della Poluere
M. Porta de Peuere
N. Monte de Porta peuere
O. Porta di Rossea
P. La guglia
Q. Palazzo di S. Caterina
R. Chiesa de S. Marco
S. Moschea grande

cuya fascinante vida era conocida en Occidente gracias a la publicación de la *Vita Antonii* de Atanasio de Alejandría (295-373). La hispana Egeria visitó estos lugares y subió incluso al monte Sinaí —«los montes se abren formando un valle sin fin»— mucho antes de que el emperador Justiniano construyera allí, en el siglo VI, un monasterio al que, según la leyenda, unos ángeles llevaron el cuerpo de santa Catalina después de su martirio en la ciudad de Alejandría.

Detalle del *Iter de Londinio in Terram Sanctam* de Matthew Paris en el que se representa el puerto y la ciudad de San Juan de Acre, puerta de los peregrinos a Tierra Santa hasta que fue conquista por los mamelucos egipcios en 1291. (Corpus Christi College. Cambridge.)

Roma

La capital del imperio también fue un centro de peregrinación desde los primeros siglos de nuestra era. Desde luego, no contaba con los atractivos de Jerusalén, pero numerosas reliquias habían ido a parar allí a lo largo de la historia, principalmente las relacionadas con los apóstoles Pedro y Pablo, cuya veneración está documentada desde mediados del siglo III. Fue bajo el mandato de Constantino cuando Roma comenzó a recibir la visita de peregrinos. Como se había hecho en Jerusalén, el emperador inició la construcción en Roma de varias iglesias que se convirtieron en el destino de los romeros, como llama Dante a los que dirigían sus pasos a la Ciudad Eterna. Una de las más visitadas era la iglesia de los márti-

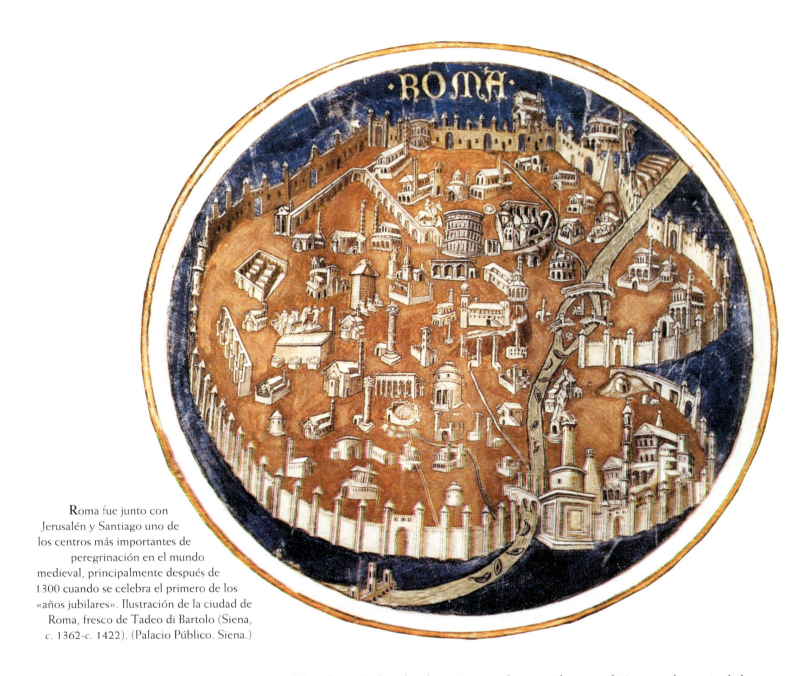

Roma fue junto con Jerusalén y Santiago uno de los centros más importantes de peregrinación en el mundo medieval, principalmente después de 1300 cuando se celebra el primero de los «años jubilares». Ilustración de la ciudad de Roma, fresco de Tadeo di Bartolo (Siena, c. 1362-c. 1422). (Palacio Público. Siena.)

res Marcelino y Pedro, donde está enterrada santa Elena; también tuvo el aprecio de los peregrinos la basílica de San Lorenzo, que se encuentra en la famosa vía Tiburtina, y el antiguo *martiryum* de Pedro y Pablo. Pero el lugar de peregrinaje más importante fue la primitiva basílica de San Pedro en el Vaticano, algunos de cuyos restos aún pueden verse hoy en la Cripta de los Papas. Además de las iglesias, otro importante lugar de peregrinación en Roma eran las catacumbas donde los primitivos cristianos enterraban a sus muertos: «Solíamos bajar a las catacumbas excavadas en el subsuelo. Dentro había un gran silencio y había tumbas por todos lados» (san Jerónimo). El poeta hispano Prudencio, que viajó a Roma entre los años 401 y 403, nos da cuenta en su *Himno a los Mártires* de la existencia de numerosas tumbas de cristianos, entre ellas las de los apóstoles Pedro y Pablo, que se convirtieron, según refiere este autor, en lugares de peregrinación para todos aquellos que visitaban la Ciudad Eterna.

Detalle de la representación de unos peregrinos, datada en la primera mitad del siglo XV.
(Iglesia de la Madonna del Parto. Roma.)

«Solíamos bajar a las catacumbas excavadas en el subsuelo. Dentro había un gran silencio
y había tumbas por todos lados.» (San Jerónimo). Detalle de una pintura en la que se representa
la figura del Buen Pastor. (Catacumba di Priscilla. Roma.)

Llegada de los peregrinos a la ciudad de Roma durante el jubileo de 1300. La ilustración forma parte de las *Crónicas* de Giovanni Sercambi a principios del siglo XV. (Archivo del Estado. Biblioteca de Manuscritos. Lucca.)

Durante la mayor parte de la Edad Media, la peregrinación a Roma no contó con el apoyo popular debido al difícil y arriesgado acceso por los puertos de montaña que cruzaban los Alpes y al hecho de que durante los siglos centrales del Medievo Compostela fue el destino preferido de los peregrinos. Esto produjo una pugna entre las dos ciudades que duraría toda la Edad Media. La «recuperación» de Roma llegó a partir de 1300, cuando el papa Bonifacio VIII declaró el primero de los años jubilares con el objetivo de acrecentar el número de peregrinos: «Todos los romanos se habían convertido en hoteleros, alquilando sus casas a romeros de caballo; cobrando por caballo al día un tornese grande y a veces dos, según los tiempos». Además se ofrecía a los peregrinos indulgencia plena, el mismo «premio» reservado a los cruzados que se habían acercado a Jerusalén. Los documentos nos hablan de riadas de visitantes –algunos autores los cifran en doscientos mil– que desde la cima del monte Mario, donde era posible contemplar la ciudad de Roma y sus murallas, se dirigían a la puerta de los Santos Peregrinos, por la que accedían a la ciudad, y a los santuarios de San Juan de Letrán, San Pablo Extramuros, Santa María la Mayor, etc. El relativo éxito de los años jubilares tiene mucho que ver con cierto declive de la peregrinación a la capital de Galicia, patria también de san Rosendo.

Santiago de Compostela

El hispano Prudencio, que viajó a Roma entre los años 401 a 403, nos relata en su *Himno a los Mártires* la visita a la tumba de los apóstoles Pedro y Pablo, que se habían convertido, dice este autor, en un lugar de peregrinación para todos aquellos que visitan la Ciudad Eterna. Bajorrelieve con San Pedro y San Pablo. (Museo Paleocristiano. Aquileya.)

En los primeros años del siglo IX se descubrieron los restos del apóstol Santiago. Una ancestral tradición, de la que tenemos referencias ya en el siglo IV, relataba el traslado por mar de los restos del apóstol, muerto en el año 44, desde Tierra Santa hasta Compostela. Su descubrimiento por el obispo de Iria Flavia, Teodomiro, conmovió de tal manera al Occidente cristiano que Compostela se convirtió en el centro del fin del mundo, rivalizando con Roma y Jerusalén como lugar de culto y peregrinación. Es difícil saber las razones por las que se dio tanta importancia a este hallazgo, aunque seguramente son muchas y de dis-

De saint Iaques. ant.

...ur et decus yspanie sanctis
...sime iacobe qui inter aplos
primatum tenes primus eorum martirio

Peregrino orando. Detalle del sepulcro de don Martín Fernández. (Catedral. León.)

«Los peregrinos que vienen de Jerusalén traen las palmas, así los que regresan del santuario de Santiago traen las conchas. Pues bien, la palma significa el triunfo, la concha significa las obras buenas...» (*Liber Sancti Jacobi*). Miniatura francesa de la segunda mitad del siglo XVI en la que se representa a Jesucristo enviando al apóstol Santiago a predicar a España. *Heures de François de Guise*. (Musée Condé. Chantilly.)

tinta naturaleza. En cualquier caso, la peregrinación a Compostela marcó la historia social y cultural de Europa en plena Edad Media, desbordando el mero ámbito religioso.

Poco sabemos del trazado inicial que llevaba a los peregrinos a Santiago, pero es de suponer que, una vez en la península Ibérica, utilizaron una ruta cercana a la costa con el objetivo de resguardarse de los posibles ataques musulmanes. La tradición cuenta que durante el siglo XI el rey de Navarra, Sancho el Mayor, desvió la trayectoria del camino y le dio su clásica configuración, el llamado Camino francés, que viene desde más allá de los Pirineos: *«C'est loin, les Espagnes»*. Aunque, de hecho, son varias las rutas por las que los peregrinos se acercaban y siguen haciéndolo a Compostela. Por todas ellas llegaban los que Dante –de quien se dice que soñaba con ir a Galicia– llama peregrinos por excelencia: «... no es peregrino sino aquel que va a casa de Santiago o vuelve».

El primero de los que se acercaron a Compostela, por lo menos el primero que está documentado, fue un obispo francés de Le Puy, de nombre Godescalco, que viajó a la ciudad gallega en el invierno del año 950, como atestigua un manuscrito procedente de la localidad riojana de Albelda de Iregua: «... que por motivo de oración, saliendo de Aquitania, con una gran devoción y acompañado de una gran comitiva, se dirigía apresurado a los confines de Galicia, para implorar humildemente la misericordia de Dios y el sufragio del apóstol Santiago». Muy pocos años después, alrededor de 959, visitó Santiago el abad Ce-

La concha se convirtió, casi desde el principio, en la insignia del peregrino compostelano: «Hay en el mar de Santiago ciertos peces, a los que el vulgo llama *veras*, que tienen dos conchas por ambas partes, entre las cuales como entre dos escudos se esconde el pez, semejante a una ostra» (*Liber Sancti Jacobi*).

sáreo, del monasterio catalán de Santa Cecilia de Montserrat; en 1064, llegó Conrado, obispo de Maguncia, y en 1137 peregrinó a Santiago, por octava vez, el duque de Aquitania.

Las peregrinaciones jacobeas vivieron su auge y esplendor durante los siglos XI, XII y XIII, en que el camino se convirtió en el referente del mundo occidental, en una realidad única para toda Europa. De su trascendencia e importancia nos dan idea las palabras de Ali ben Yusuf, quien, en misión diplomática en la corte de doña Urraca, se preguntaba, a mediados del siglo XII, quién podía ser tan grande para que fueran tantos los que iban o volvían de Santiago, que «apenas se puede transitar por la calzada hacia occidente».

LA ORGANIZACIÓN DEL VIAJE. LOS PREPARATIVOS

El viaje del peregrino debía prepararse minuciosamente, pues le esperaban meses, y en algunos casos años, según fuera su destino, lejos del hogar. La primera tarea era programar cada una de las etapas. Los peregrinos de los últimos siglos medievales lo tuvieron más fácil, ya que contaban con información sobre los itinerarios más convenientes y las etapas posibles, gracias, en parte, a los relatos de los peregrinos que les habían precedido. El primer relato que conocemos, el llamado *Onomasticon*, fue obra de Eusebio de Cesárea y es anterior al año 331. Daba información y una breve descripción de los lugares que aparecen en la Biblia y que eran ansiosamente visitados por los «viandantes de lo sagrado». Más personal y detallado es el *Itinerarium Egeriae*, en el que Egeria cuenta su viaje entre los años 381 y 384. El manuscrito, aunque incompleto, ya que le falta el principio y el final, constituye un testimonio excepcional para conocer la sociedad oriental de finales del siglo IV. Desde Constantinopla, donde se inicia el texto y adonde Egeria llegaría seguramente siguiendo la vía Domitia que venía de occidente, la peregrina hispana viajó a Jerusalén, después de atravesar la Capadocia, Antioquía, etc. Se acercó también al monte Sinaí, vigilado por soldados romanos que la escoltaron durante cierto tiempo, recorrió Samaria y Galilea, ascen-

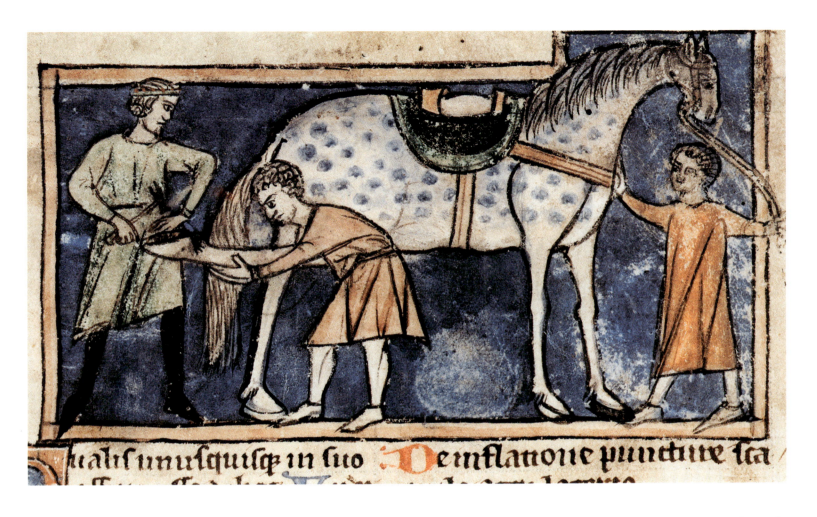

ualis unusquisqi in suo · De inflatione punctitre sca

El bien más preciado para un peregrino era una cabalgadura, fuera un caballo, una mula o incluso un asno que no requería obviamente conocimientos de equitación. Ilustración de un caballo de peregrino en el momento en el que se ponen las herraduras. Siglo XIII. (Bodleian Library. Oxford.)

dió al monte Nebó, vio el mar Rojo y se detuvo, entre otros lugares, en Idumea, el país de Job, en Tarso y en Edesa, para volver por último a Constantinopla. Los mismos lugares y algunos más visitó un peregrino anónimo del que sólo sabemos que era originario de la localidad italiana de Piacenza y que estuvo en Tierra Santa en la segunda mitad del siglo VI. Este hombre viajó desde Constantinopla a Palestina después de pasar por Chipre. Una vez en Jerusalén se desplazó también al monte Sinaí, Alejandría y Siria, entre otros lugares. El peregrino de Piacenza escribió un relato que se conserva en su totalidad. En él, además de los lugares por los que pasaba, relata la floreciente «industria» turística que ya existía en esos momentos alrededor de los lugares relacionados con la vida de Cristo o con la de los mártires, como sentarse en el mismo asiento donde se había sentado Jesús o admirar el tomo donde había escrito sus primeras letras. Mucho más modernas, de la segunda mitad del siglo XV, son las experiencias que recoge el *Viaje de la Tierra Santa*, obra del canónigo de la ciudad de Maguncia, Bernardo de Breidenbach, quien volvió de los santos lugares en 1484. La obra tuvo gran acogida, seguramente por su valor literario y por el exotismo que el autor imprimió a su relato: «Todo el pueblo de los armenios lievan los cabellos de las cabeças cortados y hechos en forma de cruz».

La *Guía del Peregrino* –el libro quinto del *Liber Sancti Jacobi* (siglo XII), también llamado *Códice Calixtino*– es sin duda la más conocida. Su paternidad se atribuye al monje francés Aimery Picaud, y su contenido es una auténtica guía práctica para recorrer el camino a la ciudad del señor Santiago, además de una «interesada» loa a la gran abadía de Cluny.

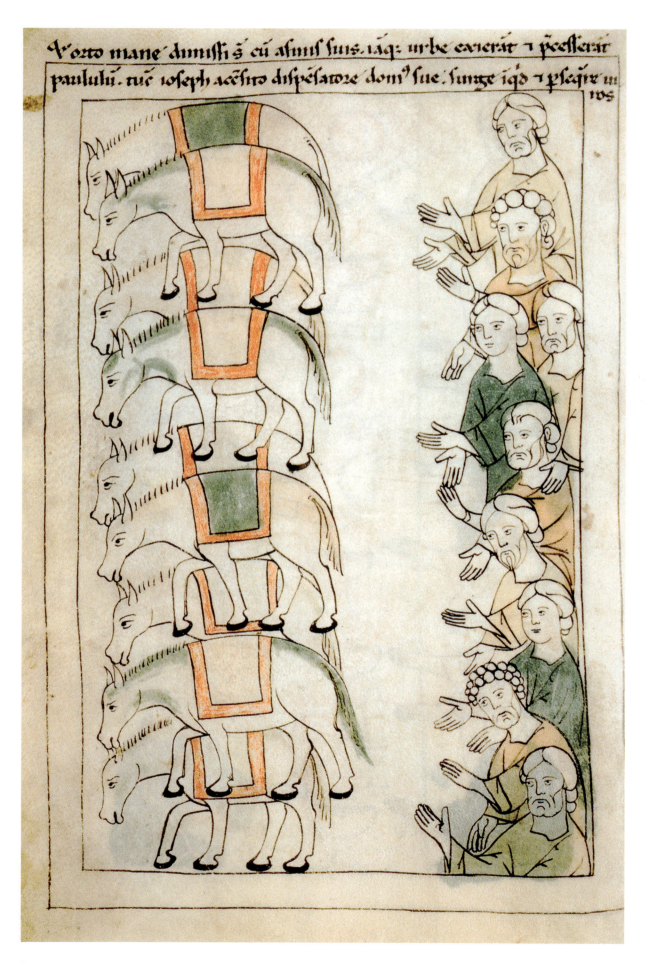

Ilustración de varios
asnos. Biblia de Sancho
el Fuerte, rey de
Navarra. Siglo XII.
(Archivo Municipal.
Amiens.)

182

El último paso que daba un peregrino antes de su partida era despedirse solemnemente de los suyos y asistir a una misa. En esta ilustración del siglo XV, un noble inglés de nombre Richard Beauchamp, conde de Warwick, antes de partir hacia Tierra Santa. El dibujo forma parte del libro *Escenas del nacimiento, vida y muerte de Ricardo Beauchamp, conde de Warwick.* Siglo XV. (British Library. Londres).

RECEPTION OF RICHARD BEAUCHAMP, EARL OF WARWICK, AS CAPTAIN OF CALAIS
FOR HENRY V.
MS. Cott. Jul. E. iv. art. 6.
Late Fifteenth Century.

El peregrino Richard Beauchamp, conde de Warwick, reza en el Santo Sepulcro de Jerusalén durante su peregrinación. *Escenas del nacimiento, vida y muerte de Ricardo Beauchamp, conde de Warwick*. Siglo XV. (British Library. Londres).

El autor, que peregrinó en compañía de una dama flamenca de nombre Gilberta, divide la ruta en trece jornadas, con inicio en Saint-Jean-Pied-de-Port y final en Compostela: «... y por último Compostela, la excelentísima ciudad del Apóstol, que posee toda la suerte de encantos y tiene en custodia los preciosos restos mortales de Santiago, por lo que se la considera justamente la más feliz y excelsa de todas las ciudades de España». Además, nos advierte de los peligros a los que se expone el peregrino, y describe las molestias más cotidianas, la condición de las gentes que habitan en determinados lugares, los sitios de acogida, los santuarios a los que hay que acercarse y los lugares de los que hay que alejarse, por ejemplo «la villa llamada de Los Arcos junto al primer hospital, es decir, entre Los Arcos y el mismo hospital, pasa una corriente mortífera para las bestias y hombres que beben sus aguas».

Más artística y más moderna es la *Crónica de Luca*, que tiene fecha de principios del siglo XV. Consiste en una serie de dibujos con comentarios, es obra de Giovanni Sercambi e ilustra y comenta el jubileo del año 1300, con la llegada de los peregrinos a Roma y la entrada en la ciudad. Lo hace con tanto detalle y de una manera tan precisa que es posible es-

Ilustración de la más conocida de todas las guías, la llamada *Guía del Peregrino*, el libro quinto del *Liber Sancti Jacobi* (siglo XII), también llamado *Códice Calixtino*. La paternidad del relato se atribuye al monje francés Aimery Picaud.

tudiar la arquitectura romana de la época –sus murallas y torres, los campanarios y las cúpulas de las diferentes iglesias– y la vestimenta detallada de los romeros. Aproximadamente de la misma fecha es otra interesante colección de dibujos que lleva el título de *Escenas del nacimiento, vida y muerte de Ricardo Beauchamp, conde de Warwick*; una parte de estas escenas se refieren a la peregrinación del conde a la ciudad de Jerusalén, incluida su partida de Inglaterra ataviado con las prendas propias de un peregrino.

En el siglo XII, los condes de Barcelona proporcionaban guías a los viajeros distinguidos que querían visitar Compostela. Vázquez de Parga señala la presencia de un tal Johan de Loara acompañando como guía a algunos caballeros del Rosellón, uno de ellos llamado Poncius de Rocha.

Otro importante quehacer en la preparación del viaje lo constituía la identificación legal del peregrino, aunque no todos pudieran llevarla a cabo. No es el caso de Egeria, de la que sabemos que tenía un visado oficial que le permitía utilizar la posta imperial y los albergues, también oficiales, que encontrara en su peregrinaje. Desde la plena Edad Media, la carta de vecindad era el único documento identificativo de cara al viaje. Lo expedía el concejo siempre que el peregrino fuera vecino. Además de estas credenciales, había otros salvoconductos que eran expedidos por grandes señores y, en ocasiones, por el propio rey. En 1383, Ricardo II de Inglaterra expidió un salvoconducto, cuya validez era de un año, al caballero Galfrido de Poulglon y a Roberto Brocherioul para que pudieran viajar a Santiago. Otras veces no hacía falta ningún tipo de visado ni de autorización, pues la propia personalidad del peregrino era «pasaporte» suficiente. Es el caso del citado conde de Warwick, que, en su viaje a Jerusalén, pasó por París, donde el monarca francés le hizo acompañar por una persona de su confianza para que le protegiera y pudiera atravesar el país sin contratiempo alguno. El grado de seguridad no disminuyó cuando el conde llegó a Venecia, donde el dogo de la ciudad puso a su disposición un barco que le llevó a San Juan de Acre y que le esperó para el viaje de regreso. Por fin en la ciudad santa, el sultán de turno agasajó al conde de Warwick con todo tipo de honores que, por lo que sabemos, le hicieron muy agradable la estancia.

La preparación de la vestimenta y otros accesorios también precedía al viaje del peregrino medieval, por lo menos de Wiliam Wey. Este inglés, uno de los fundadores del famoso colegio de Eton, peregrinó a Santiago en el año santo de 1456, dejándonos un agradable relato. Además de señalar que en el puerto de La Coruña había más de ochenta naves cargadas de peregrinos, Wey menciona el equipaje necesario para realizar un buen viaje, e incluye en él purgantes, reconstituyentes, frutos secos y prendas «que estuvieran bien confeccionadas». Estas consideraciones poco podían servirle a los peregrinos de bajo poder económico, cuyo único bagaje se componía de un gran sombrero, una capa que sirviera de manta en las noches y hatillos, zurrones, fardos y otros pequeños y económicos elementos imprescindibles, como el bordón o la calabaza vinatera. La venera (la iconografía más conocida es la que está presente en las *Cantigas de Santa María*), si bien no era necesaria, identificaba a los que se dirigían o volvían de Compostela. Para estos peregrinos, que caminaban con la bolsa vacía, satisfacer sus necesidades básicas dependía de la caridad ajena, a la que se refiere el rey Alfonso X en una de sus *Partidas*: «deven ser guardados et honrados en los lugares por do andudieren e do albergaren».

Por el contrario, para los viajeros de clase alta –los nobles y algunos clérigos–, la peregrinación podía ser más cómoda, ya que el dinero abría todas las puertas y derribaba

Las ampollas de peregrino son pequeños recipientes donde se depositaban líquidos preciosos como el aceite de las lámparas de un santuario o el agua de algún manantial cercano a la tumba de un santo o mártir y que eran traídas a Occidente como recuerdo. Dos ampollas del siglo VI. (Museo Arqueológico Nacional. Madrid.)

Tres escenas de la vida de Ramon Llull: a la izquierda, la conversión; en el centro, la oración ante la Virgen de Rocamadour y, a la derecha, en oración ante Santiago. Según el propio Llull, en ambas peregrinaciones pidió ayuda para propiciar un entendimieno entre cristianos y musulmanes. Thomas le Myesier, *Electorium parvulum*, antología de textos de Ramon Llull. (Badische Bibliothek. Karlsruhe.)

toda clase de muros. Para prevenir contratiempos no deseados, principalmente robos, desde el siglo XII se hacían transferencias monetarias a cobrar en destino y, a partir de finales del siglo XIV –por lo menos en Santiago de Compostela– los peregrinos adinerados ya no tenían que preocuparse de la equivalencia de sus monedas con la de otros países, ya que existía la figura oficial del cambiador, que fijaba las paridades monetarias y el precio del oro y de la plata.

De vital importancia para los peregrinos era dejar solucionado cualquier problema que tuvieran antes de su partida, así como asegurar sus propiedades durante su ausencia y, en algunos casos, hacer testamento. Esto último era imprescindible para aquellos que no pensaban volver y que, en palabras de Márquez Villanueva, querían morir *ad sanctos*, es decir, en el lugar sagrado o en su camino. Es el caso de Melania, una peregrina de origen hispano que en el año 371, después de dejar toda su fortuna a su hijo, se dirigió a Jerusalén, donde fundó un monasterio con cincuenta monjas y una hospedería para peregrinos enfermos.

Para asegurar sus propiedades, Nompar de Caumont, un noble francés del siglo XV, escribió en su diario todas las disposiciones para la protección de sus tierras y de sus gentes antes de partir a Tierra Santa. Entre ellas indicaba las oraciones que habían de decirse para que volviera al hogar sano y salvo, como así fue. Había peregrinos que no volvían y que tampoco llegaban al final, bien porque fallecían, bien porque decidían detenerse definitivamente en algún lugar del recorrido; así fue como surgieron numerosas colonias de «francos» a lo largo del camino a Compostela.

El último paso antes de iniciar el camino era despedirse solemnemente de los suyos y asistir a una misa en la que el peregrino se hacía el propósito, recogido en *Las Partidas* de Alfonso X, de recorrer la ruta «con grant devoción et con mantsendumbre», además de pedir buen camino.

El 25 de abril de 1483, Bernhard von Breydenbach partió hacia Tierra Santa acompañado por dos nobles y un pintor. A la vuelta escribió un libro al que corresponde este mapa en el que se representa, entre otros lugares, la ciudad de Jerusalén. (Biblioteca. Universidad de Barcelona.)

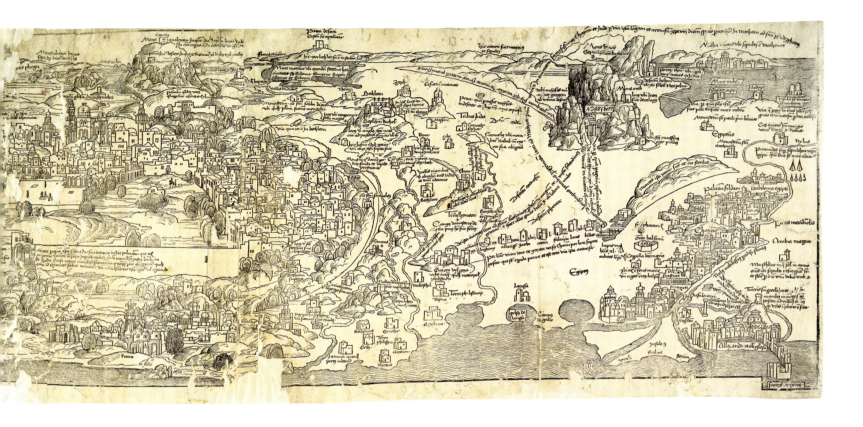

EL VIAJE

En el prólogo general a los *Cuentos de Canterbury,* de Geoffrey Chaucer, se dice que la primavera, «cuando las suaves lluvias de abril han penetrado hasta lo más profundo de la sequía de marzo, cuando el joven sol ha recorrido la mitad de su camino en el signo de Aries», es el momento en que la «gente siente el ansia de peregrinar, y los piadosos viajeros desean visitar tierras y distantes santuarios en extraños países».

Algunos iban solos, otros lo hacían acompañados, bien porque así prevenían los riesgos de abusos o robos, como el caballero inglés Tomás Swinburne, que se dirigió a Tierra Santa a finales del siglo XIV uniéndose a otros dos caballeros y siete escuderos alemanes, bien porque viajaban con un enorme séquito, como el rey Luis VII de Francia en su peregrinaje a Santiago en 1154.

La ruta era larguísima y agotadora cualquiera que fuera el destino, como lo expresa muy gráficamente Juan de la Encina (1468-1529) en *Trivagia* o *Via Sacra de Jerusalén*, obra en la que narra las dificultades del viaje a Tierra Santa:

> *Viaje es muy santo, mas muy trabajoso*
> *de espíritu y cuerpo, de esfuerzo y de fuerza;*
> *cualquiera desmaya si Dios no le esfuerza,*
> *u muchos los dejan por ser muy penoso*

Por eso el bien más preciado de un peregrino era una cabalgadura, fuera un caballo, una mula o incluso un asno, para el cual no se requerían, obviamente, conocimientos de equitación, y en Tierra Santa era el único transporte que se les permitía a los cristianos, salvo en

189

casos excepcionales (en un rucio subió al monte Sinaí la peregrina Egeria). Ahora bien, cualquier cabalgadura necesitaba cuidados especiales, lo que se traducía en un elevado gasto que no todos los «viandantes de Dios» se podían costear. No era el caso de un noble inglés de nombre Willibald, quien, a principios del siglo VIII, acompañado de su familia, emprendió una peregrinación a Roma y lo hizo a pie, por penitencia, mientras sus criados y animales transportaban su extenso equipaje, compuesto de grandes y confortables tiendas para dormir y descansar, entre otras innumerables cosas. Así pues, la dificultad de los caminos dependía del nivel económico y social del peregrino.

Había rutas más y menos fáciles. El viaje a Tierra Santa era el más complicado debido a la distancia y a la ausencia de una serie de servicios que en cambio sí poseía el camino a Compostela, por lo menos desde que se fijó el Camino francés. Hospitales, albergues, hospederías, puentes y otros elementos de asistencia al peregrino, como la eliminación de barreras principalmente fiscales, se fueron generando a lo largo de las viejas calzadas romanas, sobre las que transcurría el camino en su mayor parte. «Estrada construida en tiempos antiguos que siguen los que van y vienen de San Pedro y de Santiago», nos dice un documento expedido por el conde Gómez de Carrión en 1047. Obispos como Diego Gelmírez, incluso santos como santo Domingo de la Calzada y reyes como Alfonso VI son protagonistas indiscutibles de esas labores de mantenimiento del «camino que corre hacia Santiago», según acertada definición del rey castellano. Otra ayuda importante era la información que recibían los peregrinos a su llegada a las diferentes ciudades. En Venecia, el gobierno de la ciudad nombró a una especie de guías con el objetivo de servir a los peregrinos como intérpretes y ayudarles a adquirir, sin miedo al abuso, las provisiones necesarias para el resto del viaje.

Como hemos dicho, más complicado era el viaje a Tierra Santa, que durante los primeros siglos transcurría por la región de los Balcanes, para de allí pasar a Constantinopla y, por último, siempre al sur, a Jerusalén. Más tarde, el viaje se hacía en su mayor parte por mar, sobre todo cuando los marinos venecianos y los genoveses dominaron el Mediterráneo. Tan concurrido estuvo este medio de transporte que –como recoge M. Wade Labarge–, las autoridades venecianas consideraron necesario regular sus condiciones legales, incluido el número de viajes (al principio eran dos, uno en primavera, concretamente el día de la Ascensión, y otro en verano). Un ejemplo de este tipo de viaje lo constituye el del ya citado Tomás Swinburne, que a finales de 1392 embarcó en Venecia para dirigirse a Alejandría y El Cairo, deteniéndose en Mataría. De allí remontó el río Nilo y a continuación se dirigió al monte Sinaí y al monasterio de Santa Catalina, adonde llegó a lomos de camello. Desde ese monasterio tardó dos semanas en llegar hasta Gaza y, de allí, a Jerusalén, no sin antes detenerse en Belén. La vuelta la hizo por Damasco y Beirut, donde cogió un barco que le llevó a la isla de Rodas. El viaje le supuso a este peregrino inglés un gasto de 477 ducados venecianos, utilizados para abonar los pasajes, camellos, vino y otros suministros para él y sus acompañantes, entre otras cosas. Era mucho dinero, pero seguramente estuvo bien empleado, si tenemos en cuenta la alegría de nuestro peregrino al ver por primera vez cocodrilos, elefantes y jirafas y conocer los lugares que aún guardaban el recuerdo del Salvador.

Otro tipo de viaje fue el que hizo a Roma el arzobispo compostelano Diego Gelmírez (1059-1139), y algunos canónigos, con el objetivo de visitar la curia papal. Gracias a la *Historia Compostelana* sabemos exactamente qué itinerario siguió: salió de Tierra de Campos y «después que atravesó las montañas rodeado de muchas e idóneas personas, tanto clérigos como soldados, llegó a la región vasca y a los asilos de nuestra iglesia». Posteriormente

También era frecuente que la peregrinación incluyera una visita a los monjes y anacoretas de Siria. Restos de la fachada de la iglesia paleocristiana de Bakirka.

Según la leyenda, unos ángeles llevaron el cuerpo de Santa Catalina, después de su martirio en la ciudad de Alejandría, al monasterio que hoy lleva su nombre en el monte Sinaí.

pasó los Pirineos y llegó a Auch, ya en tierras francesas. Tres días después, «rodeado de honores», entró en la ciudad de Tolosa. A través de caminos tortuosos llegó al monasterio de San Pedro de Moissac, partiendo al día siguiente a Cahors y después a Limoges, «donde se sabe con seguridad que está el cuerpo de San Marcial» y Cluny. Ya en la actual Italia, el arzobispo gallego pasó por Susa (Turín), y entró en Roma vestido de soldado debido a los graves problemas habidos con un «jefe teutón». Permaneció diez días en la ciudad y, entre otras cosas, prometió visitar, personalmente o por medio de emisarios, los «sepulcros de los apóstoles a no ser que me vea eximido por licencia de ellos». No volvió.

Varios eran los pasatiempos de los peregrinos para hacer más llevadero el camino. Además de prácticas religiosas –como cantar himnos litúrgicos, rezar las oraciones («hay que

Imagen actual del Santo Sepulcro en la que se ve claramente la Anástasis.

orar siempre, sin desfallecer», Lc. 21, 36) y lecturas de la Escritura–, o ascéticas, como los ayunos y la privación del sueño, los peregrinos se entretenían, entre otras cosas, visitando los monasterios y santuarios cercanos a las diferentes rutas y escuchando a los juglares que poblaban los caminos, como recuerda Ramón Llull. Gracias a esto se difundió por toda la península la lírica trovadoresca, al igual que en el siglo XI lo había hecho el canto gregoriano, sucediendo al canto hispánico o mozárabe.

LA LLEGADA Y LA ESTANCIA

Lo primero que hacían los peregrinos que llegaban a Santiago de Compostela era deshacerse de las ropas que habían llevado en el camino para dejarlas o quemarlas en un lugar que ya estaba previsto para ello, la famosa «cruz de los farrapos», donde se les suministraban ropas nuevas. Después procedían a asearse, en lo que podemos considerar una especie de acto de purificación similar a lo que hacían en el río Jordán los peregrinos que iban a Jerusalén. A continuación era necesario buscar aposento y prepararse para la noche –«las puertas de esta basílica nunca se cierran»–, cuando se celebraba uno de los ritos

Peregrinos ante el Santo Sepulcro de Jerusalén en una Ilustración del *Liber Peregrinationis* de Ricold de Montcroix. (Biblioteca Nacional de Francia. París.)

más importantes para los peregrinos, el de la vigilia. Durante esta ceremonia, los peregrinos entraban en el recinto catedralicio con cirios encendidos que no debían apagarse hasta el final del acto. Se agrupaban por «naciones» y cantaban sus himnos, dando gracias al señor Santiago. Por la mañana tenía lugar el ritual de las ofrendas, que eran depositadas en distintos lugares de la catedral, según su naturaleza. Las ofrendas se hacían con arreglo a un ceremonial del que ya tenemos noticias a mediados del siglo XIII. El último acto, una vez conseguidas las indulgencias, era la confesión para, a continuación, comulgar y poder obtener «la compostela», documento que certificaba que su poseedor había realizado la peregrinación. Para confesar a los peregrinos llegados de tan diversos lugares, desde el siglo XII existía un cuerpo internacional de intérpretes, quienes en algunos documentos eran llamados «lenguajeros».

Durante su estancia en Jerusalén –que mientras se mantuvo la dominación musulmana no se alargaba más de dos o tres semanas, tal como estipulaban las autoridades–, los peregrinos asistían también a celebraciones, principalmente en la iglesia del Santo Sepulcro, que consistían en una vigilia de oración en la que se leían los textos sagrados, al igual que en Compostela. Al día siguiente se celebraba la eucaristía y la veneración de las reliquias: «... lo principal es que hacen de forma que los salmos y antífonas que se dicen en las distintas horas sean siempre las apropiadas y convenientes a lo que se celebra» (Egeria, siglo IV). Además se visitaban todas las iglesias conocidas, y aún quedaba tiempo para admirar los restos del pasado pagano de la ciudad, cuestión ésta que enojaba a san Gregorio Magno, quien propuso su destrucción. A estas ideas del santo hizo men-

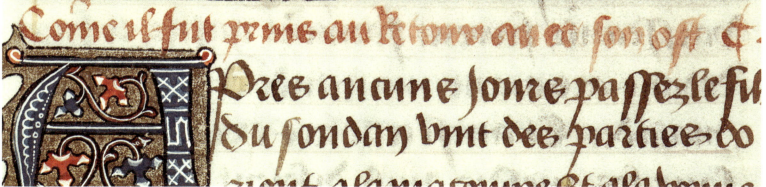

Come il fut xme au retour auec son oft &

Pres auane some passez le si
du sonday vint des parties co

San Menas era un militar romano que fue martirizado en la ciudad de Alejandría a finales del siglo III. Sus reliquias fueron veneradas en un monasterio próximo a esa ciudad que se había edificado sobre el *Serapeion* consagrado al dios Amón. Bajorrelieve del siglo VI con representación del Santo. (Kunsthistorisches Museum. Viena.)

ción un viajero español, de nombre Pero Tafur, que viajó a Roma a mediados del siglo XV: «... el papa Gregorio mandó todos o la mayor parte de ellos derribar, por que dexassen aquella visitación e siguiesen los santuarios».

Los visitantes ilustres realizaban además otro ritual que consistía en colgar sus armas y estandartes, a modo de testimonio de la visita, en una sala de la iglesia del Santo Sepulcro, como hizo el futuro rey inglés Enrique IV, Enrique de Derby, que en 1393 dejó allí los emblemas de su escudo de armas.

Uno de los últimos actos de los peregrinos era la compra de recuerdos. En el caso de Compostela, la concha venera se convirtió en el símbolo del peregrinaje a la ciudad, y así está recogido en el *Liber Sancti Jacobi*, que refiere que al igual que la palma es el emblema de los que regresan de Jerusalén, la concha lo es de los que vuelven de Santiago. Pero en Tierra Santa, además de la palma, los peregrinos adquirían tejidos y las famosas ampollas o «*eulogias*», pequeños frascos donde se recogían líquidos preciosos, como podía ser el aceite de las lámparas de un santuario (por ejemplo, el de san Menas o el de santa Tecla) el agua de un manantial cercano a la tumba de un santo o mártir. Más espléndido fue el peregrino Nompar de Caumont, del que sabemos que volvió de su peregrinación con numerosos objetos, como telas, sortijas y bolsos.

Las reliquias alcanzaron una importancia extraordinaria en el mundo medieval. En su mayoría estaban relacionadas con los mártires, o más exactamente con los huesos de los mártires, aunque no faltaban aquellas asociadas a la vida de Cristo; las reliquias constituyeron un bien muy preciado en Occidente. La visita a las tumbas de estos mártires fue un elemento más, y muy importante, para explicar la gran afluencia de peregrinos a Tierra Santa.

Quedaba el regreso, recorrer otra vez el camino, pero ya todo era diferente, se volvía a casa a coger fuerzas para intentarlo de nuevo o para no olvidar: «En el principio era el camino» (Joseph Badier).

Peregrinos rezando en la kaba de la Gran Mezquita de La Meca. La pintura, realizada en 1442, es del artista persa Bihzad, que la creó para incluir en una edición del *Khamseh* de Nizami. (British Library. Londres.)

La presencia musulmana en la península Ibérica durante casi toda la Edad Media sirvió de nexo entre el Occidente cristiano y el mundo oriental. Aquí podemos ver una representación elaborada en el siglo XIV que recuerda al emir cordobés en su corte del siglo VIII. (Biblioteca Marciana. Venecia.)

Los embajadores occidentales sintieron fascinación por Oriente, describiendo en sus libros de viaje todos los detalles referentes a la vida en las cortes extranjeras que visitaban. En este grabado podemos observar una escena de cacería en la Persia del siglo XVI. (Museo Lázaro Galdeano. Madrid.)

Principios semejantes regían en los imperios islámicos. También en este caso se habían desarrollado formas de trato civilizado con los enviados extranjeros; pero la sujeción al islam –la conciencia de su superioridad religiosa y cultural– constituía la norma fundamental. El hecho de que Carlomagno mantuviera relaciones diplomáticas regulares con el califa de Bagdad, Harun al Raschid, e intercambiaran espectaculares regalos, constituye una notable excepción y da prueba de su importancia.

Otón el Grande, en cambio, tuvo escaso éxito. Un escrito hostil a los cristianos por parte del califa de Córdoba Abderramán III llevó a Otón el Grande a responder de un modo similar, es decir, con injurias al islam. Su enviado, el abad Johannes de Gorze, sufrió un trato parecido al de Liutprando de Cremona en Constantinopla: lo entretuvieron durante tres años, el ascético monje resistió a la seducción del lujo de la corte y a la magnificencia de la gran ciudad andaluza (953-956), pero era imposible que de estos intercambios naciera una relación diplomática permanente.

NOTICIA DE LOS MONGOLES

Hacia el año 1200, las circunstancias habían cambiado sustancialmente. El Imperio bizantino había perdido mucha de su importancia anterior, y con la conquista de su esplendorosa capital por los cruzados (1204) quedó definitivamente excluido de las filas de las grandes potencias europeas. También los imperios islámicos se habían situado repetidamente a la defensiva debido a la fragmentación interna y a la presión exterior, y con las cruzadas en Oriente Próximo y la Reconquista en la península Ibérica habían aprendido a temer y valorar a los guerreros cristianos. Al mismo tiempo, en Europa surgía un sistema de potencias constituido por cierto número de reinos territorialmente compactos que com-

Los contactos diplomáticos entre el mundo occidental y el islámico abarcan todo el período medieval. Como ejemplo de los obsequios recibidos por las cortes cristianas podemos contemplar esta jarra enviada por Harun al-Rashid a Carlomagno. (Tesoro de la Abadía de San Mauricio. Suiza.)

Homenaje del califa abasida Harun al-Rashid a Carlomagno. Óleo de J. Jordanes y A. Utrecht. Siglo XVII. (The International Fine Art Auctioneers. Londres.)

En las páginas siguientes:

Mapamundi centrado en Jerusalén elaborado en el siglo XI en Inglaterra. (British Library. Londres.)

Miniatura del siglo XV en la que se representa al duque de Suabia como parte de un árbol genealógico en el que aparecen los duques de Babenberg, primeros señores de Austria. (Sammlungen des Stiftes. Klosterneuburg).

petían entre sí y que desarrolló en sus fronteras exteriores una notable dinámica expansiva. El futuro debía pertenecerle. A medio plazo este poder tendría que afrontar la amenaza de los turcos otomanos, que se establecieron desde el siglo XIII en Anatolia y luego en los Balcanes, pero antes, sobre todo, el de la formación del Imperio mongol bajo Gengis Khan y sus sucesores en el gigantesco espacio entre Rusia y China. Este factor fue fundamental en la historia de los viajes y los descubrimientos en Europa.

Con las campañas militares de los mongoles se abrió por primera vez la posibilidad de un contacto directo entre Europa y Asia central. Los devastadores estragos y las inauditas atrocidades cometidas habían dado motivo para ello; lo primero que interesaba era saber algo más sobre el origen de este pueblo desconocido e informarse sobre sus intenciones. ¿Venían realmente del Tártaro, como se decía en Europa, o podían identificarse con los pueblos de Gog y Magog, que precederían a la llegada del Anticristo en el fin de los tiempos? ¿Quiénes eran, qué les impulsaba, y qué posibilidades había de defenderse de sus ataques? Se enviaron varios exploradores para que encontraran las respuestas a estas preguntas y lograran mantener un primer contacto. Dos de ellos, Giovanni di Pian del Carpine y Wilhem von Rubruk, tuvieron más éxito que los otros. Sus informes son similares en muchos aspectos, aunque al compararlos surgen diferencias significativas.

El umbrío Giovanni di Pian del Carpine (cifra 1190-1252), uno de los primeros compañeros de san Francisco, fue enviado a Alemania, en 1221, para impulsar la expansión de la orden franciscana más allá de los Alpes. Un primer intento había fracasado pocos años antes de forma desastrosa, y la misión se consideraba difícil. No obstante, Giovanni salió airoso, y en 1228 fue designado ministro provincial en Alemania; en 1230, en la pe-

hanfrid von nadwig
der elter
27

herman herzog zu
schwaben
6

nínsula Ibérica, y en 1232, en Sajonia. Cuando en 1245 partió, por encargo del Papa, a encontrar al Gran Khan de los mongoles, era ya un hombre de edad avanzada. El enviado papal era un venerable dignatario religioso que disponía de experiencia, dominaba la retórica, poseía una cultura general y también, como se comprobaría más tarde, cierta fortaleza física. Asimismo, había demostrado que en situaciones difíciles podía hacer uso de la cautela y la habilidad diplomática. A su regreso se le confió el arzobispado dálmata de Antivari (Bar), cargo que desempeñaría durante unos pocos años.

El flamenco Wilhelm von Rubruk pertenecía a la orden de los franciscanos minoritas, pero al parecer no ocupó nunca un cargo religioso elevado. De su vida, escasamente documentada, sabemos que es posible que viviera un tiempo en Francia y existen muchas razones para suponer que estudió en la Universidad de París. Como miembro de la misión franciscana o formando parte de la corte de Luis IX de Francia, llegó a Oriente Próximo, donde al parecer aprendió el árabe. Cuando, en mayo de 1253, partió de Constantinopla hacia el Asia central, era un sencillo monje de mediana edad con una formación superior a la de cualquier otro viajero que se dirigiera a Asia en la Baja Edad Media. Su conocimiento de la Biblia y de los clásicos le fueron de gran valor durante el viaje, así como su capacidad para argumentar dialécticamente y plantear las preguntas más adecuadas. Cuando regresó de Asia central permaneció en el convento de los franciscanos de Acre y, más tarde, volvió a París. Luego su pista se pierde.

Giovanni di Pian del Carpine viajó como enviado papal. En Syra Orda, cerca del Karakorum, hizo entrega de un escrito de Inocencio IV en el que el Papa expresaba su horror ante las atrocidades cometidas por los mongoles y requería del Gran Khan el fin de estos horrores. Junto a esto, el enviado debía tratar de averiguar qué objetivos de mayor alcance se ocultaban tras los bárbaros ataques, qué planes inmediatos tenían los agresores y dónde residía el secreto de su fuerza. Es posible que hubiera llevado incluso un catálogo de preguntas sobre su origen, sus creencias, sus formas de vida, su número y otros datos esenciales. Podría decirse que Giovanni era un espía del Papa.

Wilhelm von Rubruk creía, como Luis IX, que algunos príncipes mongoles albergaban simpatías hacia los cristianos; la embajada de un gobernador en el Cáucaso y algunos malentendidos habían sugerido esta idea. Sin embargo, los intentos de mantener conversaciones con el Gran Khan a través del dominico Andreas de Longjumeau, y de concertar una primera alianza, fracasaron (1249). El alcance de la implicación de Luis IX en el viaje de Wilhelm no está claro. El rey entregó al monje un escrito en el que además de solicitar la benevolencia del destinatario hacia el viajero y rogarle que le garantizara una estancia segura, insinuaba una alianza entre los mongoles y los cristianos contra los musulmanes. En varias ocasiones, Wilhelm von Rubruk afirmó ante sus anfitriones que no había llegado a la estepa como enviado del rey, sino como sencillo misionero; más tarde se ofrecería a ejercer como guía espiritual de un grupo de mineros transilvanos que habían sido desplazados por la fuerza al Asia central. El monje, sin embargo, encontró poca comprensión: fue tratado como un «diplomático» y llevado de mandatario a mandatario. Finalmente se le confió un escrito del Khan Mongke en respuesta a Luis IX. Al realizar la traducción de la carta, enviarla conforme a las instrucciones y dar cuenta por escrito de su viaje, Wilhelm von Rubruk actuaba, muy a su pesar, como emisario real.

Prescindiendo del lugar de partida del viaje (Lyon en el caso de Wilhelm, Constantinopla en el caso de Giovanni), las circunstancias externas de las dos empresas se diferencian poco. Ambos embajadores estuvieron más de dos años fuera y tuvieron oportunidad suficiente para formarse una idea de la geografía de las regiones que se extienden entre los

Flota del sultán Suleimán el Magnífico a mediados del siglo XVI. Grabado.
(Topkapi Sarayi Müsezi. Estambul.)

Urales y el Altai y que habían atravesado en su viaje. Al reconocer el Caspio como un mar interior, Wilhelm von Rubruk corregía a Isidoro de Sevilla y a la creencia de que el citado mar era un golfo del océano. Ambos viajeros fueron llevados de un jefe local a otro y tuvieron que soportar las inclemencias del tiempo antes de llegar finalmente al Karakorum. A los dos se les fueron acabando progresivamente los regalos, pero el enviado del Papa hizo mejor papel que el sencillo monje mendicante, que tenía dificultades incluso para conseguir ropa de abrigo apropiada para un invierno gélido. A su favor tenía su actitud franca y la modestia de sus objetivos. Al parecer, el Gran Khan Mongke se sintió hasta cierto punto impresionado por la personalidad íntegra de Wilhelm. Al final, uno y otro, Wilhelm y Giovanni, llegaron a la misma conclusión: los mongoles querían dominar el mundo, y en esas circunstancias no tenía sentido establecer contacto alguno.

Giovanni di Pian del Carpine cumplió con su misión redactando una *Historia Mongalorum*, un informe sobre los mongoles, sus concepciones religiosas y sus costumbres cotidianas, su historia, su ordenamiento jerárquico y la organización del ejército. Pocas son las referencias a experiencias personales en esta obra. Tampoco el último capítulo, en el que se describe el paso por Kiev, la Rusia meridional y los desiertos y las estepas del Asia central, sirvió para dar un poco de brillo a la narración, sino únicamente para dar credibilidad al informe. De sus comentarios, precisos pero desapasionados, se deduce, por ejemplo, que no encontró motivos de alabanza en las comidas de los mongoles: ni la carne de perro o zorro, ni los ratones, ni por descontado los piojos, eran de su gusto (en absoluto se-

En las páginas anteriores:

La corte de los mongoles entrega unas cartas para el papa Inocencio IV a los embajadores occidentales. *Speculum Historiae* de Vincent de Beauvais. Siglo XIII. (Musée Condè, Chantilly.)

Retrato del flamenco Wilhelm von Rubruk, protagonista de las embajadas enviadas por el rey Luis IX de Francia a la corte de los mongoles en el siglo XIII. *Pekín, Historia y descripción*. Pekín, 1897.

Representación de Wilhelm von Rubruk ante el jefe tártaro Mangu en 1251. Dibujo de Edgar Maxence (1871-1954). (Colección privada.)

Las aventuras de Marco Polo han sembrado la tradición occidental de referencias plásticas y literarias con su recuerdo. Aquí podemos ver una representación de las caravanas de camellos que se desplazan por las rutas del viajante italiano, procedente de un mapa de Asia elaborado en el siglo XVI por B. Ramusio y F.R. Grisellini. (Palacio de los Dogos. Venecia.)

En las páginas siguientes:

Asedio de Bagdad por los mongoles en el año 1258. Miniatura de la segunda mitad del siglo XIII que forma parte de la Historia Universal de Rashid al-Din, llamado el historiador de los mongoles, y ministro de los iljanes. (Biblioteca Nacional de Francia. París.)

lecto). Tampoco lo eran los usos de sus anfitriones en la mesa: la costumbre de limpiarse las manos grasientas en las perneras y la defectuosa limpieza de las fuentes y cucharas no estimulaban su apetito. Encontraba a faltar el pan y poder limpiarse las manos y los labios después de comer. Los banquetes se alargaban bebiendo unas cantidades de alcohol que él no podía aguantar. De todos modos, dentro de lo posible, hacía como los demás, ateniéndose en general a las reglas que le habían dado a conocer. Para no poner en peligro el éxito de su misión, el enviado papal se sometió incluso a rituales de purificación, como el de caminar entre dos fuegos. En cuanto a la opinión que le merecían sus anfitriones, no confiaba en absoluto en ellos por embusteros, codiciosos y avariciosos.

Wilhelm von Rubruk, tras su viaje, redactó un informe en el que no faltan referencias a la religión, las costumbres y las formas de vida de los mongoles. Pero, al contrario que en el informe de Giovanni, la vivencia personal del autor ocupa el centro del relato. También el monje flamenco tuvo dificultades para habituarse a la vida en la estepa y para comprender el pensamiento y la conducta de aquel pueblo, hasta su aspecto externo le resultaba extraño (las caras pintadas de las mujeres le parecían repulsivas). Informó sobre la insolencia, la codicia, la arrogancia y el orgullo de los mongoles, calificaba de exceso indigno, sin medida ni objeto, los banquetes de sus anfitriones, y refería sus excesos con la bebida, en los que participaban incluso las mujeres y los sacerdotes (nestorianos). Ese mundo al que le había llevado su deseo de propagar la palabra de Dios era, en resumen, otro mundo.

Pero Wilhelm von Rubruk no permaneció cerrado a él. Aparte de una conversación sobre religión en la que el monje se presentó como representante de la fe cristiana y de este modo perdió la oportunidad de conocer algo más sobre las enseñanzas de Buda, Wilhelm aprovechó los meses de estancia en el Karakorum para obtener un conocimiento profundo del mundo mongol, de su praxis cotidiana y de sus tradiciones y vínculos culturales. Su mirada alcanzó hasta la China, pues en el Karakorum vivían religiosos budistas y en la ciu-

dad residían artesanos y médicos chinos, y Wilhelm fue el primer europeo que informó acerca de la escritura pictográfica de los chinos, la sonoridad nasal de su lengua, el papel moneda, la habilidad de sus médicos, y también sobre una mítica y lejana ciudad con murallas de plata y construcciones doradas. Finalmente, Wilhelm consiguió acercarse también a las personas con las que tenía contacto: con su guía mongol desarrolló, tras unos comienzos difíciles, una relación personal, y también con el Gran Khan tuvo, al final de su estancia en la corte, casi un trato de confianza. Cuando éste, en una audiencia, le planteó sus criterios religiosos, se produjo un reflexivo intercambio de opiniones en una atmósfera relajada. Hasta el día de hoy, Wilhelm von Rubruk destaca entre todos los viajeros de la Baja Edad Media como una figura simpática y humanamente cálida. Aunque la *Historia Mongalorum* de Giovanni di Pian del Carpine fue, con diferencia, el libro de más éxito –ya en Polonia le arrancaron, por así decirlo, de las manos un primer esbozo–, en el *itinerarium* del sencillo monje mendicante Wilhelm von Rubruk se refleja una comprensión más profunda del pueblo mongol y de la vida en la estepa.

Mapamundi de Martin Behaim elaborado en 1492, por el que podemos imaginar la realización de la carta gráfica de Toscanelli. En él se plasma la nueva concepción del mundo en la que se hace una estimación de la distancia que separaba el Oeste de Europa y la costa oriental de Asia por vía oceánica. (Servicio Geográfico del Ejército. Madrid.)

VIAJES HASTA EL GRAN KHAN, EN CHINA

Ni Giovanni di Pian del Carpine ni Wilhelm von Rubruk consiguieron que los mongoles renunciaran a su afán de dominar el mundo y a su exigencia de sometimiento sin condiciones. Hubo que esperar un tiempo para que introdujeran ciertas reglas diplomáticas en

su juego político y estuvieran dispuestos incluso a establecer alianzas con potencias europeas. Las negociaciones más intensas se realizaron, pues, no con el Gran Khan de la lejana China, sino con los de Irán e Irak, que debían enfrentarse al sultanato mameluco de El Cairo. Por este camino llegó a Europa Bar Sauma (1287), un eremita procedente de la región que se halla al norte de Pekín. Procedía del pueblo turco-mongol de los onggut, era cristiano nestoriano y había emprendido un viaje de peregrinación a Jerusalén con un hermano de fe, pero sólo llegó hasta Bagdad. Finalmente aceptó una embajada para el Il-Khan Arghun, que le llevó a Roma, Génova, París y la Gascuña. El eremita no obtuvo ningún éxito en las discusiones políticas; sin embargo, mientras conversaba sobre religión con doce cardenales o decía misa según el rito sirio, contaba con la atención de sus oyentes. La extraña resonancia de su lengua los fascinaba, y el hecho de que en el curso de la ceremonia no reconocieran ninguna desviación esencial del rito latino los tranquilizaba. El propio Bar Sauma no se interesó únicamente por los tesoros y reliquias de las iglesias romanas, sino también por una erupción del Etna, una batalla naval en la bahía de Sorrento, el paisaje densamente poblado entre Nápoles y Roma, la constitución y las costumbres de Génova y el gran número de estudiantes de la Universidad de París. Su informe, escrito en sirio, nos ofrece la rara oportunidad de conocer las vivencias y experiencias de un enviado del Asia central a Europa.

Los viajes de embajada entre Asia oriental y Europa no eran frecuentes, pero en los siglos XIII y XIV eran perfectamente posibles. En la mayoría de los casos, los comerciantes asumían este tipo de funciones, ya que su conocimiento de las vías de comunicación

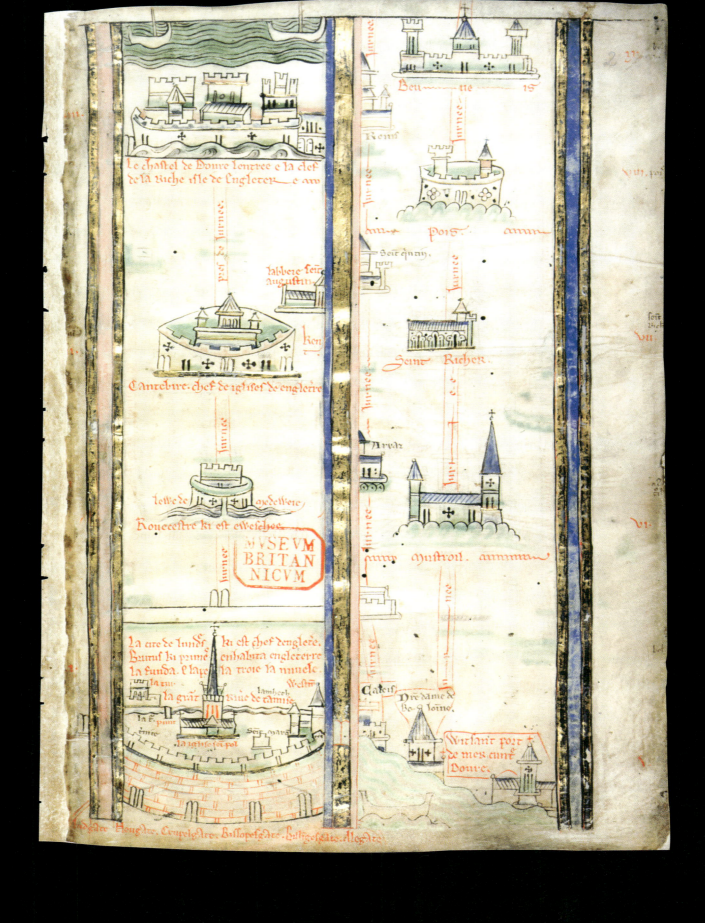

Le chastel de Doure lentree e la clef
de la riche isle de engleter e au

Port Iurnee

labbeie seit
augustin

Ken

Cantebire chef de iglises de engletere

Iurnee

Iewe de medeweie

Rouecestre ki est euuesehe

Iurnee

La cite de lundr ki est chef dengletre
Brutus ki primes enhabita engleterre
la funda. e laissa la troie la nuuele.
la tur Westm

la grat lambeth Riue de tamise

la E pont
seit martin

la iglise sei pol

Aldgate Houndgate Cripelsgate Bissopesgate Ludgate Algate

Bolounne

Roni

Port

seit cint

Iurnee

Iurnee

Iurnee

Iurnee

Seint Richer

Iurnee

Ardr

Iurnee

Musteroil

Iurnee

Calais Nre dame de
Bo loine

Witsant port
de mer cuntre
Doure

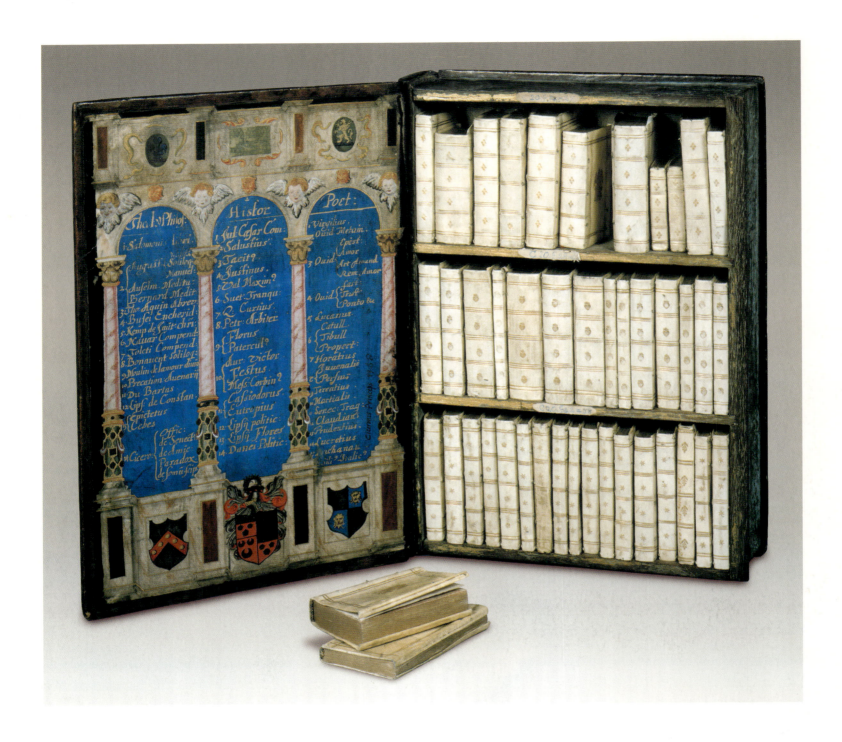

Librería particular compuesta por libros de viaje. (British Library. Londres.)

Durante la Baja Edad Media fueron frecuentes las elaboraciones de itinerarios por el territorio europeo.
En este caso reproducimos las etapas del trayecto entre Londres y Apulia, de un itinerario fechado
a mediados del siglo XIII. (British Library. Londres.)

Prisioneros de Gengis Khan.
(Biblioteca Nacional de Francia.
París.)

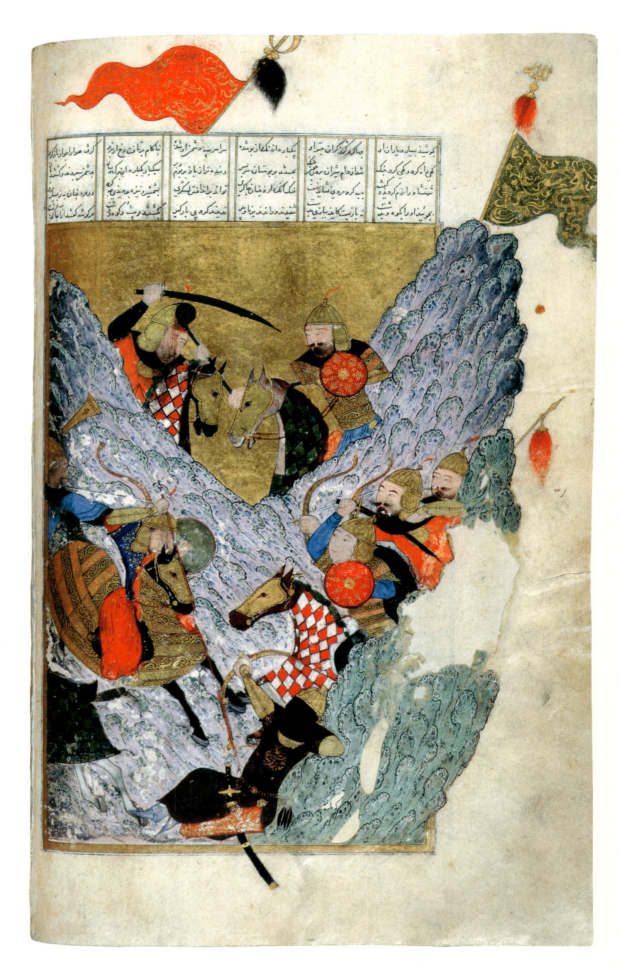

Durante el reinado de
Tamerlán en el siglo XIV se
compusieron diversas obras
que recrean la historia de los
mongoles. En la imagen
podemos ver una batalla de
Gengis Khan en las montañas
de China a comienzos del
siglo XIII. (British Library.
Londres.)

> Lunes veintiséis días del dicho mes de mayo partieron de aquí y fueron a dormir al campo, cerca de un gran río que tiene por nombre Corras, y éste es un río que atraviesa todo lo más de Armenia y el camino de este día fue entre unas sierras nevadas de donde descendían muchas aguas, y otro día martes fueron a dormir a una aldea que se llama Naujua, y el camino de este día fue por ribera de este río y el camino fue muy fragoso y de malos pasos.
>
> *Embajada a Tamerlán*, de Ruy González de Clavijo (siglo XIII)

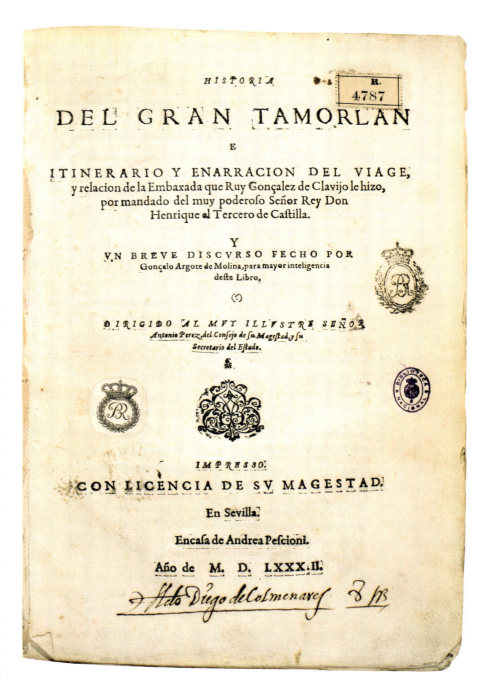

transcontinentales superaba al de los otros viajeros. Así, Niccolò y Maffeo Polo, padre y tío de Marco Polo, recibieron de parte del Gran Khan Kubilai el encargo de establecer contacto con el Papa en Roma y reclutar a cien misioneros. Para su protección, se les hizo entrega de una bandeja de oro (llamada *païza*) que debía identificarlos como embajadores plenipotenciarios del Gran Khan. La misión fracasó porque no se encontraron suficientes religiosos y los pocos que emprendieron el largo camino a Asia oriental sólo aguantaron hasta Siria. En su lugar, Niccolò y Maffeo fueron acompañados por Marco, su hijo y sobrino, respectivamente. Desde este punto de vista puede decirse que Marco Polo llegó a China formando parte de una embajada, y más tarde, al servicio de Kubilai, desempeñó funciones parecidas. El hecho de que los enviados se encargaran al mismo tiempo de otras tareas tuvo su continuidad en el tiempo debido, sobre todo, a que ello abarataba el costoso viaje de ida y vuelta. Andalò di Savignone, por ejemplo, debía tratar en Aviñón con el Papa y comprar joyas para el Gran Khan en Venecia (1338). En sentido contrario, una embajada de treinta y dos personas viajó hacia el este con la misión de reforzar la presencia en China y llevar regalos diplomáticos a la corte de Khanbaliq (cerca de Pekín). Uno de estos regalos, un caballo franco, despertó tal expectación que fue inmortalizado por un pintor y cantado por un poeta chino. El jefe de esta embajada, el franciscano florentino Giovanni de' Marignolli, tenía una elevada opinión de su persona y se veía a sí mismo como un «apóstol en Oriente», como un enviado «hasta las cercanías del paraíso» (*usque prope paraaisum*). De' Marignolli no se presentó con la modestia de su predecesor y hermano de orden Wilhelm von Rubruk, pero precisamente por eso tuvo éxito. Su embajada fue la única del lejano Occidente que antes del siglo XVI encontró un lugar duradero en el arte, la poesía y la historia china. También él recibió regalos del Gran Khan —oro, plata, seda, brocados, piedras preciosas, perlas, alcanfor, almizcle, mirra y especias—, la mayor parte de los cuales los perdió en la isla de Ceilán.

Edición impresa del relato de la embajada de Ruy González de Clavijo a la corte de Tamerlán, 1582. (Biblioteca Nacional. Madrid.)

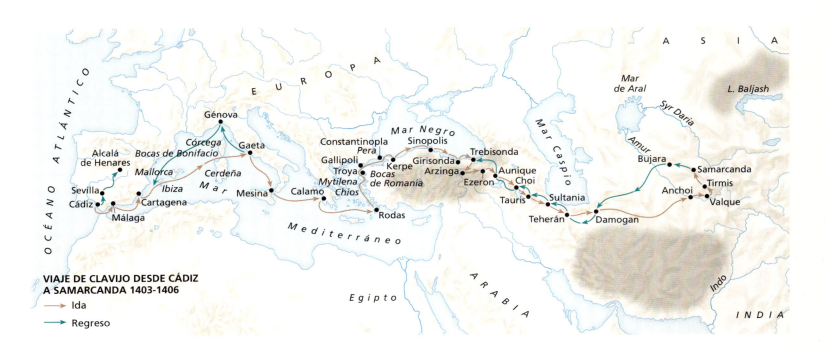

Ruta del viaje que Ruy González de Clavijo realizó a Samarcanda.

Pero le quedaron los recuerdos, un horizonte mucho más amplio y el reconocimiento de la verdad de la Biblia. En realidad, Giovanni de' Marignolli no cumplió sólo con sus tareas diplomáticas, sino que también observó las tierras por las que viajaba, sobre todo en el viaje de vuelta, que lo condujo a través del sudeste asiático y la India. Identificó los «ríos del paraíso» en India y China, reflexionó sobre la realidad de las criaturas fabulosas de la India, y en Ceilán imaginó que se hallaba muy cerca del paraíso terrenal. El religioso confundió a Guanyín, el Bodhisattva principal en el budismo chino –literalmente un ser viviente (*sattva*) que aspira a la iluminación (*bodhi*)–, con la Virgen María, y en un plátano cortado transversalmente reconoció a Cristo crucificado; a sus ojos, el mundo se encontraba bajo el signo de la cruz, y confiaba de forma literal en las Sagradas Escrituras. Giovanni de' Marignoli se tenía a sí mismo por un hombre muy curioso, más de lo que le estaba permitido. Durante su embajada de catorce años vivió muchas cosas, pero siempre permaneció fiel a sí mismo.

TIMUR

En las páginas siguientes:

Samarcanda (Uzbekistán), ciudad fundada en el siglo VII a.C. que alcanzó su máxima expresión y brillo bajo el gobierno de Tamerlán (siglos XIV-XV).

Lugar de emplazamiento de Karakorum en Mongolia, fundada por Gengis Khan en 1220 como gran centro militar, convirtiéndose poco después en la capital cultural de su imperio. En 1368 Karakorum fue destruida por las tropas chinas.

El fin del dominio mongol en China en 1368 paralizó la comunicación diplomática con Europa. Un intento de restauración de corta duración llevado a cabo por el turco Timur (o Tamerlán, 1370-1405), que reclamó el derecho a la herencia de Gengis Kan, no sólo condujo a unas guerras de conquista devastadoras, sino también al reinicio del contacto político. Sobre todo después de una batalla que tuvo lugar cerca de Ankara el 28 de julio de 1402, en la que setenta mil turcos otomanos sucumbieron ante ciento sesenta mil guerreros de Timur, los reyes europeos mostraron un vivo interés por establecer relaciones con «la cólera de Dios», como era llamado Timur. Enrique III de Castilla, considerando que era el momento oportuno para sentar una alianza contra los turcos, envió delegados a Oriente con la misión de consolidar las relaciones e informarse sobre las intenciones de Timur. Esta misión les ocuparía casi tres años (1403-1406). A la cabeza de la embajada se

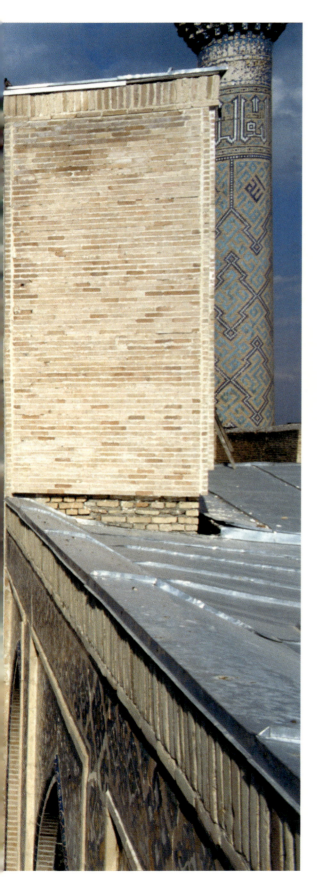

encontraba el camarero real Ruy González de Clavijo (muerto en 1412), que iba acompañado por un religioso, un miembro de la guardia real y tres sirvientes. El informe final, una verdadera joya literaria, no se sabe si fue redactado por Clavijo, por el sacerdote o por ambos. En el texto se recogen aspectos relacionados con el duro clima de los desiertos y las estepas, las ciudades y los paisajes de Próximo Oriente y de Asia central, las mercancías comerciales y los productos regionales, y la historia de Timur y de su horda. Además, se reflexionaba sobre las formas de comportamiento de las personas, por ejemplo, en lo relacionado con la posición de la mujer en la sociedad: el hecho de que Clavijo, en Tabriz, no consiguiera observar a las mujeres tras el velo resaltaba aún más la seguridad en sí mismas de que hacían gala las mujeres en las estepas de Khurasans y en la corte de Timur. La tradicional independencia de la mujer entre los pueblos nómadas de Asia central, que podía expresarse en su participación activa en las campañas guerreras o en las borracheras de los hombres, llamaba la atención a los representantes españoles.

Y en cuanto a los convites, como antes Giovanni del Pian di Carpine entre los mongoles, Clavijo tuvo que enfrentarse a comidas inhabituales y a extrañas costumbres en la mesa de la corte de Timur, lo que le llevó a eludir su participación siempre que podía. En la descripción de su estancia en Samarcanda, el español no dedica una sola palabra a los platos ofrecidos, pero constata en cambio con extrañeza creciente la apretada sucesión de festejos, la gran cantidad de carne de carnero y de caballo servidas y el consumo inmoderado de bebidas alcohólicas: una fiesta no era tal si los invitados no volvían a casa borrachos. El participante que abandonara el festín completamente ebrio daba de este modo una muestra de buenas maneras, y el que soportaba más bebida era visto por los demás como un «hombre lleno de vigor». Previamente al convite se hacía llegar vino a los envia-

肥後国住人
五郎兵衛尉
季長

En su afán expansionista, los mongoles llegaron a enfrentarse con los japoneses a finales del siglo XIII. El grabado, atribuido a Tosa Magataka y Tosa Nagaaki, recoge una escena del samurai Suenaga, héroe japonés del período. (Colección de la Casa Imperial. Kyoto.)

Escena en la que observamos a Tamerlán después de la batalla de Bagdad de 1393. (British Museum. Londres.)

En las páginas siguientes:

En la imagen, procedente de una miniatura de finales del siglo XIV o principios del XV, se reproduce una de las audiencias de Kubilai Khan a Niccolo Polo y a su hijo Marco. (Biblioteca Nacional de Francia. París.)

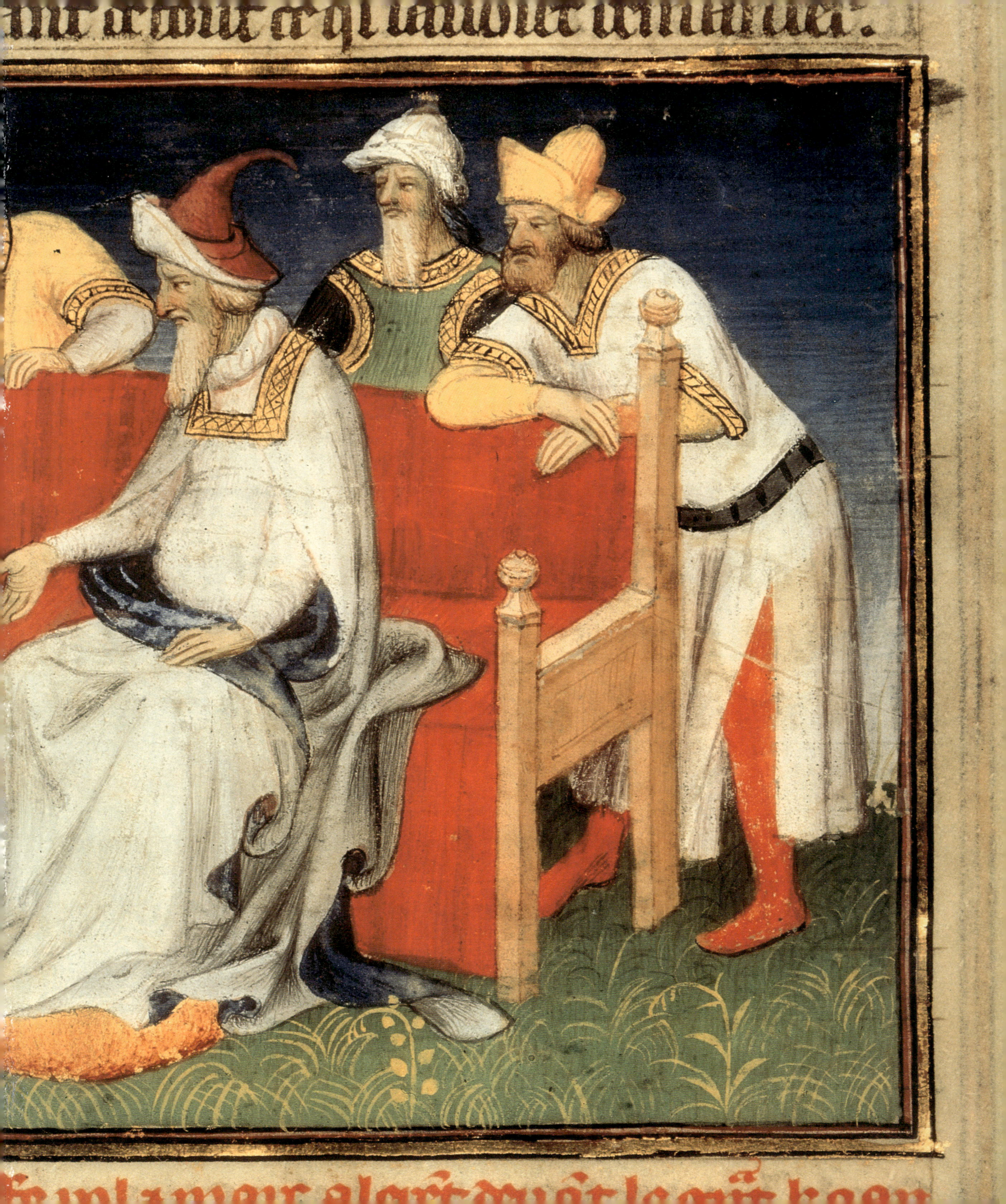

Miniatura china representando un convoy de
mongoles. Siglo XIV. (Colección Particular.)

dos extranjeros para que acudieran achispados a la fiesta. Durante el festejo eran atendidos
de dos en dos por un copero que debía forzarlos a beber más. Había que vaciar las copas
en pocos tragos y no debía quedar nada. Y, mientras tanto, los atiborraban de carne.
Cuando se emborrachaban las mujeres, se seguía un ritual especial, pero también ellas be-
bían hasta que eran retiradas de la fiesta sin conocimiento, lo que se consideraba un comportamiento distinguido. A Clavijo, todo aquello le causaba algunos problemas, pues el
camarero real era abstemio y prefería limitarse a la leche de yegua con azúcar. Ni siquiera
la principal esposa de Timur, la Kanum, consiguió ablandarlo, y el gobernante respetó también la inflexible postura de su invitado.

Durante su estancia los enviados españoles pudieron experimentar el poder de Timur.
Habían esperado encontrarse con él en Siria y luego en Persia, pero no pudieron alcanzar-
lo y tuvieron que cabalgar tras él hasta Samarcanda. Durante el camino, los españoles fueron obsequiados frecuentemente con regalos y quedaron impresionados por el eficaz
sistema de correo y transmisión de noticias. Pero, además de esto, vieron pirámides de cráneos y excrementos, procesiones de deportados y gran número de viudas y huérfanos.
También pudieron observar el miedo general que despertaba un gobernante despiadado.
En Samarcanda vivieron el ceremonial de la autocracia y fueron guiados de jardín en jardín,
de bazar en bazar, para ser agasajados. Allí se maravillaban ante un árbol dorado adornado
con piedras preciosas y pájaros de esmalte, y allá con la Gran Mezquita, cuya construcción era impulsada por el gobernante, que ya envejecía, con declinante energía. Tampoco
escapó a su atención la remodelación de la ciudad antigua, la nueva construcción de una
calle bazar y la colonia de los artesanos. Tal vez fuera la mezcla de desmesura y singulari-
dad, de sorpresa y extrañeza, es decir, su exotismo, lo que hace que el informe de los enviados españoles nos resulte tan atractivo.

Al mismo tiempo que Clavijo viajaba a Asia central, un enviado de Timur se encontraba de viaje en Europa. No se trataba, sin embargo, de un persa, un mongol o un turco, sino
de un dominico italiano, llamado Juan, que había ejercido como misionero durante varios
años en Armenia y luego como metropolitano en la persa Soltaniye (Soldania). El monje
había realizado una misión europea para Timur ya en 1398, y cuatro años más tarde se
solicitaron de nuevo sus servicios. Su origen, sus conocimientos de lenguas y tal vez también su forma de presentarse lo calificaban para un encargo diplomático: debía informar a
los reyes europeos sobre los acontecimientos cerca de Ankara, establecer un primer con-

tacto por carta e invitar a comerciantes al imperio de Timur. También llevaba consigo un retrato del hombre que le había encargado la misión. En junio de 1403, su recorrido lo llevó, pasando por Venecia, Génova y Milán, a París, donde fue recibido de forma especialmente amistosa. Pero también en Aragón (marzo, abril de 1404) e Inglaterra (febrero de 1405) le escucharon con interés, y en Heidelberg fue nombrado conde palatino de la corte por el rey Ruperto. De este modo se ponía de manifiesto la importancia de su misión, pero también, tal vez, la relevancia que daba a su propia persona. Juan no se ocultó bajo la sombra de Timur, se calificó a sí mismo como un «arzobispo de todo el Oriente» y afirmó incluso que había sido el impulsor de la campaña victoriosa contra los otomanos. Además, dio la impresión de que conocía como nadie los países del otro lado del Mediterráneo, en «ultramar». El arzobispo dejó dos obras: una especie de informe sobre Timur, con una biografía del gobernante y una descripción de sus tierras, su corte y sus medios, y *Libellus de notitia orbis*, una «descripción del mundo» que no sólo reflejaba, con gran abundancia de datos, la difícil situación de la cristiandad en Asia y el predominio de los musulmanes, sino que también proporcionaba al público europeo tempranas informaciones sobre el petróleo en el Cáucaso, los «gitanos» del Kurdistán y el *rex porcorum*, el emperador de la China. Ambos escritos se basan en enciclopedias especializadas y obras de consulta, pero sobre todo se fundan en los conocimientos y las experiencias que el redactor adquirió en Armenia, Persia y tal vez también en Samarcanda.

Después de la muerte de Timur, Juan de Soltaniye no volvió ya a su archidiócesis de Persia. El dominico italiano tuvo un importante protagonismo en el Concilio de Pisa y llevó a cabo una misión que lo condujo a Constantinopla, y tal vez también a los principados de Moldavia y Valaquia (1408-1409). Luego permaneció un tiempo en Italia, aunque preparando ya la nueva partida hacia Asia. El último testimonio que se tiene de él data del 12 de febrero de 1412, y lo sitúa en Lemberg (Lviv), en Rutenia, probablemente de camino a Pekín, donde –a pesar de su edad avanzada– debía asumir la administración de la archidiócesis de Khanbaliq. Con su testimonio vital, Juan de Soltaniye se mostró como un viajero incansable que, como la mayoría de sus predecesores, aunó el cumplimiento de sus encargos políticos con la experiencia de nuevas e insólitas formas de vida.

En las páginas siguientes:

Mapa en el que aparece la ciudad de Beijing (llamada entonces Cambuluc), la capital del imperio mongol de Kubilai Khan. (British Museum. Londres.)

Primera edición de papel moneda procedente de la corte de Kubilai Khan, emperador de China. *Libro de Marco Polo*. (Colección Particular.)

Retrato de Gengis Khan (1162-1227), fundador de la dinastía Yuan en China y creador del gran Imperio mongol. (Museo Nacional de Tai Pei. Taiwan.)

Suzzuzach

Quangu

IMPERIO
e triumpho
nobilissimo
del chataio

left blank in the O.H.

Cim l'imperador sta
in stade a sua dilettevele
venation

In questo mar sono molte
isole le qual non meto per non
haber luogo

oceania

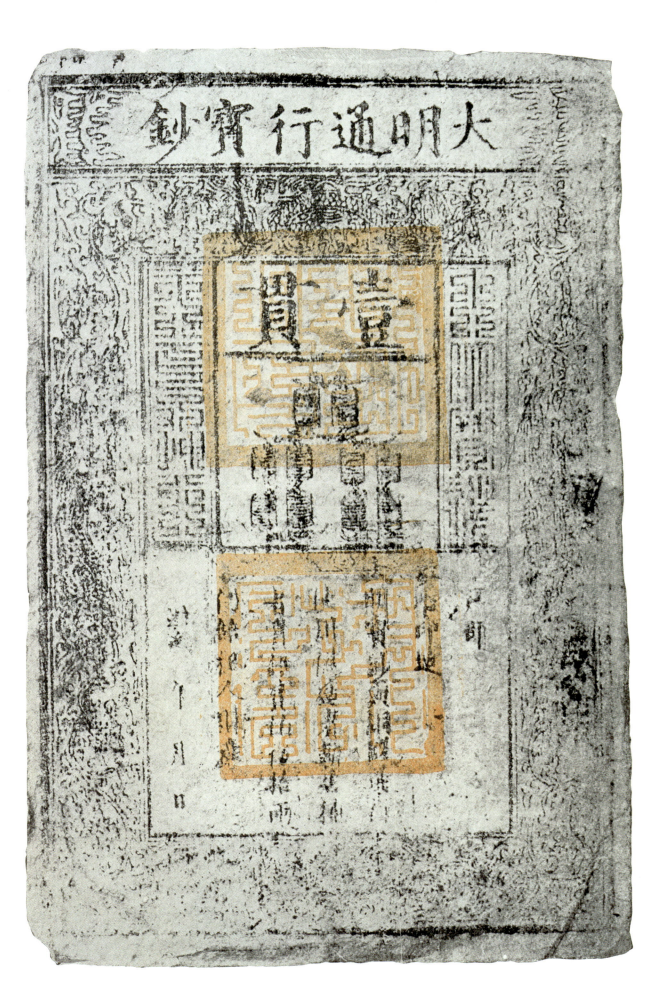

BIBLIOGRAFÍA GENERAL

BADEL, P. Y., *Marco Polo, La Description du monde,* ed. y trad. París, Lettres Gothiques, 1998, p. 27.

BALARD, M., «Les Génois en Asie centrale et en Extrême-Orient au XIVᵉ siècle : un cas exceptionnel ?», *Economies et sociétés au Moyen Age, Mélanges Edouard Perroy,* París, Presses de la Sorbonne, 1973, pp. 981-989.

CÍNICA, F., *Itinera et relationes fratrum minorum saeculi XIII et XIV. Collegit, ad fidem codicum redegit et adnotavit Anastasius van den Wyngaert,* Bd. 1, Quaracchi, 1929.

De Finisterre a Jerusalén. Egeria y los primeros peregrinos cristianos, (coord. Feliciano Novoa Portela), Museo das Peregrinacións, 2003.

DE RUBROUCK, G., *Voyage dans l'Empire Mongol,* trad. Cl. y R. Kappeler, París, Payot, 1985, págs. 86-87.

DÍAZ Y DÍAZ, M. C., *De Santiago y de los caminos de Santiago*, Santiago de Compostela, 1997.

DUPRONT, A., «Pélerinage et lieux sacrés», *Melanges Fernand Braudel,* 2 vols (1973), París, Privat, II, pp. 189-206.

Embajada a Tamorlán. Estudio y edición de un manuscrito del siglo XV, ed. Francisco López Estrada, Madrid, 1943.

GARCÍA DE CORTÁZAR, J. A., «El hombre medieval como «homo Viator»: peregrinos y viajeros» en *IV Semana de Estudios Medievales,* Instituto de Estudios Riojanos, 1994, pp. 11-30.

GARGIULO, M., «Peregrinos en Roma: Imágenes urbanas de los años de los primeros jubileos» en *Mediterraneum. El esplendor del Mediterráneo medieval s. XIII-XV,* Barcelona, 2004, pp. 515-529.

GUERET-LAFERTÉ, M., *Sur les routes de l'Empire mongol Ordre et rhétorique des relations de voyage aux XIIIᵉ et XIVᵉ siècles,* París, Champion, 1994.

La aventura española en Oriente (1166-2006), Viajeros, museos y estudiosos en la historia del redescubrimiento del Oriente Próximo Antiguo, (Ed. Córdoba, J. M.ª; Pérez Die, M.ª C.), Madrid, 2006.

LABARGE, M. W., *Viajeros medievales. Los ricos y los insatisfechos,* Madrid, 1992.

LADERO QUESADA, M. A., *El mundo de los viajeros medievales,* Madrid, 1992.

La route de Samarkand au temps de Tamerlan. Relation de voyage de l'ambassade de Castille à la cour de Timour Beg par Ruy González de Clavijo. Traduction et commentaire par Lucien Kehren, París 1990.

Le Divisament dou monde, Il Milione nelle redazioni toscana e franco-italiana, a cura di Gabriele Ronchi, Introduzione di Cesare Segre, Milán, Mondadori, 1982, Introducción, pp. XII y XV.

LÓPEZ, R. S., «Nuove luci sugli Italiani in Estremo Oriente prima di Colombo», *Studi colombiani,* 3, 1952, pp. 337-398.

MARAVAL, P., *Récits des premier pèlerins Chrétiens au Proche-Orient (IVᵉ-VIIᵉ siécle),* París, 1996.

Marco Polo, La description du monde, ed. y trad. Badel, P-Y, París, Lettres Gothiques, 1998.

– *Milione Le Divisament dou monde,* Il Milione nelle redazioni toscana e franco-italiana a cura di Gabriele Ronchi. Introduzione di Cesare Segre, Milán, Mondadori, 3ª ed. 1996. (Algunos extractos del texto en latín del manuscrito Zelada figuran en las notas.)

– *Le Livre des Merveilles,* Manuscrit français 2810 de la Bibliothèque nationale de France, París, Commentaire par François Avril, Marie-Thérèse Gousset, Jacques Monfrin, Jean Richard, Marie-Hélène Tesnière, avec une contribution de Thomas Reiner, Lucerne, Editions Facsimilé, 1996. (Textos en francés y alemán.)

MÁRQUEZ VILLANUEVA, F., *Santiago: trayectoria de un mito,* Barcelona, 2004.

MÉNARD, Ph. (dir.) *Marco Polo Le Devisement du monde,* Ginebra, Droz, 2001, t. I, Départ, traversée de la Chine, 2001, t. II, Afghanistan, Chine, t. III, Khoubilai Khan, édition critique, 5 tomos previstos.

NAGEL, T., *Timur der Eroberer und die islamische Welt des späten Mittelalters,* München, 1993.

PIAN DEL CARPINE, G. di, *Storia dei Mongoli.* Edizione critica del testo latino a cura di Enrico Menestò, traduzione italiana a cura di Maria Cristiana Lungarotti e note di Paolo Daffinà. Introduzione di Luciano Petech, studi storico-filologici di Claudio Leonardi, Maria Cristiana Lungarotti, Enrico Menestò, Spoleto, 1989.

REICHERT, F., *Begegnungen mit China. Die Entdeckung Ostasiens im Mittelalter (Beiträge zur Geschichte und Quellenkunde des Mittelalters 15),* Sigmaringen, 1992.

– *Erfahrung der Welt. Reisen und Kulturbegegnung im späten Mittelalter,* Stuttgart, 2001.

RICHARD, J., *La papauté et les missions d'Orient au Moyen Age : XIIIᵉ -XIVᵉ siècles,* París, De Boccard, 1977.

ROSSABI, M., *Voyager from Xanadu. Rabban Sauma and the First Journey from China to the West,* Tokio–Nueva York–Londres, 1992.

SCHMIEDE, F., *Europa und die Fremden. Die Mongolen im Urteil des Abendlandes vom 13. bis in das 15. Jahrhundert (Beiträge zur Geschichte und Quellenkunde des Mittelalters 16),* Sigmaringen, 1994.

SIGAL, P. A., *Les marcheurs de Dieu. Pèlerinages et pèlerins au Moyen Âge,* París, 1974.

VÁZQUEZ DE PARGA, L.; LACARRA, J. M.ª, URÍA RIU, J., *Las peregrinaciones a Santiago de Compostela,* 3 t., Madrid, 1949.

VERDOIN, J., *Voyager au Moyen Age,* París, 1998.

Viajes y Viajeros en la España Medieval, Actas del V Curso de Cultura Medieval celebrado en Aguilar de Campoo (Palencia) del 20 al 23 de septiembre de 1993, Aguilar de Campoo, 1997.

WOOD, F., *Did Marco Polo go to China?,* Londres, 1995.

Zorzi, A., *Vie de Marco Polo voyageur vénitien,* trad. del italiano por Bernard Guyader, París, Robert Laffont, 1983.

CRÉDITOS FOTOGRAFICOS

TRAVELS AND TRAVELLERS
IN THE
MIDDLE AGES

SUMMARY

INTRODUCTION, 238
Feliciano Novoa Portela
National Archaeological Museum

F. Javier Villalba Ruiz de Toledo
Autonomous University of Madrid

PERCEPCTION OF THE WORLD: GEOGRAPHICAL KNOWLEDGE, 240
F. Javier Villalba Ruiz de Toledo
Autonomous University of Madrid

THE REAL WORLD AND IMAGINARY WORLDS, 246
Miguel Ángel Ladero Quesada
Complutense University of Madrid

THE ATTRACTION FOR THE ORIENT, 253
Joaquín M. Córdoba Zoilo
Autonomous University of Madrid

THE MERCHANTS' TRAVELS: MARCO POLO (13ᵀᴴ CENTURY), 256
Christiane Deluz
Université François Rabelais, Paris

MILITARY JOURNEYS: EXPEDITIONS AND WARTIME OPERATIONS, 260
José Enrique Ruiz Doménech

GOD'S TRAVELLERS IN THE MIDDLE AGES, 265
Feliciano Novoa Portela
National Archaeological Museum

POLITICAL JOURNEYS: MISSIONS AND DIPLOMACY, 271
Folker Reichert
Universität Stuttgart

INTRODUCTION

FELICIANO NOVOA PORTELA
F. XAVIER VILLALBA RUIZ DE TOLEDO

When embarking on an attempt to comprehend the world of travellers in the Middle Ages, the first thing that comes to mind is the enormous difficulty that any kind of journey involved at that time. Accustomed as we are today to travelling very quickly and extremely comfortably, it is hard to imagine a world in which any journey from one's place of origin involved subjecting oneself to the harshness of weather conditions and hard travelling along roads that were very unlike our modern-day motorways, railway systems and airlines. All of this meant that travelling in the Middle Ages was, generally speaking, something that was never undertaken lightly. People used to travel out of necessity, even though they might have been necessities that, for us, are difficult to understand. There are very few travellers who set out with the sole intention of discovering new worlds. However, and in spite of the material difficulties, mediaeval man possessed the same restless spirit and the same need to discover his surroundings that we have today, and which man has had during the entire course of history.

And so just like nowadays, mediaeval man was perfectly aware that the world was divided up into areas of civilisations. Of course, their geographical knowledge prevented them from determining those limits and their circumstances with any great detail, but that did not represent a disadvantage when it came to supplementing the real world with imaginary ones, when necessary. We should not be surprised by this, nor be scornful of our mediaeval antecedents. Just think about it a little, and you realise that we do exactly the same when we have an absence of information about something. In the space beyond the earth, what we call the universe, we have created an image of worlds and fantastic beings that are not so very different from the ones dreamed up by mediaeval minds. Just like them, we have formed a specific idea of the real world, at the same time as we have created our own imaginary worlds.

And so, those areas of civilisation universally known to the mediaeval world were the Mediterranean, India and China, respectively. But in all these cases we are talking about large spheres of influence that cannot be determined with any detail.

Out of practical necessity, we have to focus our attention solely on the Mediterranean, so as to be able to evaluate an exclusive view of the world that is aware of the other two spaces – though as an object of discovery, and not as an integral part of their reality. The cultural diversity that defines the Mediterranean sphere of influence (where Greek and Latin Christianity coexisted alongside Islam) makes it particularly suitable for carrying out an evaluation of the travels and travellers of the Middle Ages. Of course, the rest of the globe will be excluded from this analysis, as its discovery and incorporation into the routes of the Old World did not take place until the dawn of the Modern Era.

And so, after that initial orientation, we plan to analyse the world of mediaeval travel and travellers, basing our analysis on the different types of travelling that went on at that time, and which will take us on a fascinating journey through that specific period in history.

The most commonly made type of journey during mediaeval times was probably one for trading purposes. The deterioration of the Mediterranean market during the Early Middle Ages (a phenomenon that is well-known and has been studied by many specialists) does not detract from this type of travellers. On the contrary, the difficulties that they had to overcome are an added incentive for exploring their experiences.

In a parallel manner (even though it formed part of the evolution of a region that was relatively marginal to Europe in the early mediaeval period), we must examine the journeys of expedition made with the dual objective of piracy and adventure. We refer to the incursions made by the Normans and the Vikings into the shores of the North Sea and the Atlantic coast which, albeit circumstantially, would lead them to the North American coast.

Islam, meanwhile, was the origin of massive troop movements on a scale that had not been seen since the collapse of the Roman Empire in the West. Very often using the Roman road infrastructure (or what remained of it), the Muslims embarked on a military advance that virtually beggars description. But in terms of troop movements on a grand scale, Christianity would take up the baton with one of the most striking phenomena of its history: the crusades. The crusading spirit succeeded in absorbing Western Europe's expansionist needs by building up institutionalised armies capable of combining spiritual principles with a rigid military organisation. From the 12th century onward, armies would lead the human traffic that took many westerners to the Near East.

These same armies became the official protectors of another type of traveller that had already existed for many years – individuals who had been seeking, through the arduousness of travel, a way of paying off their debt to God. For a long time, pilgrims came to be the finest example of *homo viator*, and became viewed as something approaching the paradigm of the good Christian. Jerusalem, Roman and Santiago de Compostela became the three main pilgrimage destinations, and led to the establishing of countless land and sea routes in the Mediterranean region.

The same hierarchical church that had, at one time, promoted pilgrimage as a mechanism for the expiation of sin, and the crusades for increasing its control over Europe, was also responsible for designing a complete model of evangelisation that would be of key importance for opening up new worlds. At first, it was Scandinavia and the Anglo-Saxon countries, and centuries later, the entire continent of Asia. We must not forget that the Franciscans and Dominicans (under the careful supervision of the Vatican), were the first Europeans to venture out onto the steppes, to create more or less stable settlements in the civilisations of India and China. It was their accounts, as well as those of other famous secular travellers, that encouraged a fascination for the Orient and the resulting mythography created by the mediaeval West.

Finally, and in the wake of the political developments undergone by European monarchies after the 13th century, there was the advent of the diplomatic mission. These began by travelling the roads of Europe to establish contacts and to obtain official support for the main royal courts, after which they attempted to extend this diplomacy to the limits of the Asian continent. These missions helped to create a new concept of travelling, with the organisation of groups that were supplied with everything they needed. The mixture of admiration and fear that the Mongols awoke in that reborn Europe was the impetus for this new enterprise.

PHOTO CAPTIONS

Page 10

"In the beginning there was the path" (Joseph Bedier). Paving stone from Roman times showing a footprint. (Seville Archaeological Museum)

Page 11

"Life as an adventure means accepting an exotic, unlimited, sometimes wonderful cosmos; a place of encounters with beings from beyond, such as fairies and spirits, and which was believed to be populated by monsters such as the ones commonly illustrated in the margins of manuscripts, or in that true inventory of fantastic animals: the bestiary". Mythological animals from a 15th century manuscript. (Condé Museum, Chantilly, France)

Page 12

During the mediaeval age, man had an overwhelming need to discover everything he could on earth. The objective was to go beyond the limits of the world: "We are all pilgrims who walk our paths" (Gonzalo Berceo). Map illustrating the "Commentary on the Apocalypse" from the Beatus of Liebana, 10th century. (Girona Cathedral)

Page 13

Traders and merchants were the most common travellers in the mediaeval world. Many of them carried the *Tacuinum sanitatis* – illustrated codices from the 14th and 15th century which represented a type of encyclopaedia with notes on health and food. An illustration from one of these codices from the 14th century. (Oesterreichische Nationalbibliothek, Vienna)

Page 14

For pilgrims and mediaeval man in general, it was difficult to appreciate exactly the passing of time,

given that they only perceived the passing of days and seasons. An illustration of a clock from the "Book of knowledge of ingenious mechanical devices", a work by al-Jaziri, who lived during the 13th century.

Page 15

The astrolabe was the portable astronomical instrument *par excellence*. Its name comes from the Greek word *Astrom*, which means "star", and *lanbaniem*, meaning "one who seeks": thus, an astrolabe means "a star seeker". In addition to its other functions, the astrolabe was used as an instrument of observation, calculation and demonstration. The example in the photograph dates back to the 11th century, and was made by Ibrahim ibn Said al-Sahh. (National Archaeological Museum, Madrid)

Page 16

One difficulty for mediaeval astrologers was how to make Aristotelian cosmology compatible with the teachings of Christian theology. The illustration from this French manuscript illustrates the way in which the planets govern the days and weeks. (British Library, London)

Page 17

The Emperor Charlemagne fought on the Iberian peninsula in 778; on his return journey he was ambushed, a story that is immortalised in *The Song of Roland*: "Here is where Roland called Charlemagne to his aid by sounding his horn, and he blew it with such force that it cracked...". An illustration from an 8th-century manuscript showing several soldiers accompanying the Emperor Charlemagne in a military carriage. (Marciana Library, Venice)

Page 18

For a long time, observing the stars was the only way of guiding a ship at night. An exhaustive knowledge of the coasts was essential, which could only be acquired

through long experience. An illustration of the Celtic St. Cuthbert in a 7th-century manuscript. (British Library, London).

Pages 18-19

Religious orders such as the Dominicans and Franciscans were the first Europeans to explore the steppes, and to create relatively stable settlements in the civilisations of India and China. It was their accounts, as well as those of other famous secular travellers, that encouraged a fascination for the Orient and the resulting mythography created by the mediaeval West. The illustration comes from the book by Raschid-al-Din and shows the arrival in India of a mission from the Sultan Mahmud de Ghazna in the 14th century. (Worcester Art Museum and School)

BOX

Page 16

"When in April the sweet showers fall that pierce March's drought to the root and all and bathed every vein in liquor that has power to generate therein and sire the flower; when Zephyr also has with his sweet breath, filled again, in every holt and heath, the tender shoots and leaves, and the young sun his half-course in the sign of the Ram has run... Then folk do long to go on pilgrimage, And palmers to go seeking out strange strands, To distant shrines well known in distant lands."

The Canterbury Tales by Geoffrey Chaucer (1342?-1400)

PERCEPTION OF THE WORLD: GEOGRAPHICAL KNOWLEDGE

FRANCISCO JAVIER VILLALBA RUIZ DE TOLEDO

During much of the Middle Ages, Europe was closed in on itself, and seemed incapable of venturing beyond its borders. But then again, it didn't need to. The progressive deterioration that took place in the West following the fragmentation of the old Roman Empire gradually unravelled that sense of political unity that had, in the old days, required countries to possess a precise knowledge of the geographical reality on which the Empire stood. The world began to shrink around the Germanic courts, which limited themselves to exerting military control over their territory. However, at that time such control had to take place within cultural parameters that we could generically call Christian. In this way, the Early Middle Ages in the West passed by amid constant efforts to adapt made by a society that only sought to survive.

Rome's expansionist dreams were dead and buried, and with them the desire to explore undiscovered lands beyond their immediate environs. From that point on, it was the peoples from the periphery of Europe that became interested in expansion, and progressively began to impregnate Western society as a whole with the desire and need for empirical geographic knowledge.

THE PERCEPTION OF THE WORLD

And so, during the course of several centuries, Europe was satisfied with devising an ideological representation of the world the fundamental guidelines of which were laid down by the Christian Church, though it is true that these were based on the cosmographical guidelines of the classical world. Drawing on Greek knowledge, Rome had had wide-ranging geographical knowledge of the regions of Europe, North Africa and Asia as far as the Indian Ocean. There were even some references to China, though these were not very specific. The great disadvantage for Latin Christianity was the loss of the knowledge of Greek (the language in which all the geographical reference works were written), which is why they relied on late Imperial Roman reinterpretations, and especially those of Gayo Julio Solino (3rd century), whose imagination with respect to the

lands furthest away from Rome, in Asia and East Africa, gave the mediaeval world monstrous beings and lands with magical characteristics, such as the fountains of eternal youth and stones with curative properties. Rome, however, took a practical approach to geography, as a result of which Roman maps were no more than simple diagrams showing the distance between different places. One of the best-known examples of Roman cartography, the *Tabula Peutingeriana*, contains geographical information on the area from England to India, and is based on Roman roads from the 1st century A.D. The map is believed to have been drafted in the 4th century, though the copies we have today are from the 16th century, and include some additions to the originals.

Even though the Greek world invented the science of geography in the 4th century B.C., it was not until the 11th century A.D. – with the work of Ptolemy – that the discipline reached a level of real interest. It was Ptolemy – the heir of the geographical tradition of Alexandria – who gave us the first universal atlas.

Unfortunately, Rome's practical approach halted the now long and fruitful process of geographical observations, by subjugating them to the political control of the Empire. They were trying to create a cartography aimed exclusively at the control of the Roman world, and were not so interested in a theoretical understanding of the planets. In this long-lasting Roman Empire of the East, though this practical spirit was maintained, the Empire's interest in preserving traces from its historical and cultural past that defined and sustained it led to the conservation of works such as Ptolemy's *Geography*. At one time the mediaeval world used this volume to help gain a deeper understanding of the space that surrounded them.

The Roman model of the *Orbis Terrarum* – which shows usable routes for the army, administration and trade – was sufficient for the depressed early mediaeval Christian kingdoms, whose main objective was, as I say, to conceive a symbolic representation of the world. The known spherical shape of the world no longer awoke any interest, nor did the very orientation of maps that had been created for centuries. The religious dimension that lay beneath them meant that the continent of Asia (the Orient) had to be placed in the upper part of the

map; this was because it was there that the main events in the Bible had taken place. At the same time, Rome was moved out of the centre of the map, to be replaced by Jerusalem. What was happening was that mapmakers were attempting to propose a link between the three known continents – Asia, Africa and Europe – with the earliest biblical references. Shem, Cam and Japheth, Noah's three sons, were identified as being responsible for populating each of these parts of the world. In the 7th century, a geographical school was created in Ravenna that produced maps, late copies of which have survived to the present day; in these maps we see that the earth was divided into areas corresponding to Noah's aforementioned sons.

If we imagine, furthermore, the effects produced by the acceptance of some of these cosmic-religious principles by writers as influential, from an intellectual point of view, as Paulo Orosio, Isidoro de Sevilla and the Venerable Bede, it should come as absolutely no surprise that as late as the 13th century, there were many examples of maps of the earth of the "T-O" type; prototypes in which Jerusalem is always situated in the centre of a circumference within which the world is divided into three parts separated by a "T" shape inside the circle. These three parts or regions of the world are, obviously, Asia, Africa and Europe. Thus, all the peoples of the earth are linked with the Holy City. Basically, the mediaeval world conceived its representations of the earth in a circular form, either with the classic T-O model, which has clear religious connotations, or through the distribution of climatic zones. Thus, the point of departure was always represented by knowledge of the classical world, even though that became increasingly filtered by the didactic interests of the Christian Church. Both the T-O *mapamundi* and the maps divided into climatic zones can be found in the Islamic world, to which can be attributed the first initiative within the Mediterranean world to represent the physical appearance of – if not the earth as a whole, at least of the Islamic sphere of influence.

And the fact is, the Islamic sphere of influence had had access to Ptolemy's geographical knowledge from the 4th century onwards, thanks to the translation into Arabic of his astronomy (*Almagesto*) and his cartography (*Geography*). As a result, a fun-

damental advance took place: the ability to determine the latitude and longitude of a specific geographical point. However, in Muslim lands, something happened that was very similar to the evolution of cartography under Christianity: in the 11th century, Ptolemy's influence languished, making way for schematic views in which the most important point was the religious basis of the image of the world. This period ended in the 12th century, when empiricism made a decided reappearance. Following the cultural regeneration in the West, the Muslims' geographical observations were incorporated into the cartography of the Christian world; the works of al-Idrisi and Ibn Battuta were the most commonly used for this purpose.

In the early centuries of Christianity, the fathers of the church rejected the idea that the earth was round, as from a symbolic point of view the image of a flat earth resting on the water and surrounded by a celestial canopy was a much more suitable one. It is the image that is reminiscent of the tabernacles. It is strange, however, that on this occasion it was the church of the East that was the interested party in this backward movement in geographical knowledge, as the West maintained the advances of the Greek world for some time, though finally these gave way to the more didactic view illuminated by the Byzantine Empire. Rabanus Maurus, a disciple of Alcuin of York, once again accepted the spherical shape of the earth in the 9th century. Alfred the Great also personified the scientific spirit that only just survived in the Early Middle Ages, by inviting travellers and sailors to his court in order to draft a cosmography that would have great influence in the future.

But together with the remains of the symbolic tradition, from the 12th century onwards, the recovery of certain classical works (albeit not the most important ones, perhaps) opened up the way in the West toward true geographical knowledge. Having said that, a long time would have to pass before the coexistence of fantasy and reality stopped hindering the development of the latter. It was in the 15th century when, following the translation of Ptolemy's *Geography*, an interest in a scientific description of the earth became definitively introduced into the mediaeval mentality. Authors such as Pierre d'Ailly, with his *Imago Mundi* and *Compendium Cosmographiae*, created a real cartography of the known world which led people to imagine a whole series of new routes that would connect up Old Europe with the Far East. This was, therefore, the origin of the great adventures of European expansion that swung open the gates of the modern world.

But before that, from the 13th century onwards, the growth in trade made it necessary to create a particular type of map that only featured the coastlines and mooring places for ships. I refer to the *portulans* – the early vellum sea charts that describe fairly precisely the whole of the Mediterranean, the Black Sea and Europe's entire Atlantic coast. But as these maps were only used for navigation, most of them have no geographical information about inland areas.

CARTOGRAPHIC DEVELOPMENT

With certain reservations, it can be claimed that the true beginning of Western Christian cartography was represented by the maps of Ebstorf and Hereford, both of which dated from the late 13th century. Even though they partly maintain the T-O structure, they also offer great innovations with respect to the preceding age. It has even been said that these two maps, which may have been displayed behind the altars of several European churches, introduced the spirit of the Gothic into Western geography: without scorning the didactic need for artistic representation, the demand by early mediaeval society for a more realistic view of such manifestations is manifested in these examples. Hence the origin of the impulse to produce an image of the world that was faithful to its true physiognomy. However, the resources of the time (the late 13th century) meant that these maps still lacked the desired exactness to which they aspired, even though they did include all the major innovations in the field of cartography; these were mainly thanks to contributions from the increasing numbers of merchants and pilgrims travelling through Europe, North Africa and the Near East. Hereford's *mapamundi* takes its inspiration from a Roman map, as it includes an area that corresponds with the borders of the ancient Empire, while at the same time, its provincial frontiers coincide with the age of Dioclesian (3rd and 4th centuries).

But the most important change in geographical representation made in Europe took place thanks to the invention of an instrument of fundamental importance: the compass. In the early 13th century, Roger Bacon began to experiment with magnetism, thereby paving the way, in that same century, for the creation of a compass in Amalfi that produced satisfactory results. From that point on, maps were covered with references to what became known as the "compass rose", and navigation and port charts began to appear which, unlike the maps that had been produced until then, were oriented northwards.

One of the most important figures of the 13th century in terms of the development of geography was Johannes de Sacrobosco, a Latinised version of his original name, John Halifax of Holywood. He was a professor of mathematics and astronomy at the University of Paris, and his *Tractatus de Sphaera Mundi* was one of the most commonly used works in the Early Middle Ages by students of astronomy and cosmography. The work proposes a spherical map of the world that is based on the work of Macrobius, and is divided into seven climatic areas, in accordance with the ideas of the Greeks and Ptolemy.

In the 14th century, one of the first precise maps was produced: it was the one drafted between 1306 and 1321 by Pietro Vesconte, who some authors consider to be the first professional cartographer in the West. Vesconte, who did almost all his work in Venice, began by working from *portulans*, to which he added borders and terrestrial geographical features. We know of Vesconte's work not only from documents of his that have survived, but particularly through the volume by Marino Sanuto entitled *Liber Secretorum fidelium crucis super Terrae Sanctae recuperatione et conservatione*, in which he attempts to persuade the Western kings to embark upon a new crusade against the Turks and, in this context, he mentions Vesconte's maps.

In Pietro Vesconte's maps, just like with the *portulans*, routes are marked that join up the different locations. But the greatest contribution made by these maps is that they show the courses of the great rivers of Northern Europe, from the Danube to the Don and the Volga, on one hand, and from the Vistula to the Amu-Daria (previously the Oxus) and the Sir-Daria (previously the Yaxartes) on the other. With respect to the southeast coast of Africa, Vesconte based his work on the cartography of al-Idrisi. Although Vesconte's maps are still circular and the Eastern region is still located in the upper part (in accordance with mediaeval tradition), they have deleted some of the classical references to mythical places, as well as relocating others, such as the kingdom of Prester John which, instead of being located in Ethiopia, is situated in India.

Some years later, between 1335 and 1338, Opicinus de Canistris, while he was working at the papal court in Avignon, created anthropological maps that enjoyed great popularity many years later as the basis for socio-political analysis. Canistris adapted the shapes of people and animals to the different known regions, identifying, for example, the European continent with the figure of a woman and the north of Africa with that of a man.

This was perhaps the last attempt made in the Middle Ages to recover the didactic tradition of cartography which, thanks to the arrival of a more precise, scientific approach, was to disappear forever. Thus, Canistris' maps could be compared to the

spate of books on chivalry: given that the end of an age was looming, a supreme burst of creativity took place to maintain the illusion that the principles behind it were not yet dead.

But the drafting of the diagram-maps of the Early Middle Ages continued during the 14th and 15th centuries. One example of this is the one drawn by the English monk Ranulf Hidgen in 1350, which is included in his *Polychronicon*. Hidgen was probably one of the clearest exponents of the adaptation of Christian symbolism to cartography. The monk framed his mapamundi within an oval representing Christ's *mandorla*. Naturally, his work does not reflect in any way the advance in geographical knowledge that was affecting the entire Latin world in the 14th century. The disproportion that exists, for example, between the number of towns and settlements located on the British Isles compared to the rest of the world (14 out of a total of 39) is sufficient the unbiased nature of the work. It should also be mentioned that Jerusalem and Rome, which habitually occupied the centre of such diagram-maps, are highlighted in this representation, though neither is given the privileged central spot.

The recurring presence of symbolic cartography during the second half of the 14th century has been used as an argument that there was a lack of development in Europe during this period. But it is more acceptable to consider these works as being completely separate from geography. Thus, for example, some of the maps contained in the Chronicles of Saint-Denis (written between 1364 and 1372) possess, in the same way as the texts they illustrate, an eminently didactic and conceptual function, and pay no attention at all to geographical rigor. They simply used the old T-O model, which was most suitable for the work, though this does not mean that they were ignorant of the progress being made in cartography at that time.

One of the most specific indications that can be used to gauge the development of cartography in the West is linked with the maps available of the southern coast of Africa. To this end, the *Anonimo Laurenziano* (dated 1352) is unique in that it is the first map – predating the Portuguese versions – to mark the lower triangle of that continent. Evidence suggests that the map's author had had contact with Muslims who had moved from the east coast to the southernmost latitudes of Africa, travelling as far as Cape Bojador. The maps in which this precursory outline of the African coast appears belongs to an eight-part atlas entitled *Atlas Medici*. We must not forget that the *portulans* from the 14th century and the early 15th often cut Africa off at the latitude of Sierra Leone. The fact that the south of Africa was repre-

sented before the Portuguese had explored the region leads one to suppose that that part of the atlas was the result of a posterior addition by the publishers.

One important stage in the development of cartography was the advent of what were called the "Catalan Atlas", produced at the workshop of Cresques Abraham in 1375, and which includes an exact image of the real geographical knowledge possessed by Western Europe in the late 14th century. Anything not included in these maps was left out because of a lack of authentication criteria. It cannot be denied that the maps from Cresques' workshop helped to lead the way toward Renaissance cartography.

The first of these Catalan atlases that has survived was produced on commission by Charles VI of France by a family of Jewish cartographers based in Mallorca, and who were part of the court of Pedro IV of Aragon. The copy that is conserved in the Bibliotheque Nacional de France, in Paris, must be from 1381, when the King of France's envoy to the Aragonese court was sent to pick up the commissioned work. The patronage of the Aragonese court that led to the creation of this atlas by Cresques' workshop derived from the particular interest shown by King Pedro IV, and especially by his son Juan I, in gathering together all possible information about the lands of the Orient, in accordance with his policy to expand across the Mediterranean. This is how copies of travel books as important as those of Marco Polo, Odorico of Pordenone and John Mandeville have survived to the present day. Basing his maps on these accounts, Cresques managed to give the perimeter of the continent of Asia a shape which, for the first time in the Middle Ages, looks relatively close to reality. His maps even offer internal divisions of the wide territories of Asia, placing particular emphasis on the different lands of the Mongols.

However, the African continent was only shown as far as Cape Bojador, and contrary to what happened with previous maps (such as the Medici atlas), it was considered that Africa's lower triangle was only conjecture, and unworthy of appearing in a map that strove for reliability and precision, such as those of the Mallorcan workshop. The map's great contribution consisted of indicating in detail all the new discoveries in Asia; the original work was comprised of six large tables. There were three sources used for the drafting of the map: the common elements of the circular *mapamundis* typical of the Early Middle Ages, the data on the Mediterranean derived from the *portulans*, the Black Sea, Europe's Atlantic coast and, finally, the information provided by people who had travelled through Asia during the 13th and 14th century.

The Catalan Atlas calculates the circumference of the earth to be 20,052 miles – that is to say, approximately the same distance that Ptolemy estimated, though 30 years before the first surviving translation of his *Geography* appeared in the West.

At the beginning of the 15th century – in 1410 – another work appeared that is fundamental for evaluating the general evolution of Western cartography: Pierre d'Ailly's *Imago mundi*. The writings on cosmography by the then-Archbishop of Cambrai were extremely popular during the 15th century, though the great discoveries of the following century led them to fall into oblivion. But in his time, d'Ailly was a truly influential person with respect to the theological problems of the late 14th century and the early 15th; he also had an important place in the famous Council of Constanza, which put an end to the schism of the West. *Imago mundi* is comprised of a series of 12 treatises on geography, astronomy and problems with the calendar. From a cartographic point of view, *Imago mundi* uses as reference the guidelines of Ptolemy's *Geography*, even though the result is a simple schematic view of the earth. Nevertheless, the work was crucial with respect to promoting an "official" view of the church as to the distribution of lands around the planet, something which would be vitally important for the development of the great ocean-going adventures that would take place during the 15th and 16th centuries.

With respect to the recovery of Ptolemy's work, it must be remembered that it was the Turkish presence in Byzantium in the early 15th century that led some of Constantinople's inhabitants to leave their city, taking with them, among other things, the Greek texts of their *Geography*, translated into Latin in 1406 by Jacobus Angelus in Florence. From that point on, the West made repeated copies of this fundamental work, sometimes including the maps and others, simply printing the text. Thus, during the 15th century, Ptolemy's maps became the driving force of cartographic progress in Europe, and it is a sign of the great dynamism of the Christian-Latin society that in less than a century after having received these principles of classical geography, succeeded in venturing out to discover the New World. Because during all the centuries in which the all-powerful empire of the Orient possessed the same knowledge, it did not help them to substantially widen their horizons. With the arrival of the printing press, Ptolemy's *Geography* was mass produced; the first places to publish it were the large Italian cities of Vicenza (1475), Bologna (1477) and Rome (1478). The Bologna edition included a map that showed all the details of the work.

Ptolemy's *Geography* contains many errors that may have hampered the progress of cartographers

in the West, since they felt such great admiration for the Alexandrian librarian that it was hard to suggest making changes to his work. But more important than reducing this veneration were his systems of cartographic projection that resolved, at least in part, the problem of representing the earth as spherical on a flat surface. Compared with this great addition to Western cartography, factors such as the presence of an enclosed Indian Ocean on maps, or the concealment of the eastern coast of Asia only represented small problems that time would correct fairly quickly.

It is not by chance that, following the incorporation of Ptolemy's work into the sum of Western European knowledge, an unprecedented geographical activity took place within it. The expeditions backed by Prince Henry "The Navigator" in Portugal are simply a reflection of the desire for geographic knowledge in Renaissance Europe, and which was finally made possible through the techniques of Ptolemaic representation, in combination with the already developed technique of the *portulans*. We must not forget that the Portuguese prince surrounded himself with sailors, cartographers and mathematicians, and was closely advised by Jafudà Cresques, son of Cresques Abraham, who incorporated the tradition of Catalan *portulan* charts into the working team.

In addition to Ptolemy's *Geography*, the map that Pirrus de Noha drafted in 1414 drew on other works from the age of the Romans, such as Pomponius Mela's *Chorographia*. Even so, Noha only recorded the known world, and did not bother to represent the whole of the earth through the suppositions and calculations of the classics. One could say that Noha combined – in one single map – the tradition of the *portulans* with Ptolemy's observations, to represent all the territories that had been explored by Latin Christianity in the early 15th century.

In the first half of the 15th century, there was another circular *mapamundi* produced, by Albertinus de Virga; he placed at its centre not Jerusalem or Rome, but an indeterminate point to the east of the Caspian. Thus began a period of transition in cartography during which mapmakers definitively gave up the mediaeval custom of placing Jerusalem in the centre, as new discoveries denied such pre-eminence for the Holy Land. Even so, biblical references continued to be very visible. Attempted geographical exactness took precedence over didactic intention, and the influence of Muslim cartography was clear through the multicoloured shape of the archipelagos of the Indian Ocean. Virga's map also includes contributions from Genoese and Catalan nautical charts, such as the recently discovered Atlantic islands of the Canaries and the Azores.

This progress in cartography changed Western man's perception of time and space forever. Thanks to this, not only would new routes soon open up that would considerably increase the size of the known earth, but a thought process would also be set in motion which, years later, led to the modification of the calendar that we still use today. This parallel evolution can be seen, for example, in the classic court maps of the T-O type (although the Mediterranean area is given the detail of *portulans*) created by the Venetian Giovanni Leardo between 1442 and 1453. In the last of these maps, the disc containing the map is surrounded by a series of eight rings that constitute a very sophisticated calendar. The rings closest to the map determine the month in which Easter Week had to be celebrated from 1453 to 1547. The second ring shows the months, beginning with March (according to the official counting system in Venice). The third to sixth rings are used to calculate the phases of the moon. The seventh ring determines the days of the week and the eighth and ninth rings provide the duration of the days in hours and minutes.

Though they had been known since the early 15th century, Ptolemy's cartographic principles were fully accepted throughout Europe in the middle of this century. Among Central European cartographers, for example, Ptolemy's influence appeared through the school led by the mathematician and astronomer Johannes de Gmunden, from the University of Vienna, and through Georg Mustinger, of Klosterneuburg monastery. This school succeeded in combining Jerusalem's importance as the central location of maps with the innovations of Ptolemaic representation and the advances incorporated through the *portulans*.

But it was not only Italian and Central European geographers who made use of these innovations that had been known since the early 14th century. Naturally, in the mid-15th century, the Catalan school also added a series of improvements to their well-known and highly-valued *mapamundis*. The shape given at that time to the southern half of Africa is rather peculiar, as it unfurls like a huge arc that almost reaches the lower limits of the circumference represented by the globe, while on the eastern side it reaches the latitude of the Indian Ocean. On the western side, the Gulf of Guinea is extremely pronounced. In the upper half of Africa, the new Portuguese discoveries can be clearly seen, and this represented a significant difference from the Catalan atlases of the previous century. It is also worth noting that monstrous beings were no longer portrayed in the unexplored regions; in contrast, they are simply left blank.

Some of the maps drawn in the second half of the 15th century incorporate new sources of information that represented a major step forward for the art of Western cartography. I refer to the accounts written by the great travellers who made long journeys through the unexplored lands of Asia and Africa. A good example of this is an anonymous Genoese map from 1457 in which the representation of Asia is based particularly on the observations made by the Venetian traveller Niccolo dei Conti, and which were carefully recorded in the mid-15th century by Poggio Bracciolini. Unquestionably, the most interesting feature of this cartographic work is the image that it gives of the islands of Southeast Asia, where Conti's descriptions provide great innovations with respect to the previous age. Unlike in the Catalan atlases of those years, the south of Africa is not extended eastwards, even though the possibility of establishing new sea routes towards India by circumnavigating the continent is left open. Some authors believe that this map is, in fact, of Florentine origin and not Genoese, and that it can be attributed to Toscanelli, as it is very similar to the one the Florentine geographer sent to the King of Portugal in 1474.

But the prototype *par excellence* of the maps from those early years of the second half of the 15th century is the one by the monk from Murano known as Friar Mauro; he created a *mapamundi* which – for the first time – is deserving of its name. I say this because, even though the coastlines are drawn in *portulan* style, and are based on contributions from those naval charts, the routes that always appear on them are not indicated. This is precisely what makes it a true *mapamundi* and not a naval chart. The first *mapamundi* created between 1457 and 4059 (which has unfortunately been lost) was sent to the Portuguese court, as its author worked under the patronage of Alfonso V of Portugal. His assistant, Andrea Bianco, was almost certainly the one responsible for drawing the copy made later for the Republic of Venice, and which is now kept in the Doge's palace in that city.

But the really important factor from a geographical point of view was still to come. Once again, the great changes that were made in this field had their origin in a detailed reading of classics, and in an acceptance of some of their "crazy" suggestions. Paolo Toscanelli, a Florentine physicist and cosmographer, adopted – for the first time – Aristotle and Strabus' old theory on possibility of a direct connection between Europe's Atlantic coast and the Far East by sailing westwards. Beyond the field of cartography, Alberto Magno and Roger Bacon had already championed this proposal by the classical world in the 13th century.

It was the Portuguese court, disappointed at the failed attempts to circumnavigate Africa to reach the

Indies, which contacted the Florentine physician to discuss his theory. Even though Toscanelli's map has not survived, we can reconstruct it from the numerous letters that have survived to the present day, both those sent to the Portuguese court in 1474 and those addressed to Christopher Columbus before 1481. In the second case, the influence of Toscanelli's theories is clear. Furthermore, we can imagine what Toscanelli's map looked like through the maps of Henricus Martellus in 1490 and Martin Behaim in 4092. Both of them portray the new conception of the world in which an estimate is made of the distance that separated the west of Europe and the east coast of Africa by sea.

But between Toscanelli's disappeared map and the German geographers' globes, we still have an important reference available that should not be ignored. It is a *mapamundi*, circular in shape and engraved in copper, dated approximately 1485, and whose author is completely unknown. This piece brings together all the geographical knowledge of that time, presented using Latin nomenclature for the different lands, and using – as far as possible – the names from Roman times. Two particularly noteworthy features are the correct location of the Caspian sea, both in its shape (for which a precedent already existed – the work by Friar Mauro) and its orientation, which is totally original and virtually identical to reality. Even so, some features hark back to the most ancient mediaeval Christian tradition (from Cosmas Indicopleustes in the Byzantine 6th century), such as the representation of earthly paradise in the Far East, with its four great rivers and, especially, the fact that Jerusalem is located in the very centre of the map.

The definitive link between the mediaeval world and the Renaissance, in terms of cartographic representation, can be seen in the work of the German Martellus. The maps he produced between 1489 and 1490 would have been based on Martin Behaim's globe, and we can be almost certain that Christopher Columbus used one of these. Like some of his immediate predecessors, Martellus used Ptolemy's principles, together with new observations, especially from the Portuguese. The first of these was the Cape of Good Hope as described by Bartolomé Díaz in his voyage from 1487 to 1488, a detail that other cartographers (including Behaim) omitted some years later, preferring as they did to expand the southern edge of Africa eastwards – a legacy of Friar Mauro. Even though it is traditional to refer to Italy as the place where Martellus produced his maps, some authors claim he was based in Portugal, given that he seems to have had immediate knowledge of the discoveries in the Portuguese court.

A manuscript by Martellus that is kept at Yale University is particularly interesting, as it divides latitudes and longitudes into degrees. And so a new way of understanding the world was definitively imposed, just before the great age of discovery, which would alter man's perception of the earth's physiognomy forever.

The next step was to represent the new conception on a real sphere. Only two globes made prior to the age of discovery have survived to the present day: the one by Martin Behaim, conserved in Nuremberg, and what is known as the Laon globe, which is currently in Paris. The first of these was made in 1492, in accordance with the instructions of the mathematician Giovanni Campano, as described in his *Tractatus de Sphera solida*, in which he shows how to create these spherical representations of the Earth in wood or metal. From 1484 to 1490, Behaim remained in the court of the King of Portugal, as he formed part of the king's team of mathematicians and even participated in some expeditions. On his return to Nuremberg in 1490, he was commissioned to make a globe that would reflect the new discoveries. Perhaps the greatest contribution made by Behaim's globe was the fact that, while creating it, Behaim was forced to calculate precisely the distance between the west coast of Europe and the east coast of Asia. This must have helped to encourage Columbus in his project.

On Behaim's globe, however, all kinds of sources are quoted: from Isidoro de Sevilla's early conceptions to the most recent discoveries by the Portuguese, as well as other sources such as the *portulans*, Ptolemy, Friar Mauro's atlas and Marco Polo and John Mandeville's accounts of their travels. Perhaps because of this, Behaim is not considered to be a professional cartographer. He is seen more as an adventurer who attempts to prove the viability of the "western path", but who is not very meticulous, and fails to pay attention to all the details. Basically, his project was identical to Columbus'; it was simply that the latter embarked on his enterprise earlier. It should be pointed out that Behaim's globe includes numerous mediaeval legends, such as the Three Kings and the kingdom of Prester John, as well as imaginary places such as the island of Brazil and the West Indies. In the same year, a circular map was produced, attributed to Columbus or his brother Bartolomé, which shows links with Portugal, the court in which the Genoese was working on his project. The dating of this work is supported by the circumstance that Granada is shown as a Christian land. In view of this map, with which I will close this summary of cartographic progress in the west during the Middle Ages, it seems as if its only objective was to prove the viability of the project to sail westwards to reach the Indies.

Pages 30-31
Travelling in the Middle Ages was very costly and uncomfortable. People had to travel with numerous bodyguards, especially when women were part of the group. The picture shows a group of women in the lower part of Geoffrey Luttrell's Psalter.

Page 31
Of the many instruments that expanded geographical knowledge during the Middle Ages, the compass and the sundial (shown in this photograph) were the most important. (Madrid Naval Museum, Madrid)

Page 32 (above)
Since very early on, the mediaeval west had access to certain instruments for the observation of celestial bodies, such as this astrolabe from Carolingian times (8th and 9th centuries). As in so many other fields, the Muslim world served as a link for technical development between classical antiquity and the Christian world. (Institut du Monde Arabe, Paris)

Page 32 (below)
A 15th-century equinoctial clock, made out of brass and glass, the plane of which coincides with that of the equator. Depending on its orientation, this type of clock could be used to measure the time period between equinoxes – from 21st March to 23rd September and from 23rd September to 21st March, respectively. (Museum of the History of Science, Oxford)

Page 33
In the 15th century, many astronomical tables were produced, such as the ones in the picture, which show the positions of the main celestial bodies. *Tablas astronómicas de Barcelona*, second half of the 14th century. (Lambert Mata Library, Ripoll)

Page 35
Friar Mauro's Mapamundi is considered to be the first authentic *mapamundi* and not just a nautical chart. 1459. (Marciana Library, Venice)

Pages 36-37
A *portulan* from Pisa. This type of maps only paid attention to coastlines; this one, being a very early version, has many mistakes. *Circa* 1300. (National Library of France, Paris)

Pages 38-39
In the first half of the 15th century, the development of *portulans* provided examples such as the one in the illustration, attributed to Gabriel de Vallseca. This is one of the most important pieces in the collection of Barcelona Maritime Museum.

Page 40
At the end of the Early Middle Ages, certain simplistic ideas as to the nature of the world were still accepted. In this illustration from 10th-century England, an ocean is shown that literally surrounds the earth. (British Library, London)

Page 41
The long tradition of T-O maps has provided us with examples such as the one in the picture, attributed to Honoré d'Autun (12th century), Gautier de Metz (13th century) and Pierre d'Ailly (15th century), respectively. The images show the evolution that cartography was undergoing and the great importance that such maps were given during the course of time. (Royal Geographical Society, London)

Page 43
In the mid-15th century, representations of the world still existed in which the city of Jerusalem occupies the geographical centre, such as in this *mapamundi* by Andrea Walsperger. (Vatican Library, Rome)

Pages 44-45
One of the most important cartographic contributions of the Middle Ages is the *mapamundi* that the geographer al-Idrisi produced for the King of Sicily in the 12th century (1192), and which became a point of reference for countless later studies. (Bodleian Library, Oxford)

Page 47
"An important factor in the development of cartography was what became known as the "Catalan Atlases" from the workshop of Cresques Abraham. Dated around 1375, they give a precise image of the real geographical knowledge available to Western Europe in the late 14th century." (National Library of France, Paris)

Pages 48-49
The great travellers of the Middle Ages, from Egeria to Pero Tafur, who embarked upon their journeys for religious reasons or for trade or diplomatic purposes, opened up the first routes that marked the progress in a practical knowledge of the globe.

Page 50
Bronze solar quadrant made by Ahmad be Abd el Rahman al-Duhmani in the 15th century. (National Archeological Museum, Madrid)

Page 51
Representation of an armillary sphere contained in the Alfonsine codex *Books of Astronomical knowledge*. (Complutense University of Madrid)

Page 53
The book of the Açafeha by Azarquiel (a renowned Cordoban astronomer who worked in Toledo from 1061 to 1084) was translated by Abraham of Toledo (also known as «Abraham the Doctor») in 1256. The Açafeha - a kind of «universal astrolabe» which could be adapted to any location - resolved the problem of the use of astrolabes being limited to the latitude for which they had been designed. The Açafeha had as many sheets as necessary for the different latitudes. (Monastery of El Escorial.)

BOX

Page 34
The longest coast measures approximately 17 days, and it is the one that faces the Atlantic Ocean. Nobody knows what there is in this sea, nor can one find out, owing to the difficulties of navigation, such as profound darkness, the height of the waves, the frequency of storms, the countless monsters that inhabit the waters and the violence of its winds. However, there are in this ocean a large number of inhabited islands and others that are uninhabited; but no sailor dares to penetrate this sea, and ships prefer to sail along the coast, and not to lose sight of the continent.

Description of Spain by Abu-Abd-Alla-Mohamed-Al-Idrisi (12th century)

THE REAL WORLD AND IMAGINARY WORLDS: JOHN MANDEVILLE

Miguel Ángel Ladero Quesada

The discovery of the Orient

From the 12th century onwards, the crusades and trade in the Mediterranean enabled Europeans to find out more about the Near East, in spite of the cultural and religious misunderstandings that separated them from the Greeks and, especially, from the Muslims. The *Liber de existencia riveriarum et forma maris nostri Mediterranei*, written in Pisa in around 1200 shows, as do other accounts, the maturity that this knowledge had achieved. But travellers did not venture beyond this area, and ignorance about Asia and Africa was total. Even so, many fabulous descriptions were still circulating – almost all of which had been written by authors from late antiquity – on the wonders that existed there and the monstrous people that inhabited those remote lands. In addition to this, in 1165, came the news of the existence – in some part of the Indies – of the supposed kingdom of Prester John, which was populated by Christian descendants of those who had been evangelised by St. Thomas. It was said to be a kingdom of extraordinary magnificence, wealth, order and peace, and could possibly become an effective ally in the fight against Islam and the consolidation of European control over the Holy Lands.

The legend of Prester John and many other older myths survived until well into the 16th century, and illustrated the mental images that accompanied the first Europeans who travelled to distant lands from the mid-13th century onwards. The event that opened up the gates of Asia to Western curiosity was the devastating Mongol conquest and expansion carried out under the leadership of Genghis Khan and his immediate successors, as well as the establishing of conditions of sufficient safety for travelling from the east coast of the Mediterranean to China, a route that was open for more than a century, until the dominion of the various Mongol tribes came to an end.

Europeans observed the Mongol expansion with a mixture of fear – given the savagery of the conquerors – and of hope, as they came to think that the Mongols might become allies and convert to the Christian faith. The first incursions by Westerners were for missionary purposes, such as those of Juan de Pian Carpino (1246) and Guillermo de Rubruck

(1253), who left written accounts of their routes to Caracorum and their impressions. Beginning with the final third of the 13th century, missions were exchanged, Franciscans and Dominican missions were organised and, at the same time, there was greater activity among Western merchants. As a consequence, written records were produced of routes, travel memoirs, descriptions of the Islamic Near East and, further beyond, of the peoples and lands of East Africa, India and the Far East, Central Asia and China. Later on, in the 14th century, these accounts were compiled in the form of a series of maps and treatises entitled *Pratica della Mercatura*. Thanks to these testimonies, we know today the importance that that early period of geographical discoveries had for European history, and which routes (some of which were tortuous) merchants used most, thereby enriching and changing the image the West had of the world in the final two centuries of the Middle Ages.

Among the missionaries, one of the most important works was produced by Juan de Montecorvino, who became the first Catholic Bishop of Peking in 1307, after having travelled through Armenia, Persia and the Indian Ocean routes. Other important works by missionaries included *Histoire merveilleuse du Grand Khan* by Ricoldo de Montecroce, *Memorias* by Guillermo Adam (on Iran and India), the *Livre de l'estat du Grant Caan* by Juan de Cori and *Mirabilia descripta*, on India, by Jordan Catalá de Severac, all of which date from around 1330. There were also Odoric of Pordenone's marvellous account by of his journey to China and Tibet and, in the 14th century, the memoirs of Juan de Marignoli (also Bishop of Peking), who returned to Europe by sea, stopping off in India and the Near East. Meanwhile, other missionaries had ventured to travel the maritime routes along the East African coast, such as Guillermo Adam (*De modo sarracenos extirpendi*, 1318) and Esteban Raymond (*Directorium ad passagium faciendum*, 1332). Contrast with this minor avalanche of documents and accounts the silence of Oriental authors, except for one who, furthermore, wrote in Avignon: the Armenian prince Hayton (*Fleur des Estories d'Orient*, 1307).

The missionaries, like the merchants, in India and Southeast Asia used routes that had been known to, and used by Muslims for centuries, just like the land routes to Central Asia, though the latter

continued on to China, and were safer and more passable thanks to the Mongols. Marco Polo used all these routes on his extraordinary journey, which included a lengthy stay at the court and empire of the Great Khan between 1271 and 1295. He later set down his memories in what is commonly known as the *Book of Marvels*, or *The Million*, even though its correct title is *Livre dou divisament du monde*.

John Mandeville: the man and the work

Marco Polo was a very popular author in the 14th and 15th centuries; however, though a few of his readers viewed some of his claims as fantastic and exaggerated, in contrast, they accepted as true the contents of another work that enjoyed greater fame and diffusion, but which was written by someone who never travelled through the lands he describes, and who concealed his identity behind a pseudonym. I refer to the tale of the supposed travels of Sir John Mandeville, which are the main subject of this chapter.

Written in the French-Norman dialect, from the north of France, in around 1357, the book was very soon translated into English and Latin and, immediately afterwards, into other languages, as a result of which it achieved an extraordinarily wide readership and popularity. This is perfectly demonstrated by the fact that over 250 manuscripts have survived to the present day; of these, 57 are in French, 49 in Latin, 36 in English, 58 in German, 15 in Flemish, 13 in Italian, eight in Czech, four in Danish, three in Irish and two in Spanish.[1] A total of 90 editions were printed between 1480 and 1600, seven of these in the Spanish towns of Valencia and Alcalá de Henares. Since the English edition of 1568, the work has generally been known as *The Travels of Sir John Mandeville*, but the book is not a typical tale of travels or pilgrimage, even though it contains certain characteristics of the genre; instead, it is "a systematic treatise of the countries of the world", a kind of description or *Imago Mundi*, in short, a "first book of geography in an age in which this term had virtually disappeared" (Deluz).

At the start of the book, the author introduces himself as John Mandeville, an English gentleman

born in St. Albans, who left his land in September 1322 and travelled through different countries for many years until, old and suffering from gout (*goutes artetikes*), he settled in Liège where, in 1357, he transcribed his memories and experiences of his travels. A critical examination of the work and of other testimonies of the age in Liège and England has enabled us to establish that "Sir John Mandeville never existed, and his name is only that of a fictitious personage behind which the real author of the story concealed his identity", using a "fictitious narrator", a literary device that already existed in the European literature of the age.

The work is based on writings by real travellers and on other treatises from which the author took references and information, to combine them in his tale with great literary and descriptive art. It should not be forgotten that for centuries the book was considered a classic of early English literature. Furthermore, it cannot be ruled out that the author did in fact travel to Constantinople, Egypt and the Holy Land, though not, of course, to Persia, India, China or the Far East, destinations for which the writer relies on the information and imagination of other writers, all of which have since been identified by modern-day historians.

Mandeville was a highly educated man, and through his tale he reveals features of his personality and opinions, while following the thread of the main objective, which is to provide "solace, diversion, enjoyment and pleasure to whoever hears this, as everyone likes to hear of new things and the latest news". He shows himself to be a good Christian but is critical of some aspects of the behaviour of the clergy and laymen, as well as of the arrogance of the Catholic curia and the requirement that the sacrament of penitence may only be taken in the form of confession, even though he attributes such observations to Greek or Muslim commentators. He respectfully describes the customs in other Oriental Christian churches, as well as those of Islam and even pagan and idolatrous religions because, even though they are in error (he says, in the Aragonese version of the text), "man should never speak disrespectfully of any earthly people and their diverse laws, nor judge them harshly because we do not know which God they love, nor which Gods they hate. Because He does not dislike any creature that He has made".

This opinion was a common one in the missionary treatises of the age, and Mandeville expresses it (as he did so many other opinions from different authors) by considering that, in short, "what is natural is not bad", even though its customs might be so – as he claims when describing "vile customs" such as the promiscuity and nakedness of the inhabitants of the remote Indian island of Lamary. But in short, the plain truth lies in Latin Christianity, and Mandeville culminates his fantasising by declaring that, once the book was finished, it was revised by the Pontiff himself: "[...] the Sacred Father deemed it suitable that my book be examined and corrected in accordance with the opinions of his wise private counsel [...] after which, my book was taken for the truth".

Even though we cannot agree on that decision today, it is true that the author creates a tale filled with "interest and sparkle [...] He is a narrator who succeeds in capturing and maintaining the attention with a style that is tight and concise, with short, pictorial sentences. He knows how to mix the fantastic with specific, everyday details, thus providing it with verisimilitude... [He tells of] all kinds of extraordinary things, more or less real which, brought as news by mediaeval travellers and embellished with imagination, formed part of the belief tradition of the Late Middle Ages [...] This explains the book's popularity, while many of the sources that he drew upon were hardly read when they were first published, and today nobody reads them" (Liria). "Mandeville's book", Deluz adds, "is a kind of hymn to the beauty of the world, to encourage people to take up the invitation to travel it."

Imago Mundi: the real and the wonderful in Mandeville's journey

The text is divided into two parts of similar length. The first is a travel guide to the Holy Land, with a detailed description of the different routes and information about the land and the peoples that have traversed it, together with an account of Mohammed, and the faith and religious practices of Muslims. After describing the different regions within the Holy Land, the second part of the book is dedicated to places further afield: "[...] I have travelled through Turkey, Armenia Minor and Major, Tartary, Persia, Syria, Arabia, Upper and Lower Egypt, Libya, Chaldea and much of Ethiopia, Amazonia, India Major and Minor and through many other islands surrounding India, which are inhabited by very diverse peoples with different customs, religions and human forms [...] through Cathay and the empire of the Great Khan and through the kingdom of Prester John, until I reached the limits of what is accessible to man".

The tale takes the reader through the known and the unknown, by means of a progressive "discovery" of the world. The book is filled with anecdotes, legends and dates that are more or less historical but taken for true at that time. Meanwhile, the wondrous and the monstrous become more frequent and more exaggerated the further away he travels, in the lands of the Orient and especially the islands of the Indian Ocean. There, he reports, one can find fabulous beasts, monstrous humans and strange natural phenomena. However, almost all of the curious creatures and peoples he describes formed part of the collective imagination that had been inherited from antiquity, and the engravings that were included in editions printed by Mandeville helped to spread their renown: headless *blemmyas* with eyes and a mouth on their chests, *astomori* with a small hole instead of a mouth, *sciapods* which had one single enormous foot, *panotios* with their huge ears, Cyclops, men with duplicated organs, pigmies, bestial troglodytes and cannibals and many others. He also describes dragons, griffins, *cynocephaluses*, giant snails, ants the size of dogs, trees that produce flour, honey, wine and poison, other trees that produce fruit from which tiny animals are born, springs of perfumed waters, the fountain of youth in India, rivers of precious stones, mountains of gold and dangerous, infernal valleys.

In addition to the marvels of nature, the book also lists various curious social systems and customs: the false paradise of the Old man of the Mountain, the legendary sect of assassins (which really existed), the land of the Amazons (or "women without the company of men"), the great wealth of the kingdom of Java, whose palace has staircases with gold and silver steps, and the court of the Great Khan, with his sumptuous throne room, or that of Prester John, who sleeps on a bed of sapphire edged with gold. "But the narrator also enters lands where the people wear animal skins, they eat no bread but only raw meat, they do not know how to build houses [...] places where all moral laws are absent and the people practice nudism and the communal use of goods (including the women), euthanasia, the incineration of cadavers (and, sometimes, of the widows), the quartering of bodies, the use of skulls as drinking vessels, ritual mutilations and the sacrifice of children to idols" (Deluz). The book also describes all manner of the magical powers and strange beliefs: in the courts of the Great Khan there are "philosophers" capable of changing day to night, according to their wish; in India they believe in the reincarnation of souls in animals which, as a result, are the object of respect and care from the monks.

There are, however, limits which the traveller cannot cross: Mandeville spies from afar the wall that surrounds the earthly paradise, located in the upper part of Asia. He refuses to enter the land of the Trees of the Sun and the Moon, which Alexander the Great managed to enter. He only mentions in passing the Caucasus and Caspian mountains, where the Jews

of the tribes of Gog and Magog have lived since they were put there by Alexander the Great.

The author is almost never apologetic or scornful; on the contrary, he maintains a descriptive tone, and generally avoids making judgments. He possesses what is almost "a cartographer's precision for situating on the globe each of the three continents and the countries in them, some in relation with others, using limits and cardinal points". In each case, he gives descriptions as to the relief, water systems, seas and coasts, climate, vegetation, crops and fauna. He also refers to the political organisation of each land, the cities and their populations, their monuments, the peculiarities of their production systems and their goods. His description of the laws of each country, both secular and religious, leads on to extensive information about armies and the systems of power, especially in the case of the Mameluke sultans of Egypt, the Great Khan of Cathay and Prester John. He also gives detailed information about beliefs and religious practices.

History is also included in the work, tied in with a geographical description, to augment it or to give it temporal depth: "[...] history of the people of Israel and the crusades when speaking of the Holy Land [...] history marked by bloody coups by the Mameluke sultans in Egypt [...] history of the conquests of the dynasty of Genghis Khan in Asia [...] occasional mentions of figures of antiquity such as Julius Caesar, Alexander the Great and Dido" (Deluz).

Furthermore, the book also offers premonitions of Christ's redemption of humankind, as prophesied by Hermes, by the Indian Brahmins with their pure, simple lives, witnessed by the traces of "natural" truth that exist in many beliefs, by the religious tolerance of the Mongols and their respect for the missionaries and in the kingdom of Prester John, now fully acknowledged as a singular and exotic Christian society which is very different from that of Europe. Mandeville's book contains an underlying religious theory: the world is all one, and is on the way to an acknowledgement of the Redemption – which has already occurred, even though many peoples are still unaware of it, and their religious practices seem alien and opposed to the Christian law, but in spite of this, no one is so mistaken, false or monstrous that they do not contain some reflection or shadow of the truth: "Know you that of all of these countries of which I have spoken, and of all the islands and diverse peoples within them that I have described, and the diverse laws and beliefs that they have, there is none of them, as long as he possess reason and understanding, who does not have some articles of our faith and some good points from our belief, and who does not believe that God made the world". And thus, he

claims, in such a diverse world, which is inhabited by such different peoples, with such heterogeneous customs, there is only one symbolic centre: Jerusalem, "the heart and centre of all the lands of the world", given that it was the place chosen to enact and proclaim the Redemption. On this point, as on many others, Mandeville brings to the written text the image of the *mappae mundi* that had been traditional since the Early Middle Ages, in which the East lies at the top of the map, as an announcement of the Light that shines from above; earthly paradise is located on that same cardinal point and the *Casa Santa* (Jerusalem) is in the centre of the composition, while God, the Creator and Redeemer, gives succour and provides meaning from heaven, above the Orient, to everything that He has created.

Mandeville gives an excellent description of the imaginary geography that existed in the minds of Europeans in the late Middle Ages, and particularly with respect to the Indian Ocean. Naturally, he was not the only author to do so, given that his tales are based on the accounts of real travellers. It is the same image that we find in the cartography of the age – for example, in what became called the "Catalan Atlas" (1375), it says: "[...] In the sea of the Indies there are 7,548 islands, of which we cannot list here all the marvellous riches they contain: gold and silver, spices and precious stones". Meanwhile, Martin Behaim's 1492 globe situated many islands around East Asia, including Cipango, or Japan, as mentioned by Marco Polo. The interpretation of this "dream horizon" was very well achieved by Le Goff over 30 years ago when he listed the "mediaeval West's Indian dreams"; these included the dreams of wealth, fantastic exuberance (associated with riches) and the dream of a multitude of monstrous beings. It was an imaginary vision, and at the same time, a vision of a different world that was strange both in its delights and its taboos, subject to fewer constrictions; it was a world that was open to the unknown, to the infinite, to "cosmic fear" and, at the same time, a road to an unattainable earthly paradise (for some), or to exotic societies that conserved traces of the primitive Golden Age, for others.

There was also an imaginary geography of the Atlantic Ocean, which Mandeville did not describe. It was less abundant than that of the Indian Ocean, though it was also useful for exciting the curiosity of Europeans. There were the mythical Islands of Fortune, as described by classical authors; after the discovery of the Canary Isles in around 1336, they were located further westward. There were also the blessed islands of Hibernia, to the west of Ireland, where men lived forever, the nearby island of Brazil, and the island of Antilla, somewhere in the ocean.

There was the island of Avalon, where King Arthur went to die, and the island of the Seven Cities, the refuge of the Spanish when they fled the Islamic invasion in the 8th century.

The Atlantic was also the setting for the incredible story of the monk St. Brendan, a real historical figure from the 6th century who sailed from island to island, all of which were inhabited by or home to different wonders and marvels: the *Navigatio Sancti Brandani*, written in the 11th century, is in fact a tale of initiation that shows how the monk and his companions succeeded in contemplating the Beatitudes after a seven-year voyage filled with wonders, danger and unexpected events, all of which were providentially overcome and loaded with religious symbolism. But at the same time, the legend of St. Brendan was the model for other journeys of initiation, such as the one made by Antonio de la Sale to the subterranean paradise of Queen Sybil (written in around 1420); this work, particularly, encouraged readers to imagine an unknown Atlantic: travellers were still seeking the supposed island of St. Borondon between the 16th and 18th century, by sailing west from the Canaries, where they sometimes caught a glimpse of its blurry outline.

NEW GEOGRAPHICAL IDEAS BETWEEN FICTION AND REALITY: FROM MANDEVILLE TO COLUMBUS

Mandeville's book, while it contained so many traditional conceptions, news of ancient origins and fantastic elements, also provided and spread an image of a world that was innovative in certain aspects. The book helped to popularise the notion that the earth was spherical, an idea that was already common in university environments since around 1220, when the Englishman John Holywood (or *Sacrobosco*) wrote his treatise *De Sphaera Mundi*, indirectly taking his inspiration from Eratosthenes through commentaries from the Muslim geographer al-Farghani (9th century). Mandeville also goes so far as to calculate the circumference of the earth as being 20,425 miles, a distance that is very similar to the one estimated by Ptolemy (20,052 miles), instead of the 31,500 miles we know the distance to be today. Did Mandeville know of Ptolemy's *Geography* – which was not translated from the Latin until 1410 – or did he at least have some knowledge of its contents? Whatever it was, that error of measurement would have unexpected practical consequences.

Mandeville supported his theory that the world was round with both hypotheses and empirical observation: in accordance with the theory of the "bal-

ance of weights" put forward by Jean Burilan at the University of Paris, he claims that the equatorial "torrid zone" and the Southern Hemisphere must have had inhabited lands and located in its firmament – in the form of a polar star for the Southern Hemisphere – an "Antarctic star" that only became defined as the constellation of the Southern Cross in 1679. He calculated that the distance between England and Jerusalem was similar to the distance between the city and the Indian kingdom of Prester John. While India was "below", near the torrid zone, almost in the Far East, England was situated "above", near the cold zone and the far west.

In short, "From all of this one can deduce that the world is round, as the part of the firmament that appears in some countries is not the same as the one that appears in others [...] as a result of which I assure you that a man can circumnavigate the entire world, both above and below, and return home to his country, if he had a ship, a crew and a guide. He would always find peoples, lands and islands... [but] even though it is possible to circumnavigate the entire globe, only one in a thousand, however, would be capable of returning to their point of departure since, owing to the immensity of the earth and the sea, thousands and thousands of routes can be taken. But nobody would know how to find the return route to their point of departure if it were not by chance or thanks to the grace of God, because the earth is very large, its circumference measuring 20,425 miles, according to the opinion of the wise astronomers of the past, whom I will not contradict but today it seems – and I say this with all due respect – that the circumference is greater" (Chapter 21).

One of the many people who read Mandeville's work was Christopher Columbus, who believed his claims, as well as those of Marco Polo and Ptolemy. Among other professions, Columbus had worked in Andalusia as a "merchant of picture books" or printed volumes, we are told by the Castilian chronicler Andrés Bernáldez, who adds: "[...] and he knew which route to take to find a land with much gold, and he knew that this world and the firmament of earth and water can be crossed on foot and by water, as *Juan de Mandevilla* informs us: anyone with such vessels and whom God desired to safeguard by sea and by land could certainly go and cross over to the west, from the right of the Cape of St. Vincent, and return by Jerusalem and Rome and finally to Seville, which would mean travelling all around the earth and the water of the world. And he skilfully made a mapamundi of this, and he studied it avidly".[2] When writing about his father's life, Hernando Columbus gave the same testimony: "As to the causes that moved the Admiral to discover the Indies, I

believe there were three: the natural fundamentals, the authority of authors and the evidence of the sailors [...] in their journeys, Marco Polo, the Venetian, and *Juan de Mandevilla* say that they travelled much deeper into the Orient than Ptolemy and Marinus recorded, and even though they do not happen to speak of the Western sea, it can be proved, by what they describe of the Orient, that India is a neighbour of Africa and Spain".[3]

And so, that fictitious *Imago Mundi*, composed in the mid-14th century using snippets from other works, filled with routes and paths that were open "to the audacity of the discoverers who dared to launch themselves along them", helped to encourage Columbus to go on his mythical voyage, which produced real consequences, and thus Columbus achieved what had been dreamed of by Mandeville, who claimed that western man felt the urge to travel much more than the Orientals, because they inhabited a zone or "climate" of the Earth that was "influenced by the moon, which gives us occasion and desire to move rapidly and to tread diverse routes and discover the strange things and diverse things of the world".

NOTES

1. In around 1380, Prince Juan of Aragon, later King Juan I, had the French version of Mandeville's book in his library as well as those of Marco Polo and Odoric of Pordenone.
2. Andrés Bernáldez, *Memorias del reinado de los Reyes Católicos*, Madrid, 1962, chapter 118, edited by M. Gómez Moreno and J. de M. Carriazo.
3. Hernando Colón, *Historia del Almirante de las Indias Cristóbal Colón*, Mexico, 1958, pp. 32-35.

PHOTO CAPTIONS

Page 54
"Man particularly believes that which he wishes to be true" (Francis Bacon, *Novum Organum*). Illustration of a fishing boat with a whale (12th century). In mediaeval iconography, this animal is sometimes an allegory of the devil. (Russian National Library. St. Petersburg)

Page 56
The great expansion by the Mongols under the leadership of Genghis Khan and his successors in the 13th century had an enormous impact in mediaeval Europe.

Page 57
"Prester John of India and Ethiopia, for which for being so far away from us I have not been able to have news of him, thus I will write of the other predecessors of his, of religion and power and of the wonderful things and diversities of the peoples" (From *Recogimiento de Nobleza*, by Castilla, King of Arms of the Catholic Monarchs and King Carlos V, 16th century). In the picture, the African domain

of Prester John in a map by Vesconte de Maggiolo, 16th century (National Library of Maps and Plans, Paris)

Page 58
An image from the work *De Universo* (9th century), by the Hebrew scholar Rabanus Maurus, who made a pilgrimage to Palestine before his ordination in 814, and who was one of John Mandeville's sources. (Montecassino Abbey Archives.)

Page 59
In his book *The Travels of John Mandeville* (1540), the author presents himself as an English gentleman who was born in St. Albans but who later settled in Lièje, where he wrote the memoirs and experiences of his travels in 1357. Some authors believe that he never existed and that his name is only that of a fictional character, perhaps Jean d'Outremouse. (V. Balaguer Library-Museum, Valencia)

Page 61
An illustration of the famous Psalter by Geoffrey Luttrell, made in around 1325, which shows a worker and a Siren who is holding a mirror and a comb. (British Library, London)

Page 62
Ethiopia formed part of Prester John's kingdom. A 17th-century illustration from a map of that part of Africa (O'Shea Gallery, London)

Page 63
"Know you that of all of these countries of which I have spoken, and of all the islands and diverse peoples within them that I have described, and the diverse laws and beliefs that they have, there is none of them, as long as he possess reason and understanding, who does not have some articles of our faith and some good points from our belief, and who does not believe that God made the world", a fragment and illustration of a text by John Mandeville. (British Library, London)

Page 64
John Mandeville had read everything about Alexander the Great, including *The True History of Good King Alexander*, written in the 13th century. The illustration shows an exploration of the bottom of the sea. (British Library, London)

Page 65
John Mandeville's work was very popular throughout Europe, more popular even than Marco Polo's book, some authors claim. An image of the author paying his fare to board the ship to the Holy Land. *The Travels of John Mandeville*, by Sir John Mandeville, 15th century. (British Library, London)

Page 66
Of the many people who read Mandeville, one was Christopher Columbus, who confided in his claims, as

well as those of Ptolemy and Marco Polo, when planning his voyage. In the picture, the front cover of *The Travels of John Mandeville* in a manuscript from the 16ᵗʰ century. (National Library, Madrid.)

Page 67

On his voyage, the prophet Jonah was swallowed by an enormous fish, a kind of aquatic dragon with clear symbolic connotations. An illustration from the *Biblia en imágenes de Sancho el Fuerte, rey de Navarra*, 7ᵗʰ century. (Municipal Library, Amiens.)

Page 68 (above)

In the mediaeval world they believed that the Persians and the Indians built towers on top of elephants to use them as war machines. An illustration from *The legend of St. Francis*, 16ᵗʰ century. (British Library, London)

Page 68 (below)

"What is disposed to happen, if it is desired that it should happen, will happen" (Aristotle, *Rhetoric*). An illustration from the work *Avarium* by Hugh de Folieto, 14ᵗʰ century.

Page 69

"... now is the time, if you please, to speak to you of the earth, of the lands, the islands, of the diverse peoples and the diverse beasts that lie beyond the 'border'", a fragment from *The Travels of John Mandeville*. The illustration comes from *Book of the Property of Things*, by Barthelemu l'Anglais, 15th century. (Municipal Library, Amiens)

Page 70

The philosopher Macrobius exerted considerable influence during the Middle Ages through the popularisation and publication of one part of the Greek philosophical tradition. An illustration from *Commentary on Scipio's Dream* (11ᵗʰ century) which shows the world divided into three zones: cold, warm and torrid. (Municipal library, Troyes)

Page 71

John Mandeville respectfully described the customs of other Oriental Christian churches, as well as those of Islam and even the pagans and the idolatrous. The image, showing pilgrims, is from *The Travels of John Mandeville*, 15ᵗʰ century. (British Library, London)

Page 73

According to Pomponius Mela, "The world is a great animal", that is to say, it possesses a soul, the *alma mundi*. Illustration from a *mapamundi* (1417) taken from a manuscript of one of his works, *De situ Orbis*. (Municipal Library, Rheims)

Page 74

An illustration of Noah's ark from a 16ᵗʰ-century Book of Hours. (Municipal Library, Amiens)

Page 75

Christ the Pantocrator surrounded by saints and the signs of the zodiac in the central dome of the church of St. Michael the Archangel in Lesnovo, Macedonia (14ᵗʰ century).

BOXES

Page 55

How runs the mind of he who has walked many lands, when a memory suddenly leaps from his heart.

The Iliad

Page 60

ORIGINS OF THE DATA USED BY MANDEVILLE

1. Encyclopaedias
- Petrus Comestor, *Historia Scholastica Evangelica*
- Vincent de Beauvais, *Speculum Naturale Speculum Historiale*, circa 1250 (includes selections from Herodotus, Pliny, Solinus, Isidor of Seville, Justinus, Valerius, Quintus Curtius, Seneca/History of Alexander)
- Brunetto Latini, *Li Lives dou Tresor*
- Jacobus de Vorágine, *Legenda aurea*

2. Classical and early mediaeval authors
- Josephus Flavius, *Bellum Judaicorum*

- Rabanus Maurus, *De Inventione Linguarum*

3. Works of fiction
- Poems on the Carolingian and Arthurian ages
- *Roman d'Alexandre* (Alexander, the conqueror who reached the ends of the earth)
- *Litera Presbyteri Johannis* (letter from Prester John)

4. Tales of pilgrimage and travel. Description of countries.
- Albert d'Aix, *Historia Hierosolimitanae Expeditionis*, history of the first crusade (1095-1120) circa 1125
- Jacques de Vitry, *Historia orientalis sive hierosolymitana*, before 1240
- Juan Piano Carpini *Iinerarius*, mid-13ᵗʰ century. (History of the Mongols, 1247)
- Guillermo Rubruquis, *Itinerarium*, second half of the 13ᵗʰ century (1255)
- Marco Polo, *Divisament dou monde*, late 13ᵗʰ century
- Guillermo de Trípoli, *Tractatus de statu sarracenorum*, circa 1270
- Hayton, Prince of Armenia, *Fleurs des Histoirs d'Orient, o Flor des Estoires de la terre d'Orient*, before 1308 (1307)
- Odoric of Pordenone, *Itinerarium*, 1330 (Tripoli, Hayton and Pordenone, through the French translation by Jean le Long, 1351)
- Guillermo de Boldensele, *Itinerarius* or *Liber de quibusdam ultramarinis partibus* (journey to the Holy Land by the renegade Dominican), 1336.

Page 72

And my body lies still, may it not become restless.
Sometimes I see myself in the land of Hungary
And then I travel to Alexandria
And so I go on to India and to Tartary,
And as I walk, the dawn rises.

Baena Anthology of Verse (15ᵗʰ century)

THE ATTRACTION FOR THE ORIENT

Joaquín Mª Córdoba

Since ancient times, since we first became aware that we lived in the "Near West" of our nearby East, Western Europe has always felt a constant fascination for the Orient. Perhaps it was only because, as someone once wrote, that the Orient has been and will always be "one of the most immediate and direct 'others'" for western peoples. And so, in spite of such a conscious sensation of proximity and ever-present differences, the attraction has been permanent, even though for long periods of history, such as the mediaeval age, terrible battles at sea and on land have taken place between us on the fields of Europe and Asia, on the waters of the Roman *Mare Nostrum* – that millennial, wise "superior sea" of the remote Mesopotamian empires, of which one part at least, the Arsacids and Sassanids of the contemporary East of Rome and Byzantium always aspired to absorb into their territories.

However, even at that time, the Roman Orient of Ephesus, Antioch and Petra, or the more distant Partho-Sassanid of Artabanus and Sapurus always reached the West enveloped in silks and perfumes, with news of powerful armies and magnificent empires, as described by Flavius Arrianus and Ammianus Marcelinus. Later, in around 636, the Islamic avalanche destroyed the Byzantine provinces and the lands of the King of Kings of the Sassanids, the Mediterranean stopped being a *Mare Nostrum* and the Christian monarchs of Europe became squeezed between a credo and a culture that threw up a secular wall between the East and the West. Later on, after centuries of mutual fears, invasions and alliances, or occasional contacts in bazaars and markets, the anonymous prologue writer of the Oriental memoirs of a traveller who had set out from the kingdom of Spain in 1165 or 1166, wrote that on his return, the pilgrim Benjamin de Tudela spoke of things that "have never been heard of in Spanish lands". Today we know that his writings signalled the beginning of travel literature, as well as the rebirth – with the mediaeval age – of the old and never-forgotten Western fascination for the Orient.

On the origins, oblivion and mediaeval recovery of the West's lost attraction for the Orient

It was the Greeks who were, by far, the first to express at that time (through Herodotus and Xenophon) an awareness of their being near to, and different from the peoples of the Orient. These authors wrote of their admiration for many aspects of the Achaemenid world, whether it be the customs of the Persians (in book one of Halicarnassus' *History* – 5th century B.C.), or whether they were proposing them as an education model for princes (in the *Ciropedia* by the Philo-Spartan Xenophon). The presumption that certain Greeks manifested of being freer and superior (especially after the advent of the Athenian Empire) did not conceal the fact that the court of the Great King, which was generally open to the most diverse counsel and influences, was always the last refuge of Greeks unable to solve their arguments. And many took great pleasure in serving in the king's administration and his army – people such as Ctesias of Cnidus, Temistocles and so many others. The reiterated cliché of "the barbarian" in Greek literature might lead us into error, if we take it as their only, habitual point of view. And after a victory, Alexander himself wanted the Great Persians to feel that he was one of theirs, that he could be considered a reasonable heir of Cyrus, a point suggested in sentiments that a reading of Arrianus will corroborate. His death and the splintering of Greece brought, however, the slow definition of two areas: the Greco-Roman and Byzantine (the West) on one hand, and the Partho-Sassanid (the East) on the other. But the division was never as radical as it could initially have been supposed, since curiosity prevailed between both, a fact that is borne out by the traitor Isidor of Carax (who in the age of Augustus crossed the Parthian empire as far as distant Afghanistan), Arrianus' *History of the Parthians*, Ammianus Marcelinus' *History* and the refuge that Sassanid Iran offered to the Aristotelian philosophers from the schools destroyed by Christianity in the 5th and 6th centuries A.D. For a long time, and with the mediation of the Arabs in Arabia and the Red Sea and the Parthians and Sassanids in Iran, the Mediterranean received cinnamon and pepper, laurels, sandalwood, incense, cotton muslin and Chinese and Persian silks. These products were riches whose origins the Oriental merchants took great care to conceal, and Roman- Byzantine texts included them onto the list of wonders that the King of Kings seemed to possess in the Orient behind his "countless army [...] dazzling by the shine of their garments", as the surprised Ammianus Marcelinus wrote after a dramatic dawn.

But very shortly afterwards, the Orient and the West finally split into two irreconcilable worlds. In 636, the Muslim Arabs crushed the Byzantine troops at Yarmak and the Sassanids at Qadisiyah. Syria, Iran, Africa and even Spain were soon incorporated into the caliphate of Damascus, because a new, conquering faith that impregnated the customs of the victorious Arabs made it impossible for them to be assimilated (unlike the Germans, as H. Pirenne pointed out a long time ago). Their difficult spoken and written language – which was indispensable and dominant through the religion that they spread and the Empire that they imposed – represented another major brick in the wall between the East and the West. The Byzantine navy was only partly limited by the Mediterranean, and the Christian remains of the Iberian Peninsula and even the Carolingian Empire had become limited to the continent, since the sea and the coasts were controlled by the Saracens, who in the year 720 besieged Marseilles and many other towns. The cultural and mercantile unity of the Mediterranean was broken, and the Orient became lost amid the mists of Biblical tales and the legends of Alexander – the man who had been on the point of uniting the two worlds.

Between the 8th and the 11th century, contact between the East and the West were only carried out by pilgrims of different religions and a few traders, almost all of them Jewish at first, though soon Christians from various Italian cities began journeying east. These were later followed by warriors on crusades from different kingdoms and their ambassadors and missionaries who, in the remote depths of the huge, mysterious Orient, would end up seeking aid from a supposed great Christian king. Thanks to all of these, the European mediaeval world once more began to regain its natural attraction for the Orient, a fact that was expressed in a particular kind of literature that we call "journeys to the Orient". The riches of their kingdoms, magnified by the greed with which they were sought by Genoese and Venetians (the same greed, incidentally, that had led Arabs and Persians to cover up the real origins of their wares) was superimposed upon the evidence of powerful empires and greater cities than any that existed in the west. Accounts written by valiant travellers gradually began to reveal the seas, mountains, rivers and deserts of the Orient, and which made everything they had known in the West

seem tiny. The myths, ruins and legendary memories, which had hardly been referred to by religious texts or classical literature, were now revisited and described by Western travellers. And so, between the 7th and 15th century, the West's fascination for the Orient began to return thanks to writers such as Benjamin de Tudela, Friar Giovanni de Pian di Carpine, Friar Guillermo de Rubruck, Marco Polo, Odoric of Pordenone, Johann Schiltberger, Ruy González de Clavijo, Niccolo dei Conti and Pero Tafur, among others who are all well known today. Meanwhile, the Orient was brought to life in the oral tales of many others whose names have been lost during the course of the centuries. And as those travellers wrote about the immensity of the Near East and the many other Orients that could be found beyond the Levantine coast, about the staggering variety of their riches, the incomparable size of their great cities and the armies of their empires, or the surprising survival of past myths in the form of splendid ruins, we can today reconstruct western awareness of these wonders, and the causes of their irresistible attraction and marvellous amazement.

ADMIRATION FOR VAST SPACES, STRANGE ANIMALS AND FABULOUS PLANTS

Gradually, as the pilgrims began to travel further and traders succeeded in wearing down the distrust of their counterparts in the Levantine ports, the news began to appear that beyond the Umayyad and the Abasi caliphates, other Orients existed – regions that were much further away, with vast mountains and deserts and limitless oceans, all of which were crossed by three roads that disappeared into the unknown: the routes of the Red Sea and other more remote seas to the southeast, the Silk Route (of which the distant heart of Iraqi and Iran was only the beginning) to the east, and the endless steppes that stretched beyond the Christian limits of Kievan Rus' to the northeast. These landscapes, of a size that far surpassed the narrow confines of European lands, as well as surprising animals and wonderful plants all helped to feed the renewed attraction for the Orient. At first, the Jewish traders, who possessed a facility for the languages of both worlds, moved with relative freedom, trading in spices, fabrics and precious stones. Some of them might have even heard of the descriptions of distant lands written by Ibn Hurdadbih, Yaqubi, Ibn al-Faqih, al-Masudi, Captain Buzurg, Ibn Hawqal, al Muqaddasi and Yaqut al-Rumi, who were the first geographers to write of these lands. But soon the Christians arrived. Before that, in the 12th century, Rabbi Benjamin of Tudela – a pilgrim and

perhaps a merchant on his visit to the Orient between 1166 and 1173 – described with surprise the enormity of the Jordan and what he called the "sea of salt" in Palestine, the rivers that flowed down Mt. Hermon and the aqueducts and irrigation ditches that made Damascus and its surrounding lands an enormous orchard of flowers and fruit. He wrote of the intense heat of Egypt and the Nile's powerful tides. His amazement was echoed in the same century in the reports of a Muslim from Islamic Spain called Ibn Yubayr who, between 1183 and 1185, made a pilgrimage to Mecca and later recorded his travel memoirs in his *Rihla* – the first example of travel literature in Arabic, and which inspired the prolific Ibn Battuta, centuries later. The Valencian pilgrim experienced the terror of a great storm in the Mediterranean, and gazed out in amazement over the huge expanse of the cultivated area of Lower Egypt, made possible thanks to the regularly-overflowing Nile. He crossed the solitude of the desert between the Nile and the shores of the Red Sea, where he suffered another terrible storm. And later, after visiting the sacred places of Islam and travelling across the great deserts of Arabia ("flat territory; one's gaze is limited to nearby things, and cannot reach those in the distance"), he reached the Euphrates and then Baghdad. The only thing he mentions about the city is the course of the river Tigris and the beauty of the women, to the extent that he notes, with a jocular tone, that in Baghdad "one should, therefore, fear the disorder of amorous passion".

Western travellers and Muslims walked through an Orient which, though it amazed them with its landscapes and natural phenomena, must have also seemed partly familiar to them in its noises, voices and roads. Though for Christian pilgrims, traders and travellers, the memory of the experience must have been more powerful, as we see in the descriptions by Friar Guillermo de Rubruck, Marco Polo and Ruy González de Clavijo. The former set off on the steppes route in 1253, sent by Louis, King of France, in search of the Great Khan of the Mongols. After disembarking at Crimea and crossing mountains and a forested plain full of rivers and streams, he entered the great steppe of the Cumans, which represented a five-day march. At that time, the steppes were empty, following the destruction wreaked by the Mongols, and on the other side of the region lay the Volga, "which is the largest river that I have ever seen [...]" and which "flows into a lake with a circumference of more than four months' march [...]" and which, he recalled, Isidor had called the Caspian, even though – contrary to the opinion of the latter, Friar Guillermo confirmed that it was "surrounded by land on all sides". He had discov-

ered a real sea. After this, he went on to endure a long march through the great deserts to the north of the Aral Sea, during which time he was hungry, thirsty and cold. And later on, he reached the great mountains of Kara Jitai, after which he mentioned a "sea or type of lake" (the Balkach, perhaps?). But his march continued further, until, on St. Stephen's day, "we entered a plain as vast as a sea, in which there was no high land at all"; shortly afterwards he reached Karakorum. Apart from the (also Franciscan) Friar Giovanni di Pian de Carpine, no other Westerner had ever described before the remote corners of the immense Orient.

Years later, the readers of Marco Polo's *Livre des merveilles du Monde* (or *Il Milione*), which described the journeys of the Venetian through the empire of the great Kubla Khan between 1271 and 1295, discovered a desert that was a thousand times more amazing – the Taklamakan, which the caravans of the Silk Route had to cross with great fear and danger, so terrible that "whoever wants to pass through it [...] will require a week in this city to stock up for a month and provisions for himself and his animals. On this desert there is nothing to eat or drink, and it has great mountains of sand. And walking at night through this desert, one can hear drums and sounds that surprise the traveller and cause him to separate himself from his companions and become lost, and thus many die, deceived by malignant spirits [...]". It was the first, astonishing Western description of the landscape and legends of Taklamakan, which centuries later would also be endured by Aurel Stein, Sven Heddin and so many other explorers of the last corners of Central Asia.

In 1404, the ambassador of King Enrique III of Castille and his companions, on their way back from Tamburlaine's court in Samarkand, had to cross the high mountains of Anatolia in the middle of a harsh winter; they "walked along a steep path through very tall mountains, with many clouds, and a lot of rain", though their greatest astonishment was expressed later, in the city of Joy, when they met up with the ambassador of the Sultan of Cairo, who had a number of gifts for Tamburlaine, including "an animal that is called a *jornusa*" (that is, a giraffe), which he describes with great care and detail, as it was an animal previously unknown in Castille, and so strange that, "as it had never been seen before, it seems to him a marvellous thing to view". Years later, the nobleman traveller Pero Tafur, who journeyed through the Orient and Europe between 1436 and 1439, had the same experience in Egypt: he saw "an animal they call a *xarafia*" which surprised him as much as it had done Clavijo years before, though he pays greater attention to the elephants, which he

describes with a certain tenderness and affection, when he says that "these beasts seem to possess understanding, so many tricks do they play; sometimes they fill their trunks with water and squirt it over whoever they wish". And later, when marching along the shore of the Red Sea, he met up with the Venetian Niccolo dei Conti, who told him of the wonders of India and even more distant regions, which he would describe later in his own book. And thus during the course of the mediaeval age, the wonderful landscapes, fabulous animals and real world of the Orient would begin once again to feed the West's millennial attraction.

A FASCINATION FOR BAZAARS AND ROUTES OF WEALTH AND LUXURY

As Muslim expansion began to slow down and trade and pilgrimages gradually recovered, the riches of the Orient and the luxury of its products also encouraged the proliferation of fabulous myths that inspired curiosity and greed in equal measure. Normans, Byzantines, French, Genoese and Venetians all competed for advantages, monopolies and goods, which they purchased in the bazaars and markets of the Orient and later sold on in Christian lands. Travel books recorded the merchants' amazement at the colours of the bazaars and tales of the origin of the spices, silks, aromatic woods and perfumes. Because many people in France, Italy, Spain and Germany longed to possess these goods, and this explains the lavish way in which travellers described the markets, their products, and the riches and luxuries of Oriental peoples. Hence the marvelling astonishment with which many listened – quiet and attentive – when those tales were read out around the fireplace on winter nights. Because the Orient was also fascinating for its imagined markets and goods. Everyone was amazed – from Benjamin of Tudela to Ruy de González de Clavijo – by the abundant wealth of the markets of Constantinople which, as it was still Christian, was the destination for many Oriental traders, though it also had a certain flavour of the Orient. In 1166, Benjamin of Tudela reports that traders from Babel and the countries of Sinar, Persia, Egypt and Canaan, the kingdom of Russia, Hungary, Patzinakia, Khazaria, Lombardy and Spain all came "with goods from all maritime and continental countries", and that the traders were "very rich in gold and precious stones, they wore garments of silk, with gold embroidery on their vestments". So much so, that it seemed to him that "such wealth has never been seen in any other country". While it does not mention any of the bazaars and riches of

Damascus and Mosul, in the account of the journey he later says that people came to Baghdad from many countries with goods (though without specifying any further) but we can be certain that the disperse information contained in the manuscript includes Iran, Central Asia, Malabar and China, all countries that he never visited. He mentions, however, an island in the Straits of Ormuz (the same island that, years later, became the largest of Portugal's prisons), where merchants would weigh anchor from India and its islands, from the countries of Sinar, Persia and Yemen, and where they exchanged silk clothes, purple and linen, corn, barley and all kinds of food and legumes, and spices of all types. They also gathered pearls there, while in far-off Cawlam (possibly Quilon, on the Indian coast of Malabar), he reports that they found pepper, cane sugar and ginger. As is commonly known, Benjamin of Tudela's manuscript was only accessible to his Hebrew brothers by the 16th century, though his memories must have been more similar to those of any European trader of his century and even later.

Meanwhile, the exploits of Marco Polo would reach European ears from even further away. Ever since the late 13th century, copies of his book had been circulating through Europe in the form of manuscripts and different translations. The work contained news not only of China and the lands surrounding the Great Khan's empire, but also places more remote and picturesque, such as the kingdom of Ciaban (Champa in Indo China), "a land with many elephants and aloes in great quantity and huge piles of black ebony". He also describes the island of Java and the many spices that grew there: "there is there a great abundance of pepper, cinnamon and cloves and many other singular spices". Of Ceylon, he wrote: "the finest rubies in the world can be found there [...]" and "many precious stones, topaz, amethysts and others of different kinds [...]", and the kingdom of Malabar in India, which had "an abundance of pepper and ginger and *turbit*, which are medicinal roots". The Venetian's descriptions must have inflamed his compatriots' daring and greed, as they began to search – beyond the frontiers imposed by Muslim kingdoms and their trade – for a secure source for the riches that cost them so much in the bazaars of the Mediterranean Orient.

In Constantinople – which was still a wealthy city and the capital of a small empire (as well as having a good view of their nearby Turkish tyrants), the Castilian ambassador Ruy González de Clavijo walked the streets in November 1403, amazed at the wealth of the buildings. Of course, it is surprising that the aforementioned magnificence refers not only to the goods that still filled their markets, but also the

rich decoration of the ornate buildings. The Castilian was even more explicit when he later described the markets and products of remote Sultaniya, which was smaller than Tabriz, but much more active in trade, given that every year in June, July and August, "great camel caravans would arrive, bringing vast stocks of goods" from India Minor. These goods included many spices that could not be found in Syria or Alexandria, silk from Guilan and Xamain, pearls and precious stones from Ormuz and rubies from Cathay. And finally, when the ambassadors reached the mythical Samarkand, they had the opportunity to visit its bazaars and markets, and they saw that every day, many camels laden with melons would come up from the city's orchards, and that it was a land well supplied with bread, wine and meats, "and the rams are very large, and they have long, thick tails". There was so much wealth, but that was hardly surprising in a city whose name literally means (González wrote) "opulent town". The ambassadors found huge quantities of silk and other fabrics of great value, as well as hides and spices, musk ("which cannot be found anywhere else in the world"), precious stones from Cathay, nutmeg, cloves, cinnamon, laurel, ginger and other spices "which do not reach Alexandria". Though the Castilian nobleman was accustomed to rich markets, the ones on the Iberia Peninsula were much more limited, and in the description he gives of the Samarkand market his wondering admiration reaches its peak. Not long afterwards, Pero Tafur gave a similar description of the bazaars of Babylon (Cairo), writing "so many things are sold here that are brought down from India Major, particularly pearls and precious stones, spices, perfumes and all kinds of fragrances, and silk and canvas". And when he set off from there, under licence from the Sultan, Niccolo dei Conti and his interpreter, he took with him the gifts they had given to him: "two cats from India and two parrots and perfumes and other things, and a turquoise, which I still have now". Some time later, back in his city of Cordoba, when the Spanish nobleman was writing his memories of the journey, he used to pause occasionally to contemplate that beautiful turquoise that evoked the voices of the magnificent Conti and his family during the 15 weeks they spent together; he recalled the Italian's negative reply to the question as to the possible existence of monsters with semi-human forms as described by John Mandeville, the Arabian ports he had visited with his wife and children, and so much more that "while listening to the many good things Niccolo dei Conti told me, I did not feel I was working".

During those years, however, Portuguese sailors were searching along the coast of Africa in search of

a route to India, a route that would give European traders direct access to the lands of silk and spices. If they found it, then mediaeval distress would end, even though they would have to search ever further afield for the magic of the bazaars.

ASTONISHMENT AT MAGNIFICENT CITIES, MASSIVE EMPIRES AND MYTHICAL RUINS

On 28th July 1402, the noblemen Payo Gómez de Sotomayor and Hernán Sanchez de Palazuelos, envoys of Enrique III of Castille to the Great Khan of the Mongols, travelled in astonishment through the plains of Ankara, in the heart of Anatolia, to one of the most terrible battles in human history, in which half one million Turkish and Mongols warriors fought to the death, until nightfall. Being familiar with the bloody but more limited battles that took place at that time on the Granada frontier, the battle and the armies fighting in Ankara must have produced great amazement in the Castilian nobleman, as they contemplated the conflict between the two colossi of the Orient. Because such enormous armies reflected the size of these limitless empires, the kingdoms of which were enthroned in huge cities that were incomparable with anything in the West. And thanks to all of this – the images of marvellous cities, huge armies and magnificent, silent ruins – the European sense of attraction for the Orient became even stronger. Meanwhile, in the books and memoirs left by European travellers, pilgrims and ambassadors from that time, we also find a record of their amazement at what they found.

Even though the Castilians were unaware of it, during that fierce battle, the German Johann Schildtberger (1380-1450) was taken prisoner; he had been previously captured by the Turks at the battle of Nicopolis in 1396, and had been the slave of several Mongol chiefs, during which time he travelled to the furthest-flung regions of the Orient. But then in 1427, he finally managed to escape back to his homeland, where he wrote down his memories and adventures in the heart of these empires, in his *Ein wunderbarliche und kurtzweylige Histori*. Many years before him (though in less dramatic conditions), others had also experienced the region's huge cities and political structures, including Benjamin of Tudela and Ibn Yubayr in Abassi Baghdad, Friar Giovanni di Pian di Carpine and Friar Guillermo de Rubruck in remote Karakorum, Marco Polo and Odorico of Pordenone in China, Ruy González de Clavijo in the magnificence of Constantinople and Samarkand and Pero Tafur in Alexandria, Cairo and Constantinople. The Navarran Rabbi noted, during his journey through

Mosul in the 12th century, that on the other side of the river had stood Nineveh, "which is now in ruins"; he adds that the size of the city "can be judged from the walls, some 40 leagues long, as far as the city of al-Bal". But it was the city of Baghdad that awoke his enthusiasm – features such as the Caliph's palace ("three miles long") and its interior gardens, the route that through the monarch rode the city once a year, from his palace as far as the "Great Mosque, which is at the port of Basora". All along its length, the royal route was decorated with cloths of silk and purple, together with men and women celebrating, with their music, dance and songs. It was like a huge market, he wrote: "10 miles in circumference around the city, it is the land of palm trees, orchards and gardens, and is better than anything in all of China". However, not much later, in 1184, Ibn Yubayr gave a much more sober description of Baghdad, saying "this ancient city is still the seat of the Abassi caliphate [...] but most of its buildings have disappeared and nothing but the prestige of its name remains". In fact, the great destruction would come a little later, in 1258, when the Mongols came and flattened the city, killing hundreds of thousands.

It was also Benjamin of Tudela who gave us the first mention of the ruins of Babylon, the palace of Nabucodonosor and the imposing ziggurat of Birs Nimrud (which inspired the legend of Babel), from the great height of which one could see "an expanse of 20 miles, as the country is flat". But as his Hebrew manuscripts were unknown in the Christian Middle Ages, one of the earliest European references to Babylon and the fantastic and more remote Persepolis comes from Friar Odorico da Pordenone: "I walked through a city, which was a great city in ancient times [...] and in which palaces stand, all entire, but I did not see any people". On returning to his monastery at Padua, he dictated his memories of his journey through Orient and his stay in China, between 1318 and 1330. However, there is no doubt that the most amazing description of a city was Marco Polo's view of Peking: it was, he said, "24 miles in circumference; it is square, and each quarter is six miles square, with a strong wall 20 paces high [...] it has 12 gates and at each gate, there is a very beautiful palace [...]" and "the streets are all straight, so that looking from one end to the other, you can see the fire [...]". The city was also full of "very beautiful houses and palaces, and in the middle of it there is a large, wonderful and beautiful palace"; the latter was an amazing model of city planning and colossal grandness that could produce incredulous amazement. But it may have been the nearer cities of Babylon (Cairo) and Constantinople that awoke impressions that were more easily corroborated by people of mediaeval times. The latter

city was described calmly and admiringly by Ruy González de Clavijo, in 1403, when he praised the construction of Santa Sophia: "the largest and most honoured and most privileged church that there is in the city", as well as many other churches and ancient buildings, such as the hippodrome, and even though he and his readers were amazed at the size of its six-league-long walls and towers, he already perceived signs of decadence, when he noticed that "even though it is large, it is not so well-populated, and in the middle of it, there are many hillocks and depressions"; he recalls that in bygone times, when the city was in its full splendour, "it was one of the noblest cities in the world". González also described, with his style of melancholy realism, the splendour of Samarkand and its buildings covered with marvellous tiles, and his sense of realism may have helped him to gauge better the amazement the sight caused him, which he described thus: "the walled city is a little larger than the city of Seville". Because gradually, these accounts began to include more reflection and consideration, on top of the customary amazement and astonishment. Perhaps this is why Pero Tafur later described the Great Mosque of Cairo with such restraint: "it is a nice thing to see, but I have seen much better in the land of Christians"; he was, perhaps, thinking about the columns of the now Christianised mosque of the city of Cordoba. And when describing the enormous pyramids ("Joseph's granaries"), he wrote that they were "made in the shape of a diamond with a sharp point at the top [...]" and that they "were much taller in height than the great tower of Seville", thereby comparing the wonders of the Orient to the typical measurements of his homeland.

EPILOGUE: FROM WONDERING AMAZEMENT TO INTELLIGENT CURIOSITY

During the course of their history, mediaeval travellers and their books travelled a path in physical time that became gradually safer for them. This path began with the generalised fear following the Muslim invasion in the 8th century from the then-sinister Mediterranean Sea, until the gradual discovery of the many routes that criss-crossed Islam to India and a new, unexpected world. When, in 1491, the reports from the skilled agent Pedro de Covilhao reached Lisbon, it was long after Bartolomé Días had rounded the Cape of Good Hope. And two years later, a Spanish caravel brought the news that it had reached the Indies to the west of the great ocean. Many other marvels would later fill the pages of other books, but during the course of the Middle Ages, with all its fears, pilgrimages, battles, journeys and

documents, Europeans went from wondering amazement at the fabulous "things that had never been heard of in Spanish lands", to the intelligent curiosity of a new attitude which led Pero Tafur to visit foreign lands and seek out new states in order to "discover knowledge of the most useful to the public". Truly, a new world was being born.

Photo Captions

Page 76

The crusades sparked interest in the brilliant world of the Orient. This 15th century miniature shows the conquest of Damieta by King Louis IX of France (Musée Condè, Chantilly.)

Pages 78-79

Depiction of a ship in coffering from around 1300 (National Art Museum of Catalonia, Barcelona.)

Pages 80-81

Many geographical representations of the Near East were made during the course of the Middle Ages. The picture shows the region of Palestine during the 13th century, as shown in the map by Matthew Parris (Corpus Christi College, Oxford.)

Pages 82-83

The new conception that people had of the world in the final decades of the 15th century can be seen in this *mapamundi* by Henricus Martellus, one of the most outstanding examples (along with the work of Martin Behaim) of western cartographic development. (British Library, London.)

Page 85

The prolonged contact between the worlds of Byzantium and Islam resulted in the development of mixed artistic ornamentation and themes. In the photograph we can see Islamic geometric and plant motifs together with representations of the Virgin and Child as well as Christian saints on a water bottle from the 13th century. (Freer Gallery of Art, Smithsonian Institution, Washington.)

Page 87

For Latin Christianity, the Orient embodies the development of sciences and, especially, of medicine. Numerous Islamic works on this discipline were taken as examples and manuals for study in the West. The image depicts various illustrations of some of the most important treatises on medicine, from that of Abu Gaafar Amed ibn Ibrahim abi Halid al-Gazzar to the one by Avicena. Manuscript from the 14th century. (National Library, Madrid.)

Page 89

In spite of his Mongol origins, Kublai Khan has become known in the West as the most important representative of the noble court of China, thanks to the account by Marco Polo. An anonymous portrait of Kublai Khan, 13th century (Archiv für Kunst & Geschichte, Berlin.)

Page 90

In the Islamic world, the compulsory pilgrimage to Mecca led all the faithful to take to the road. The picture shows the farewell of Abu Zayd and Al Harith. (National Library of France, Paris.)

Page 91

Information about the Orient, and especially about India, fed western imaginations, and people began to conceive up forms of combat such as the one shown in the image, in which the soldiers ride inside a tower mounted on top of an elephant. From an English bestiary from the 13th century. (Bodleian Library, Oxford.)

Page 92

Marco Polo's journey to the ends of the continent of Asia provided great inspiration for medieval illuminated script designers. This scene shows the Italian trader's party passing across the bridge over the river Yung-Ning in China. From Polo's *Book of the Wonders of the World*. (National Library of France, Paris.)

Page 93

The medieval age used representations of sacred books to reproduce the world around them. This miniature, which describes the temptations of Jacob, shows a camel caravan taken straight from tales of the trade routes to the Orient. (National Library of France, Paris.)

Page 95

The Orient is often synonymous with a striking Islamic art that conserves certain features from the cultures within which Muslim society was forged. One of the most notable examples is the façade of the Isfahan Friday mosque (Iran), the southern wing of which (shown in the photograph) provides access to the sanctuary, and conserves many artistic features from the ancient empire of Persia.

Page 96

In the city of Bukhara, in what is now Uzbekistan, stands the mausoleum of Ismail, which dates back to the early 10th century. The arrangement of terra cotta brickwork must have captivated the imagination of medieval travellers.

Page 97

The mausoleum of Bur-Emir in Samarkand (Uzbekistan) contains the remains of Tamburlaine, one of the icons of Turkish-Mongol civilisation during the Middle Ages.

Pages 98-99

Muslim astrological treatise from the 15th century attributed to Al-Bulhan (Bodleian Library, Oxford).

Box

Page 84

The epic life and travels of Niccolo dei Conti

Tradition has it that in 1439, a long-forgotten Venetian trader returned to Italy after having spent almost 25 years of his life in remote lands. And as he had been forced to convert to Islam, the Pope imposed a penitence that he would have to recount his adventures, which were no less amazing than those of Marco Polo. Francesco Poggio Bracciolini recorded some of Conti's tales in writing, and that is how they have survived today. They are tales from a different age, of a journey that began in Conti's distant youth, in the animated Damascus of 1414. Working there as a merchant, he learned Arabic and, in search of rare merchandise, he set off with the caravans to Baghdad. He sailed along the Tigris and through the Persian Gulf; he traded along its coast, learned Persian and then sailed as far as Malabar in India, to become the first European to cross that continent from west to East. Travelling by sea and land, he discovered Ceylon, Sumatra and Java – where he stayed for nine months "with his wife and children who accompanied him on those journeys". He went on to Indo China and China itself, gathering as he went reports on the islands and their spices. Conti was the first, for example, to discover for certain the place where cloves and nutmeg originated, and was also one of the first to discover the navigation winds through the Indian Ocean, Aden and the Arab ports of the Red Sea (where, by the way, he agreed to convert to Islam in order – as he said later – to protect his wife and children) before disembarking at a small quay on the Sinai Peninsula. On one of its beaches, when he was travelling in a caravans on the way to Cairo, searching for the way back to Italy after long years of adventures, he had his famous meeting with the Castilian nobleman-traveller Pero Tafur, with whom he shared his journey and conversation for several weeks, as we know from the account that the latter wrote of the meeting in his memoirs.

In Egypt, the plague took his wife, two of his children and all his servants, but finally in 1439, he reached Italian soil, with his two surviving sons. After his fantastic adventures were transcribed in detail by Poggio Bracciolini, Niccolo seems to have lived the rest of his life in Venice, wealthy and esteemed by his fellow citizens, while he worked in trade and made good use of the knowledge he had obtained on his travels.

THE MERCHANTS' TRAVELS: MARCO POLO (13ᵀᴴ CENTURY)

CHRISTIANE DELUZ

Marco Polo – doesn't that name, in itself, conjure up the idea of a mediaeval traveller? "Marco the Venetian, the greatest traveller and sharpest observer I have ever met", as he was described by Pietro de Abano (1303), is still considered by the world to be the discoverer of Asia, just as Christopher Columbus was of America. The speed at which his written work spread across Europe shows the success it garnered from the very start: in 1295, he returned to Venice; in 1307, the first copy was submitted to Thibaut de Chépoy; in 1302 or 1315, it was translated into Latin by Friar Pipino, and in the early 14ᵗʰ century, a Tuscan version was printed. The various copies and translations continued until the late mediaeval period, and the almost 130 manuscripts that have survived to the present day are proof that the book was read throughout Europe. It was, as Philippe Ménard says, "one of the great texts of the Middle Ages".

Marco Polo's book is fully deserving of our attention. It is the first account that gives a complete view of Asia, in which the traveller arrives by land, and leaves by sea. It was the first account given by a merchant, after all the journeys by ambassadors and missionaries sent to the lands of the feared Mongolian conquerors. But in what context is his journey described? What intellectual baggage did this young merchant leave Venice with? What view does he have of the countries he travels through? How was his book received when it was first published? These are some of the questions that I am going to try and answer.

When Niccolo Polo, a Venetian merchant, embarked at Acre in 1272 (or 1273) together with his brother Maffeo and his 18-year-old son Marco, the Asia route had long been closed. He himself and Maffeo had tried to open one up some years before (1260-1266) from Soldaya, on the Black Sea. They had been encouraged to some extent by the war between the Mongol sovereigns Hulagu, Lord of Persia, and Berka, leader of the Golden Horde, as a result of which "they deemed it opportune to try and travel further". But direct contact between Western and Asian merchants had been interrupted for centuries. The discovery of Antonino coins in Tongking suggested that some type of relations had existed between the two cultures under the Roman Empire. However, the instability of the age known as the "age of great invasions" (4ᵗʰ and 5ᵗʰ century) and, subsequently, the Arab conquest that began in the 6ᵗʰ century, had almost completely closed the routes. In 1230, another conquest by the Mongols united under one rule the huge territories that stretched from the Russian steppes to the shores of the China Sea; these lands were henceforth subject to a very rigorous code of laws which guaranteed the security of any traveller. From that point on, Arabs and Persians lost their monopoly and Italians found a niche in this very fruitful trade. Research carried out in the 1950s by Roberto S. López, and continued more recently by Michelle Balard, highlighted the presence of Phoenicians and Genoese not only in the factories that had been opened on the Black Sea following the conquest of Constantinople in 1204, but also in Persia, in Tabriz, where a large Genoese colony lived, aided by the monks of a nearby monastery. They were also present in China, where the discovery of the tomb of Catalina and Antonio (children of the Genoese merchant Domenico de Yllionis, and who died in 1342 and 1346, respectively) demonstrated the existence of a stable settlement. As well as Western and Mongol ambassadors (given that both parties sought to make contact and form alliances), we should also bear in mind the existence of merchants on the routes through the Near and Far East. Documents abound, especially from the 14ᵗʰ century onwards, in which the Polo family appear as pioneers, but the papal expeditions and those of the King of France, which had taken place several years previously, revealed that they had received aid and advice from the merchants. When Jean de Plan Carpin (nuncio of Pope Innocent IV in 1245) gives a list of witnesses who could attest to the veracity of his account at the end of his *Historia Mongolorum*, he names a dozen "merchants from Constantinople who crossed Tartary to reach Russia... Miguel the Jan... Manuel the Venetian... Jacobo Reniero... a Pisan...". It was also merchants who, in Soldaya, had given advice to Guillaume de Rubrouck – an envoy of Louis in 1253 – on what carriages he should use on his journey and what provisions and gifts he should take. The claims that the Polos' journey never took place (and particularly by Frances Wood) is not based on any serious argument; she asserts that they only dared to "go a bit further" than the others had done before them.

There were several routes that linked Europe and Asia. The oldest one, the famous Silk Road, from Constantinople or Baghdad, passed through Tabriz, bordered the Caspian Sea on the southern shore, continued through Bukhara, Samarkand, Turfan and on through the south of the Gobi desert, and ended in China, or Catay, as it was called then. There was another route further north that started at Soldaya on the Black Sea, passed through Saray, at the mouth of the Volga, continued through Urguench, after which it linked up with the previous route at Bukhara and Samarkand, then went on through Tashkent, Almalik and across the north of the Gobi desert until it reached Karakoram or Catay by crossing the south of this desert. But variations existed. Thus, Jean de Plan Carpin followed a direct route from Saray to Karakoram, north of the Aral Sea and the Mongolian steppes, while Guillaume de Rubrouck crossed the Volga to the north of Saray, travelling from one Mongol camp to another, before picking up Plan Carpin's route again.

This route was a very long one. Plan Carpin left Lyon on 16ᵗʰ April 1245 and reached Karakoram on 22ⁿᵈ July of that same year, a particularly fast gallop that Rubrouck could not match, as he preferred to travel with carriages. He left Constantinople on 13ᵗʰ April 1253, and did not reach Khan's court until 27th December. The merchants, in contrast, took their time, seeking out possible profits in each region. The Polo brothers, who had left Soldaya in 1260, took more than five years to reach the Great Khan. Their second journey from Acre to China took three years.

This route, which was long been difficult, included the harsh crossing of the Taklamakan and Gobi deserts, as well as dangerous passes through high mountain chains in Afghanistan and Tajikistan. They also has to put up with severe weather – scorching days in summer, dry deserts and the icy wastes of the steppes in winter. Thus Marco Polo alludes to the "many bitter, hard days" in Siarcian (in Turkistan), the "mountains and valleys of sand" of the Lop (Gobi) deserts, where the spirits "lead the traveller to become lost" and the "mountains and quite bad roads" in Balacian (Badajshan). He describes Pamir, where the "mountains are so tall that this is said to be the highest place in the world" and where "fire, owing to the great cold, is not so bright nor does it give so much heat as in other places", while in Ormuz, the people "get into the water up to their heads" to seek respite from the heat and sandstorms.

The maritime route across the Indian Ocean was not easy, either. This was the route that the Polos chose for their return journey, and on the way they met up with the missionary Juan de Montecorvino,

who was on his way to China. In addition to the danger from pirates, they were exposed to storms and monsoon winds. Marco Polo recounts that the voyage to the islands of the Indian Ocean, where merchants "make great profits" took a whole year, as only two winds blew there: "one which takes them out and the other that brings them back; one wind in the winter and the other in summer". And so, after leaving Cayton (Canton) in early 1291, the Polos did not reach Ormuz until 1293.

When Marco Polo began his great Asian adventure in 1272, what sort of information and knowledge did he possess? Documents exist to show that his family had come to Venice in the 11th century, no doubt originally from Sibenik, to settle in the San Germano district. They were simple merchants, and did not belong to the great Venetian aristocracy of families such as the Zianis, the Dandolos and the Gradenigos. They had a factory in Constantinople until 1260 and another in Soldaya, run by Marco the Elder. The young Marco received the typical education of a merchant: he learned arithmetic, as well as reading and writing, book-keeping and letter-writing. During the course of his book we see him juggling with figures to calculate exchange rates, the value of precious stones and the number of inhabitants in Cambaluc (Peking) and Quinsay (Hangzhou). He had an essentially practical education, with not much study of books. Marco knew the gospel, as we discover in his book when he reaches Saba in Persia, the land of the Three Kings, and he hears a tale that is very different to the one he learned. He had also studied the history of religion, and shows his knowledge of Adam when mentioning the mountain that bears his name in Ceylon. He had read or heard things about different legends: the one about the solitary dry tree in Central Asia, the legend of Prester John, that mysterious Asian sovereign whose history he tries to clarify, and the legend of Alexander, which was always related with the Orient. In fact, merchants did most of their learning as they travelled; from a very young age, boys travelled with their elders by sea and by land. This is clearly stated in the book:

And so Marco, the son of the gentleman Niccolo, learned so well the customs of the characters and their language and their writing... that it was marvellous. And he learned in several languages and the four alphabets of their writing a very short time.

What languages? What alphabets? Nowadays, the question continues to be a subject of debate. We can state that, in addition to Italian, he knew Persian-Arabic (which was spoken by merchants throughout the Orient); he also knew the Mongol language, as is demonstrated by the many names of cities and dignitaries he cites, but he did not know Chinese, as the Chinese names that appear in the book are written in Persian.

Did he know French? This is the great problem over the writing of his book. We know from French manuscripts that when Marco Polo was captured by the Genoese in the sea battles of Laias (1296) and Curzola (1298), he was accompanied by "Monsieur Rusta Pysan", Rusticiano or Rustichello of Pisa, the author of books and chivalry written in "romance" (which was at that time the educated language of the secular), and he made him "relate in order" his discoveries. And so, this is a book which, to a certain extent, has been written by two people, given that the pronouns "I", "we" and "he" are intermixed during the course of the pages, thus making it difficult to attribute the authorship of different passages to one or the other. Should we attribute to Marco the economic and geographical summaries, and the tales of wars and battles to Rusticiano? It does not seem possible, because merchants were also passionately interested in tales of chivalry. Nowadays, critics tend to consider the book as a whole. The profusion and precision of information indisputably derive from notes taken *in situ* and in Venetian by Marco Polo, but he gave Rusticiano the task of writing them in a language and style that would prove pleasing to the reader. Cesare Segre thinks that the latter even "added his own voice and memories to the pages", and that "one finds the voice of Marco telling the story of his journey without realising it, on the pages of the book that he got Rustichello to write".

This book is a description of the different regions of continental Asia and, subsequently, of the coasts and islands of the Indian Ocean. These descriptions follow a kind of pre-established order: location, population, language, religion, political system, main cities and resources. However, this list structure is interrupted by the relating of anecdotes, historical passages and descriptions of the largest towns and their monuments. The central part of the book is about the Great Khan and the excellence of his government. But the book as a whole is written by following the thread of his memories, with numerous jumps forward to rectify oversights. His book is very different to the previous two most important works on Asia: the *Historia Mongolorum* by Plan Carpin, who follows a rigorous subject-based order, and the *Itinerarium* by Guillaume de Rubrouck, who scrupulously recounts the course of the journey. The genre of "travel books" had still not been definitively created.

This book, in the form that has reached us today, tells of what the young merchant Marco Polo learned in his discovery of Asia, where he lived for 18 years.

Divisament dou monde is a work of geography, but it is very different to previous *Imagi mundi*, such as the one by Gossouin de Metz, written in romance half a century before Polo's volume. These attempted to offer a comprehensive image of the world, organised according to continents, which are subsequently divided into countries, provinces and regions, using a nomenclature and a delimitation of borders that was more or less a legacy of late antiquity. In Polo's book, only the chapters on the Near East and the Middle East are inspired by this model: "We have already spoken of the borders of Great Armenia towards the north wind, now we will tell you about the other border that can be found between the south and the Levant... It is the kingdom of Mosul".

But once he has left Persia, the story mainly follows the route. Marco Polo gives us a merchant's view of the road through Asia, using great precision with respect to the directions to follow and the distances that have to be covered. He does not describe each region from its borders, but rather from its centre, from the main city, which serves as a stage; and more than simply describe the surrounding landscape, he recounts his activities:

When we left this city of Chinghianfu [Zhanjiang] and rode three days toward the southeast... we came to the city of Chinginguy [Changzhou] which is very large and noble. And they are "idolatrous" and belong to the Great Khan and have paper money. And they make a living from arts and goods and they have quite a lot of silk and they make silk and gold fabrics in many styles and... they have enough of all the things they need to live, as their land is very fertile.

We can find similar summaries during the course of the book. Marco Polo's geography is not physical; his notes on the relief or the climate are brief, merely describing the difficulties of the route. His is an economic geography, which classifies the traditional products, the riding equipment, cotton cloths, silk fabrics, porcelain, mining products, salt, coal ("black stones that burn like wood"), as well as pearls and precious stones such as *lapis lazuli*, rubies and diamonds. He does not deal with produce of the soil, as they were not the object of important trade – apart from spices, such as pepper, ginger, cinnamon and walnuts, which were fully deserving of his attention. He also mentions the different coins, the famous paper money that was in circulation under Khan's empire and the shells that were used in transactions carried out in regions along the periphery of the empire. Finally, he focuses his attention on the means of transport – horses, camels and ships, which are profusely described owing to the curiosity they arouse in a west-

ern traveller – and in the merchants from other countries, such as India, China, Persia and Arabia, who use them. He studies all the communication routes: wide roads flanked by trees in China, rivers – some of them so huge they seem to be seas – canals for connecting them and bridges for crossing them. The latter are the object of a detailed description that focuses on marble pillars crowned with liens and sometimes with roofs decorated with paintings. He also deals with maritime routes, mentions the monsoon, emphasises the presence of the great depth of the sea around Ceylon and, especially, points out where the north wind dies down, and follows its slow journey from island to island along the horizon.

And so, the image of the world given by Marco Polo is that of a crossroads of routes which create a large network of communication points that had been unsuspected in the West until them:

> And on the shore [of the Persian Gulf] there is a city called Cormos [Ormuz] which has a port and I tell you that the merchants arrive from India with their ships loaded with spices and stones and pearls and silk and gold cloths and elephant's tusks... and the merchants who are able to, buy them and take them off to the rest of the world.
>
> And I tell you that in this city [Cambaluc (Peking)] the most expensive, valuable and strange things that exist in the world arrive here... So many arrive that they never end.
>
> Know ye also that this city is the port of Cayton [Canton], where the ships arrive from India with their spices and other goods... And I tell you that for every one pepper ship that leaves Alexandria... to set sail for Christian lands, more than 100 arrive at this port.

But we should not confuse this book with a simple *Pratica della mercatura*, a merchants' manual of the type that were beginning to appear in Venice and Florence. During the course of his journeys and during his long stay in China, Marco Polo was also interested in the peoples he met on the way. How could commercial activity not involve contact with other cultures? We find in his account a very complete description of the peoples of Asia and the islands, from the physical appearance of the different people (stout men, with flat noses and without beards in Tangut, while the Empress' servants were "beautiful, pleasant ladies") to their clothes (from the sumptuous costumes in the court of Khan to the nakedness of the inhabitants of the islands), to the tattoos of the people of Cancigu (Upper Tongking), whose flesh is "worked with needles with alliance, dragons and birds". He writes about the languages they speak (sometimes incomprehensibly), their customs, marriage traditions

and funeral rites. Polo shows a special interest in magical and astrological practices (even though he sometimes considers them "extremely perverse"), as well as their beliefs, and gives evidence to suggest that he is well versed in the life of the Buddha. His antecedents were also interested in this field; both Plan Carpin and Rubrouck spoke widely on the customs of the Tartars to whose lands they had been sent. However, it should be mentioned that Marco Polo clearly distinguishes between information on those in China that continue to lead a nomadic life and those who have settled in one place.

Marco Polo felt a deep fascination for the Great Kubla Khan who, he tells us, took him into his service and sent him on several missions. The central part of the book is dedicated to the Emperor: he describes Khan physically ("of great beauty... a white, fair countenance"), he gives a detailed description of the splendour of the palaces and the capital, Cambaluc, and he describes the sumptuous parties, which were fitting for a sovereign so majestic, and he also describes the hunting parties, where Khan shows his power over wild animals. Polo details all the aspects of Khan's wise governance: the strength of his army, the issuing of paper money, the collection of taxes, the creation of food reserves to safeguard from famine, aid for the poor, maintenance of roads and the organisation of communications with horses and mail. Marco Polo also had a wide knowledge of the administrative geography that was established following Kubla's conquest: China was divided into 12 governments, the *sing*, which were subdivided into provinces, the *lou*, which were, in turn, subdivided into smaller areas. If we study the epithets Polo uses to describe the fifty cities of the empire that had administrative functions, we find that he scarcely bothers to describe the main city in small area ("large and beautiful city"), while if he is describing the *lou* or the *sing*, he describes them as "a master city" or "lord and master of all the province". Such interest in good government should come as no surprise, given that in Venice, as in other great cities of the West, merchants held power together with the ancient aristocracy.

Thus Marco Polo's Asia is very different to the one that his antecedents had described; and who, by the way, had not got as far as China. Both Plan Carpin and Rubrouck only made contact with the Mongols, who still did not lead a completely sedentary life, and whose rudimentary existence had alarmed them. Plan Carpin was mainly interested in war and armaments; Rubrouck was principally interested in evangelisation. Marco Polo portrays a China that is rich, hard-working, with wonderful cities and impeccable government. He observes it all with great care in detail, whether he was trying to assess the value of coins and

goods, counting the population or describing plants, animals, precious stones and methods of building. This precision leads him to criticise many false ideas (on the salamander, the unicorn and the supposed "ape men"). But the true wonder, in his eyes, continues to be the enormous size of everything he sees in the Asian continent: the flora, the fauna, the cities and the incalculable wealth.

The book's success is owing to this collection of wonders. The readers, who are constantly included in the narrative ("what can I tell you?"), responded with enthusiasm. By the early 14th century, a Tuscan version appeared, translated from the French, with an unelaborated style and with numerous details deleted; it is a kind of utilitarian version, the first five manuscripts of which are in *scrittura mercatura*, and not copied one from the other – a work by merchants for merchants. A more or less similar Venetian version also appeared in the early 14th century; a copy of this version was chained to the Rialto Bridge for merchants to read. The text was later translated in the major trading countries, such as Germany and Spain. Its title, *Il Milione* (The Million), which may have been linked with the surname of the Polo family, immediately evoked the wonders and riches of Asia.

Under other titles, such as *Divisament dou monde* and *Livre du Grant Khan*, the book also gained rapid fame in the courts of princes and princesses, given that Thibaut de Chépoy, the squire of Carlos de Valois, received from the hands of Marco Polo himself the "first copy" of his work in 1307. It was an unfinished copy that can be found in the libraries of Carlos V, the Dukes of Berry and Burgundy and the Countess Mahaut de Artois. They are sumptuously illuminated manuscripts, containing miniatures that highlight the parts of greatest popular interest – the power of Kubla Khan, the wealth and activity of the merchants, but especially the marvellous animals and peoples, though in fact, these do not represent the essence of the book.

Finally, in 1315 at the latest, Friar Pipino, a Dominican monk from Bologna, translated the work from Italian into Latin, probably by order of the general chapter of the order. The title, *De condicionibus et consuetudinibus orientalium regionum*, showed that the clergy considered that the book was a useful manual for learning about Asia at a time when missions were being organised to that continent under the aegis of the Popes of Avignon. The almost 75 manuscript copies that have survived, as well as the translations made in French, Portuguese, Irish, Czech and Venetian, emphasise the enormous interest the book provoked in the most erudite circles.

Of course, I should also mention the traveller's oral tales, which are collected in the writings of

Pietro de Abano and which might represent the origin of the Latin version called *Zelada*; this work was discovered in Toledo in the form of a 15th century manuscript and adds numerous unpublished details about China and the northern countries.

Thus, the social classes that heard the merchant tell his story for the first time were diverse, and we witness here the rise to power of this social group that had no place in the ancient triangular structure of "*oratores, bellatores, laboratores*". In his desire to corroborate the veracity of what he is narrating, Rusticiano unquestionably exaggerates the importance of the Polos as ambassadors of Kubla Khan (even though other examples exist of merchants to whom Khan gave letters to deliver to Western sovereigns), and he presents Marco as the right-hand man of Kubla Khan and governor of a city, when there is no trace of him in Chinese archives. But Marco Polo wrote a book, and on his return he married Donata Badoer, a member of one of the most ancient Venetian families, who prided themselves on having had as an ancestor the first Doge, in 697. His daughters would also marry into the highest aristocracy of the city (the Bragadins, the Deolfins and the Gradenigos). From that point on, the *Devisement du monde*, the discovery of real travelling became more popular with readers than the imaginary wanderings of knights in novels about chivalry. The merchants invite the reader to wonder at the world, to encourage them to travel more. The legends of the "Catalan Atlas", of Friar Maurus' map and the one by Martin Behaim all include numerous mentions of the *Devisement du monde*, together with more venerable authorities. Read and commented upon by Christopher Columbus, Marco Polo's book was an early call to great discoveries.

PHOTO CAPTIONS

Page 100
"In the name of God and profit", an inscription in the book of the Italian trader Francesco Datini. The illustration, taken from an Italian manuscript from the late 14th century, shows three Venetian textile merchants. (Correr Museum, Venice)

Page 102
Banks began to develop strongly in the late Middle Ages, most being in the hands of Jews, to whom the church's condemnation of usury did not apply. A trading manual written by Gaspar Muntmany in the late 15th century. (Archives of the Kingdom of Mallorca, Palma de Mallorca.)

Page 103
An illustration of international commercial activity during the Late Middle Ages.

Pages 104-105
Marco Polo stayed in China for around 17 years, where he became a diplomat in the service of Kubla Khan. An illustration of Marco Polo from the *Book of Wonders*. (National Library of France, Paris)

Page 106
The routes of Marco Polo's journey in *The Book of Sir Marco Polo*. (Private collection)

Page 107
During the whole of the Middle Ages, Europe's rivers were important routes for commercial traffic. The illustration shows ship-owners on the river Seine, from the *Royal Ordinances of the merchants of the city of Paris, 15th century*. (Historical Library of the city of Paris)

Page 108
Illustration of Marco Polo in the *Book of Wonders*, 1477. (National Library of France, Paris)

Page 109
A letter from Tamburlaine to King Carlos IV expressing the need to send merchants to the Orient, 15th century. (Historical Centre of National Archives, Paris)

Page 110
Marco Polo, in *Book of Wonders of the World*, advised merchants planning to travel to the islands of the Indian Ocean to trade that the journey would take them approximately a year. An illustration of Kubla Khan using tree bark as coins. (National Library of France, Paris)

Page 111
The island of Mallorca was an important point for trade in the Mediterranean. An illustration of the port of this Balearic, full of ships of all types and sizes. An altarpiece to St. George from the late 15th century by the painter Pere Niçart. (Diocesan museum, Palma de Mallorca.)

Pages 112-113
Marco Polo's geography is not physical; his notes on the relief or climate are brief, imposed by the difficulties of the route. His is an economic geography, which classifies craft products. An illustration showing the pepper harvest in the *Book of Wonders*. (National Library of France, Paris)

Page 115
Dyers stirring fabric in a large earthenware jar. This craft activity was very important for the development of the textile industry in Europe. *Book of the Property of Things*, by Barthélemy l'Anglais, from the late 15th century. (St. John's College, University of Cambridge.)

Page 116-117
A camel caravan belonging to the patriarch of Constantinople. A detail from a work by Benozzo Gozzoli (1420-1498). (Medici-Ricardi Palace, Florence)

Page 118
Traders and purchasers used to meet up at the large international fairs, where they carried out their business. *Book of the Statutes of the Tailor's Guild*, 14th century (Civic Museum, Bologna)

Page 119
Bridge of Sassanid origin from the city of Isfahan, one of the economic capitals of ancient Iran.

Page 120
Thanks to their innovative, restless spirit, the work of traders was vitally important for the economic, social and even cultural development of mediaeval society. Merchants paying a tax to enter a city, 15th century. (Querinian Civic Library, Brescia.)

Page 121
The members of the Polo family were the first Latins to see Kubla Khan, who was interested in everything concerning the civilisation and the political and economic organisation of the West. An image of Marco Polo made from gilded wood, 13th century. (Correr Museum, Venice)

Pages 122-123
In the 13th century, Samarkand was occupied by the Mongols, and in the 14th century Tamburlaine built his capital there and attracted to it people from all the arts, professions and trades: Greeks, Chinese, Egyptians, Persians Armenians and Syrians, making it one of the main points on the Silk Road. It was visited by Marco Polo during his stay in the Orient. Domes from the Sah-i Zinda necropolis in Samarkand.

Page 125
God appears to Moses, while other characters accompany him. All of them are dressed in the Oriental style and bear scimitars, a kind of sabre used by Turks and Persians. Manuscript from the early 15th century. (British Library, London)

BOX

Page 114
I will tell you how they marry their women. No man would take a virgin for a wife; they say that women are worth nothing if they have not known other men before marrying. And this is why women are encouraged to lose their virginity. When foreigners pass through this region and unpack their tents to rest and make a stop on the road, the old ladies from the castles and towns bring their daughters to the camp and hand them over to the foreigners for them to take to bed, and they use the women, but they cannot take them with them.

A passage from *The Book of Marco Polo* referring to Tibet (13th century).

MILITARY JOURNEYS: EXPEDITIONS AND WARTIME OPERATIONS

JOSÉ ENRIQUE RUIZ-DOMÈNEC

A thin line of admiration separates us from the knights of the Middle Ages who challenged the world by embarking on great journeys far from home: seeing life as an adventure means the acceptance of a cosmos that is exotic, limitless and sometimes wonderful; it is a place for meetings with unearthly beings such as fairies and goblins, and was believed to be inhabited by monsters such as the ones sketched in the margins of manuscripts or which appeared in that true inventory of fantastic animals, the bestiaries.

The pilgrims from noble houses, as celebrated by Widukind of Corvey, had since very early times been overcome by the desire to find themselves on a long, hazardous journey to one of the pilgrimage destinations of that time, such as Santiago de Compostela, which was the end of a route that might begin in any large city in north or central Europe. Another popular pilgrimage destination was Rome, to where pilgrims travelled to pay homage to the martyrs of Christian tradition, rather than the wealth of the ruins of Roman civilisation. Thirdly, there was Jerusalem, that holy place for Christians *par excellence*, through the streets, squares and hills of which once walked the son of God. The journeys of pilgrimage were organised in accordance with a fixed ritual that began with the drafting of a last will and testament, and in many cases followed by the securing of a loan on the would-be pilgrim's assets, to cover the cost of the journey. Pilgrims included Ermengol I, the Count of Urgell (known as "the pilgrim", who set off for Jerusalem in 1038 and was never heard of again) and William X, Duke of Aquitaine and father of the famous Eleanor, who made the pilgrimage to Santiago 100 years later, and whose journey became a beautiful Santiago legend – but apart from them, thousands of European gentlemen felt an attraction for pilgrimage, to the extent that it was turned into a place of memory, as the influential 14th century writer Philippe de Mezières notes in his work *Le Songe du vieil pèlerin*. Even though by that time, pontifical politics had suggested another way of travelling to these gentlemen: the crusade.

The ideal of the crusade sprang from a confused idea of seeking revenge upon the Turks who had defeated the Roman emperor Diogenes at the battle of Manzikiert, and the no less confused dreams of setting up a kingdom of God in the Holy Land. Because there, in the multicoloured human swarm that

was the city of Jerusalem in the 12th century, everyone – from the educated nobleman to the ignorant town dweller – could find a reason for embarking on a journey that was as attractive as it was dangerous. This was the case with Godfrey of Boulogne and his brother Baldwin, who were the leaders of the military expedition that became known as the First Crusade. As the crusade commenced, the brothers were forced to entrust their lives to sailors, almost none of whom they knew, and who were only interested in the money they would be paid. Later came the issue of logistics: the gentlemen were travelling in a group with all their vassals and friends, and they had to take on board ship their iron weapons, horses and tents, just as the great duke William had done when he conquered England in 1066, an event that remained celebrated forever in the Bayeux tapestry which the Countess Matilda ordered to be woven in his honour. But this was not a question of simply crossing the narrow English Channel – which was dangerous, there was no doubt about that, and many ships had been shipwrecked there – but the point is, the Channel was narrow and on clear days you could see across to the other shore from the lands of the lords of Boulougne in Calais. No, the Crusaders would have to cross the Mediterranean, without even knowing where they would be disembarking. Approaching Antioch, Godfrey gave some deep thought to the meaning of his adventure, and could only find consolation in the fact that he was being given the opportunity of taking the Holy city from the Muslims. This was what God wanted, and this was the desire that led him to attack Jerusalem in July 1099. The chroniclers who related the events of this latter-day *Iliad* of barons did not dwell on their heroism and their savage aggressiveness, but on an essential conviction: that the holy war was a good thing for Christianity, and these travellers had made it possible. There was nothing about the fact that they had succeeded in taking the city against all odds. One of the most outstanding crusaders in the final assault, was Guilielmo Embriaco, the "Mediterranean Roland", as he has become known. More than the events in themselves, the reason why this unique man made his journey to the Holy Land (according to the chronicler Caffaro, who narrated his exploits) was decisive – he travelled half for religious reasons, half for commercial ones – as was customary in the city of his birth. The hero of a city is one

who seizes his moment and, before the walls of the besieged Jerusalem, Embriaco discovered his mission in life, with reckless confidence. The sea voyage had been a success, and he has no qualms in declaring this, and thus paying homage to the many others who travelled with him but who did not have such good fortune. Because many perished in the attempt, either drowned by the waves of a Mediterranean that could sometimes be cruel, or killed in a skirmish with the Muslims.

When Godfrey of Boulogne set up a council of barons in the halls of what had been the Temple of Solomon, the place was still inhabited by mysterious legends, and this may have been why he decided on that place for the meeting of a group of friends who, in time, would found the famous Priorate of Zion. A few years later – first furtively and later with the support of the influential Cistercian monk St. Bernard of Claraval – the order of the Knights of the Temple began to organise the journeys of thousands of pilgrims and the crusades which, starting from any point in Western Europe, reached Palestine with the aim of seeking forgiveness and mercy for their sins. The crusades gave legitimacy to men's dreams of travelling to far-off lands. This is what they declared when they wer about to leave, even though they knew (as they had heard it from others who had gone before them) that the real excitement lay in the journey in itself – in its dangers, and in the enormous risk that they would never ever return again. These men of arms travelled to Jerusalem not only to become instructed or moved by the holy places, but also to suffer: the process is not connected so much to the creative part of the human being, but to the cathartic dimension, as Aristotle would say – to events that makes sense because they are difficult. The rain, the wind, the long marches, hard climbs up icy paths through mountains, the inns where they would stay, to be devoured by lice – these were all realities that they knew well, but did not avoid, since the reason why they were travelling was to purge themselves of their sins, or what others believed to be sin. In this way, they also confirmed the mediaeval belief that the human being is first and foremost a *Homo viator*. The chronicler Orderic Vital explores this idea when commenting on the second journey to Jerusalem made by Étienne de Blois.

This renowned gentlemen had returned home to his wife Adela, whom he had missed greatly (a

rather unusual sentiment at that time) but he was surprised to find that both she and his people were encouraging him to take up the cross once more. Étienne refused. He did not want to undergo once more the Calvary of that journey; but resistance was useless, as his wife nagged him every day and encouraged him – according to the words used by the chronicler – to "take up arms again for the glorious army for the salvation of thousands of people, so that the great exaltation of Christians should spread throughout the universe, and that pagans should experience fear and shame at their perverse laws". These words revealed the atmosphere in which people lived at that time and which led many gentlemen such as Étienne to make the journey, though perhaps without any great desire to do so. And so he set off on a new journey, to fulfil his promise to his wife, and set out for the second time to Jerusalem. On this occasion, the discomfort and inconveniences of the journey for a man of arms was even more apparent to him. Meanwhile, new impulses led gentlemen to Palestine. This was the case with Fulko V, Count of Anjou and widower of his first wife, who left his county and his properties in the hands of his son Godfrey Plantagenet, whom he had married to Matilda, daughter of the King of England. He then went to Palestine to marry Melisande, daughter and heir of Baldwin II, King of Jerusalem. But it was a journey without a return (a method that was considered useful in some cases). Here it was love, not friendship or devotion that led the gentleman to make the journey. But on discovering that new world of emotions and sentiments, the European men of arms had other reasons for travelling. Because this was the age of the errant life of gentlemen, a form of travelling that had little or nothing to do with pilgrimage or crusades. While it was as noble as these other ways of travelling, the errant life had, however, other motivations.

While the young Richard, son of King Henry II of England and Eleanor of Aquitaine, believed in the poetic clarity of a world filled with troubadours (and he had not yet become Richard the Lionheart, the only king who acted as a simple knight in the crusade against Saladin), the elderly William Marshal invited the young men of this time to travel from one place to another to participate in tournaments where they could put their heroism and their bravery to the test, as a result of which they managed to visit many places. "They travelled to tournaments in many provinces and regions", as a contemporary chronicler wrote. On one occasion Queen Eleanor of Aquitaine stopped off at one of these annual encounters where, just like the great sporting events of the present day, a huge crowd had come to see at first

hand the famous knights, and she saw that those journeys encouraged cultural contact between the different peoples of Europe, as she saw men from Fresia, Brabant, France, Provence and Aragon. The young man lived together in disorderly camps where they played gambling games (especially cards and dice), while they chatted about the latest innovations in armour or told stories about champions who, through their great fighting skill, managed to achieve fame, honour and victory, and thus to fulfil the dreams of any boy of that time – to marry a rich heiress. These journeys were, therefore, a mechanism for social advancement and cultural encounters. The clergy were outraged at the habits of these young man, as well as the clothes they wore and their tendency to grow their hair long like women; furthermore, the men of the cloth did not understand how it was possible that, by the fact of winning a tournament, a man could reach a social status different to those of his forebears. The case of William Marshal was common at that time: sons of servants or small agricultural landowners reached the highest positions in court thanks to their fame at tournaments; that is to say, the fact that they had chosen to travel half-way across Europe to prove their bravery.

In contrast to this outrage among the clergy, there were those who thought the opposite, those who viewed such behaviour with respect and admiration, and it became popularised in the form of the courtly novel. Noblemen's libraries began to fill up with books that told of the adventures of brave heroes who, with the passing of time, became major figures in European culture: Lancelot, Tristan, Gawain, Iwain, Eric and Percival formed the group of the Knights of the Round Table, who had King Arthur of Britain as their guide and Queen Guinevere as their ideal of beauty. Noblemen and gentlemen spent their days listening to the tales read by educated women at the court, tales about adventures in search of the grail or the wooing of a lady. But they especially enjoyed the fact that these novels told of journeys to mysterious, exotic places, and people began to think that their position in life was less irrevocable, when they thought about those great journeys and great events, the descriptions of which filled whole pages of courtly novels. Thus 12th century Europe turned travelling into an activity that became one of their most dearly-loved dreams. This explains why there were so many gentlemen who wanted to emulate the characters in the novels. Records exist of social encounters enacted in accordance with the criteria invented by the novelists. Unquestionably, the most notable of these was the meeting organised in 1184 by the Emperor Frederick "Barbarossa" (Red Beard) on the occasion of the

investiture of his son Henry. This courtly festival in Maguncia brought together hundreds of gentlemen from all over Europe, who travelled in answer to the Emperor's call, attracted by the glamour of in participating in a great courtly festival, the echoes of which can still be perceived in Mannese's miniatures that illustrate Minnsänger's poetry. Something similar took place in Cyprus, as Philippe de Novare tells us, when a large group of gentlemen travelled to a festival in Nicosia to celebrate the ordination, as a knight, of John of Ibelin, the old Lord of Beirut; all the men were dressed in Arthurian costumes, in the fashion of the Knights of the Round Table.

During these years, the social life of European nobles was steeped in this literature, and it was not unusual for great writers such as Wolfram von Eschenbach and Walter von der Vogelweide to travel from court to court, offering their services. One item that has survived to the present day is the travel notes of the knight Ulrich von Lichtenstein, who succeeded in living like the errant knights of the novels. All his actions are redolent of the memory of long evenings spent listening to novels about chivalry and of exacerbated fantasies about travelling, such as the time that he got into a basket disguised as a woman to reach the place where his loved one was, but was unfortunate since the rope broke and the libertine was hurled to the ground. In another story, he turned up at a dinner dressed as King Arthur, while his friends took the parts of the Knights of the Round Table. Ulrich belonged to the nobility of the Austrian region of Styria, and he felt he had to represent his position with dignity, and so his journey became a long procession from one court of Europe to another. He liked to travel in company, and it is said that in just one month he broke 300 lances. He was a little extravagant, there is no doubt, but he was not a lunatic or an outsider, by any means. He adapted well to the customs and tastes of his age, and he lived above his income, thanks to his status as a famous traveller.

Ulrich's life and deeds were a reflection of the ideology of courtly novels, especially those of Chrétien de Troyes, with his poor knights who become lords thanks to marriage; this was the case with Ivain, the knight from Lyon who, in order to marry the rich Laudine, had to kill her husband, in a singular encounter in front of a spring. The symbolism of these novels emphasises the very act of travelling as a means of fulfilling oneself, as the protagonists go from everyday events to the fantasies of those islands beyond history which, in time, would become the islands that Sancho demanded of his Lord Don Quixote. But before scepticism put paid to these ideals, in the 13th century, men such as Jacques de

Hemricourt spend their lives travelling, perceiving in this act the fragrance of a world in transformation, of open horizons, as Roberto Sabatino López put it. The knights were not on the same level as the merchants, who travelled to increasingly distant, mysterious lands, the ends of the known earth, to achieve the *devissement du monde*, as Marco Polo described it, though it was the knight John de Mandeville who created the genre of the travel book, presenting as he did the world as the object of a knightly pilgrimage in search of lands where dragons dwelled.

For Edward III of England, novels about knights and knighthood were the basis of the palace culture that he wanted to impose upon his country, first in French thanks to the talented author of *Perceforest*, and then in English, in the different versions of the adventures of King Arthur, a literary task commissioned directly to Thomas Mallory. Before that, however, the king showed his knights the road to follow – they should travel through Europe to find answers to the questions raised by the novels. Edward himself suited the action to the word, by organising courtly festivals in imitation of those set in Camelot. On one such occasion he courted the Countess of Salisbury in public, just as the Knights of the Round Table had done with fair ladies in their time; the king also went on numerous journeys accompanied by Queen Phillipa, travelling in the covered wagons that are depicted in Lutrell's Psalter, with the aim of actively participating in the life of his kingdom. Enveloped in this dream world, Edward convinced his knights to change their attitudes and face their destiny far from the island. All of them were in agreement, not seeming to mind the fact that they would have to cross the English Channel. This was the signal the King had been waiting for, in order to begin one of the most hazardous enterprises of the Middle Ages – the conquest of France by the knights of England. It was a decision that led directly to Crecy – the most famous battle of the 14th century, and which brought knights from all over Europe, in response to the call of the two kings who were planning to face each other in combat, as if it were an ordeal, to determine the dynastic rights of one or the other to the throne of St. Louis. A few years later, the son of the English king, Prince Edward of Wales (dubbed the "Black Prince" in the 16th century, owing to the colour of his armour), went off with his knights on a brilliant ride, to finally come up against King John II of France on the outskirts of Poitiers, who was upset by the splendid demonstration of force and brilliance. This led to the battle of Poitiers, which was a great success for knights such as John Chandos, who spurred on their mounts *cum bravia*, just like knights did in the novels.

The biography of the Prince of Wales, written by Chandos Herald, was the beginning of a literary genre of great interest in terms of the study of the military journeys, as it was from that moment on that real, flesh-and-blood knights began travelling across half of Europe, followed by a servant who would note down his exploits, as if they were characters in the novel. One of these was Boucicaut, the squire of Jean de Maingre, a French knight from the late 14th century who was governor of Genoa and Marshall of France. His life represented a long detour filled with journeys from his place of birth to an English prison, where he was detained as a hostage following the battle of Agincourt. This was also the case with Pero Niño, Count of Buelna, whose biography was written by his subaltern Gutierre Díez de Games, and which became popular under the title of *El Victorial*. This book recounts the journeys over land and by sea of the Castilian knight who conceived his existence to be a long series of adventures from one side of the earth to the other. However, nobody was so respectfully faithful to the conventions of a knightly life based on travelling as Richard de Beauchamp. In his *Warwick Pageant*, a biographical book that recounts his adventures with excellent explanatory drawings, the step-by-step narrative follows his long career in the army from the battle of Shrewsbury to the Norman campaigns of Henry V. This daring *routier* tone became popular from the late 14th century in the world of professional soldiers, who signed a *condotta* and became known, as a result, as *condotieros*. These included the Englishman Sir John Hawkwood, the Gascon Pierre de Brezé and the Frenchman Jean de Bueil, whose personal testimony known as *Le Jouvencel* is a true eulogy to army life and the travels of a group of men spurred on by the desire to go from one side of the earth to the other in search of adventures, as their central conviction was that a great knight is, first and foremost, a great traveller.

Wondering whether 15th century European knights wanted to pass into eternity as great travellers is as useless as wondering whether literature reflects society. There can be no doubt that at that time, everything was perfectly interwoven and interlinked. Literature and reality were confused to the extent that even today it is difficult to distinguish the biography of a real knight such as Jacques de Lalain from the tale of a novelistic character such as Jean de Saintré, created by Antoine de la Sale. In both cases, it is clear that the objective of a military life began with travelling, with a quest for adventure and knightly exploits. The list of 15th century noblemen and knights in Europe who shared this belief was a long one, and it becomes longer as archives are expurgated and new cases are discovered. Few imagined the danger that

awaited them on their journeys; they all wanted to go on these travels, though many of them never returned home. Perhaps their deaths may have denied them a religious burial, and they were doomed to the misery of an unworthy burial. But such fears were assuaged by creating competent knightly orders, such as the prestigious Order of the Golden Fleece and the less well-known order of the Castilian Band. These organisations ensured that the knight would enjoy a suitable journey both in this world and in the one beyond – a journey with guarantees, which also obliged the traveller to look into the world of insurance and the use of paper money instead of coins, to avoid robbery and murder on the road. Nobody would think of stealing an IOU, while many would seize a bag of coins with a cry of "your bag or your life".

Comradeship marked the route of the knights who travelled to participate in prearranged combat or jousts, and whose names on posters meant the prospect of an important social event. This practice was initiated by Suero de Quiñones, a knight from Leon who had challenged the finest knights in the world to fight with him in the town of Puente de Órbigo, where he prepared to defend himself with lances. As a result, numerous knights from Bourgogne set out for the Hyperion Peninsula. And such was the success of the event that it awoke great interest throughout the country, at a time when the kings Enrique III, Juan II and Enrique IV had restarted the border war with the Nazarin kingdom of Granada. Meanwhile, Fernando del Pulgar ends his book *Claros barones de Castilla* with the statement: "In fact I never saw before, nor did I read that in the past, so many knights came from other kingdoms and foreign lands to these kingdoms of Castille and Leon to engage one another in combat".

Politics offered new perspectives to armed travellers. Jörg von Ehingen, a nobleman from the castle of Entringen, in Swabia, together with George de Ramyden, from Salzburg, accepted the invitation from Enrique IV to travel with him on a ride along the castles bordering the kingdom of Granada. However, when they reached the court in Valladolid, the expedition was already on its way back. And so they decided to travel to the neighbouring kingdom of Portugal, where King Alfonso V received them with open arms. First he showed them some of his country's monuments, including Batalha monastery, and then invited them to come with him on a great adventure to Ceuta, a journey that brought them into contact with many poor knights who spoke the language of Low Germany, and who told him about the situation there. As the tale extols the deeds of von Ehingen, it narrates in great detail a joust with a Muslim knight, whom he defeats and beheads. On his re-

turn to Portugal, he hears in the court that the King of Castille has organised another expedition against Granada. He enlists and travels with the king to the Nazarin kingdom, where he carries out numerous violent acts that he relates in detail, and which gain him many honours, including the Order of the Band.

A Bohemian humanist called Frantisek Sasek recounted, in great detail, the long journey that Baron Leon de Rozmithal made across half of Europe to Spain with a retinue of 40 people and 52 knights. He went with the aim of observing and noting the customs of the countries he visited and, if necessary, accepting a joust or an honourable combat. The comments he makes on the situation of the kingdom of Castille on his arrival in 1466 are rather negative ones. He speaks of looting, robberies, murders, violence and the indolence of the people. He suggests that it is a country on the verge of exploding, and he does so with a caustic humour that is unquestionably a precedent of many modern-day travellers who criticised the cruel social reality of Spain without fully understanding it. One item of news that stands out is the mysterious Atlantic voyage ordered by the King of Portugal, whose name is omitted, more out of caution than ignorance, given the secretive way in which explorations were carried out in the Rio de Oro in those years. There are also numerous comments about the burgeoning life in the synagogues in the kingdom of Navarra and, on a curious note, he shows great interest in the customs of the Mudejar community – their music, songs, clothes and food. When we read Sasek, it is surprising to see how a central European knight perceived Spain as a border land that was both fascinating and mysterious; he shows interest in the country's everyday life both for its problems and disadvantages and for the ecstasy derived from its beauty. Such comments could well have been written by humanists such as Münzer and others. Journeying was comforting despite its negative or incongruent aspects, which European knights generally and discreetly chose not to mention. In contrast, this Bohemian baron views the insects and the dust as typical elements of journeys that should not be forgotten, since beyond the pleasure of honour and glory lies the pleasure of life. A new age was looming on the horizon, and with it, military journeys changed their meaning.

PHOTO CAPTIONS

Page 126
Muslims frequently carried out troop movements using military vessels, which became very sophisticated. Canticle of Santa María Nº 95- F 139-D. 13th century. (Library of the monastery of San Lorenzo at El Escorial. Madrid.)

Page 128
Astronomical tables were constantly reproduced during the course of the late Middle Ages owing to the demand for navigation systems. The illustration shows a celestial sphere from the MS-1818 manuscript (Naval Museum, Madrid.)

Page 129
The religious aspect of the crusades became strengthened with images such as this, where we see a monk giving spiritual succour to a knight on his way to the Holy Land, and handing him a crucifix as a symbol of his mission. (Marcian Library, Venice.)

Page 130
The transporting of troops by sea became a constant feature following naval development in the Middle Ages. This 14th century miniature shows the disembarking of William the Conqueror, King of England, at Gascony (11th century). (British Library, London.)

Pages 132-133
Scenes from the famous Bayeux Tapestry, showing the preparations and events of the battle of Hastings, in which William of Normandy takes the throne of England by defeating King Harold. It is one of the finest graphic documents in existence, and which has enabled historians to reconstruct many aspects of the everyday life in 11th-century Europe. (Musée de la Tapisserie. Bayeux, France.)

Page 134
Henry V of England captures the city of Rouen, after a six-month siege in 1418 and 1419. From the Warwick Manuscripts, circa 1484-1490. (British Library, London.)

Page 135
A drawing of the siege of Calais, carried out by the Duke of Warwick in 1436. From the Warwick Manuscripts, circa 1484-1490. (British Library, London.)

Page 136
One of the most important troop movements in terms of the evolution of European history in the Middle Ages was probably the one led by William of Normandy in 1066, in his bid for the throne of England. (National Library of Paris.)

Page 137
The interest that the mediaeval world showed in the Holy Land highlights the didactic work offered by many recreations of the historical past of this region. This miniature from the early 15th century shows the siege of Jerusalem by the troops of Nabucodonosor II in 598 B.C. Great Bible of St. Geronimo. (British Library, London.)

Page 138
King Louis IX of France embodies, as few other Western monarchs do, the crusading spirit. This miniature shows

him setting sail for Tunis in 1270. (National library of Paris.)

Page 139
St. Louis is often represented as leading French troops on a crusade. This miniature shows a scene from the 6th crusade (1248-1254) in which the king proposes to annihilate Egypt. (Musée de Louvre. Paris.)

Pages 140-141
The bloody battlefields of the Middle Ages have been described countless times in literary works and illustrations, such as these images from Speculum Historiae by Vincent de Beauvais (13th century). The second illustration shows a battlefield scene with the Byzantine emperor Heraclius, the prototype of the incarnation of the Empire in mediaeval times. (Musée Conde, Chantilly.)

Page 142
Illustration of a passage from Romance de Lancelot du Lac: Lancelot is driven in a carriage, followed by Sir Gawain and other knights, 14th century. (The Pierpont Morgan Library, New York.)

Page 143
Gunter's sector. This navigation instrument, together with the eponymous rule, represents the precedent for the rules of calculus. (Naval Museum, Madrid.)

Pages 144-145
Facsimile reproduction of Ptolemy's Cosmography. (Library of the Complutense University, Madrid.)

Pages 146-147
Recreation of warships on their way to Troy, in which the troop transport ships used in the 15th century can be seen. Illustration from The History Books from the Beginning of the World, (British Library, London.)

Page 150 (above)
Many images exist of Christian and Muslim warriors engaged in combat. The knights shown in the image can be found on a coffer. (National Art Museum of Catalonia, Barcelona.)

Page 150 (below)
Drawing from 1483 of an Arab assault machine where they are attempting to frighten the enemy by making a fierce dragon appear. De re militari Roberti Valturii. (Colombine Library, Seville.)

Page 151
Altarpiece of the Virgin of the Sailors. Church of San Pedro, Zumaia. (Photographic archive of the Untzi Museoa-Museo Nard, San Sebastian.)

Page 152
Turkish warship preparing to set sail. Memoire Turchesche manuscript, 16th century. (Correr Museum, Venice.)

Page 153
The taking of Constantinople by the Turks in 1453 has often been cited as the end of the Middle Ages. With the fall of the Byzantine capital, a great symbol of Christian civilisation disappeared. The picture shows the Turkish siege of the city. (Topkapi Palace Library. Istanbul.)

Pages 154-155
During the whole of the Middle Ages, Jerusalem represented the Holy Land *par excellence*. The propaganda of the crusades turned this enclave into the central focus of the policies of many kings and emperors in the West. The illustration shows Frederick II entering the city in 1227. (Vatican Library.)

Pages 156-157
The military adventures of the *almogavar* troops in the eastern Mediterranean have often been portrayed as an epic enterprise. The picture shows one of the troops' most important leaders, Roger de Flor, at the city of Constantinople. (Senate Palace, Madrid.)

BOX

Pages 148-149

LEIF ERICSON, TRAVELLER-VOYAGER, DISCOVERER OF THE NEW WORLD

One of the great gems of European literature tells of the indomitable passion that a warrior had for maritime adventure. When narrating the life of Leif Ericson, son of Erik the Red, the numerous sagas that were written many years after the events took place employ a poetic description for the voyage that is the very opposite to the one presented by Homer in the *Iliad*, and particularly much more radical than the Greek epic in its opposition to the past. This tale is not a dramatic return to an island located in the East, filled with a thousand anecdotes redolent of a lyrical exoticism, but an exploration of the deepest seas, as far as the last frontier of humanity that can be found in the West, where the ocean ended. What tends to be, in other epic tales, a long testament in favour of home be-

comes in this tale a decided championing of the cosmos. Both the *Islendingabók* by Ari Borgilsson the Wise and the *Landnámabok*, and the references to Vinland are sagas that recount with simplicity (though not without a considerable descriptive richness) the story of men of action, fearless adventures, travellers who challenge the ideas of the sedentary man as they set off to confront a fate that has the waves of the North Atlantic as its only, mute witness.

In around 986, Bjarni Herjölfsson left Greenland and sailed West-South-west until he reached the coasts and words of an unknown country which, however, he does not dare to explore. This place soon becomes a promised land, where evil does not exist, because that is what the gods desire; it is the promise of a paradise situated further West even than that strange land, a paradise that, years later, Leif Ericson (known as "Hinn Heppni", or the Fortunate One) would try to find, together with 35 companions. After leaving behind the land Bjarni had sighted, he continues sailing West along coasts of white sand, with woodland in the distance, which he names Markland (land of the forests), until one fine day he reaches an island that he calls Vinland (Wineland) which, it seems, is that same *promontorium Winlandiae* that a 1570 nautical chart attributes to the Icelander Sigurd Stefansson, an island rich in salmon and pastureland.

Vinland is the image of unrefined, archaic happiness – it is the expression of a beginning, it is one of the "fortunate" islands of which St. Isidor of Seville spoke, and which were so fascinating to the people of the Middle Ages. But also, that discovery represented the first time a European had reached the American continent. This achievement was taken further when, 12 months later, Thorvald, Leif Ericson's brother, found the *skrälingar* – the Algonquins, as G. Jones suggests, or the Naskaupi Indians, notable for their white skins, as other scholars claim. Of course, it would help if we knew if the Vin that gives name to this land has a long or short "i". In the first case, it would become "land of wine", in the second, "land of grasslands". This is no idle erudite question because it equally affects the latitude of the land reached by Leif Ericson and the climates of the earth in the late 10th

century. It may have been the land of Chanaan on the banks of the St. Lawrence River, or a region called Anse-aux-Meadows, to the north of Terranova, and which has been the object of careful excavations by Helga and Anne Ingstad. In any case, as the famous chronicler Adam of Bremen notes, "it is a question of a land discovered in the ocean, and which is called Vineland, thanks to the vines that grow there spontaneously, and it produces the finest wines". We can situate the spot as lying between 64° and 58° degrees latitude north; that is to say, between Labrador and Terranova.

The adventures of Leif Ericson, his father and his brother, emanate a poetic sense that is hard to forget. Steeped in legend and literary clichés of Celtic origin and partly in the fascination that 12th and 13th century Iceland writers had for St. Brendan's *Navegatio*, they examine down to the last detail the geography, botany and indigenous life with a curiosity that is compelling to read. They delve deeply into the details of the warlike acts of these intrepid, adventurous men who decided to travel to the ends of the known earth, following the dream of going further than the prudence of sedentary men advised. Leif Ericson and many other Icelanders from Greenland of that time had a great need to explore the expanse of the ocean. The voyage that culminated in what is now known as America is the finest proof of the redoubtable attitude with which those travelling warriors of the Middle Ages faced life.

Page 148
Reproduction of a painting by Oscar Wergeland showing Leif Ericson before the coast of Vinland, 1877. (Nasjonalmuseet for Kunst, Oslo.)

Page 149 (above)
Figurehead with animal head decoration taken from a Viking ship from Oseberg, *circa* 825. (Viking Ship Museum, Oslo, Norway.)

Page 149 (below)
Statue of Leif Ericson in Halgrim church. Reykjavik, Iceland. (Photograph: Macduff Everton.)

GOD'S TRAVELLERS IN THE MIDDLE AGES

FELICIANO NOVOA PORTELA

Walk while ye have the light, lest darkness come upon you
(John, 12:35)

Unlike the other great religions, originally, pilgrimage was never a requirement for the Christian believer – it is never stated as such in any of the holy books, even though some references existed, some of which went so far as to call Christ himself "The Way" ("I am the Way" John, 14: 6). But for the first fathers of the church, pilgrimage was not a necessity. In this sense, St. Geronimo (4th century), who had gone to live in Bethlehem, pointed out that Jerusalem was not the place "where the true believers worshipped the Father, because God is a spirit... and the spirit blows where it will" (Epistle, 58: 3). In the same way, in the early 5th century, Theodoretus, Bishop of Cyrus, criticised the pilgrim monks who came to the sacred city and warned them that God was not locked away in there. Likewise, St. Gregory of Nice, after returning from a journey to the Holy Land, advised others not to go with the following words: "Does anyone believe that the Holy Spirit lives among the inhabitants of Jerusalem and not among us?" In spite of this, the extraordinary fact is that even though pilgrimage is at the most an option, just another devotional practice within Christianity, the religion does consider the believer to be a *homo viator*, and life to be a path to the one and only "homeland": the celestial world. This is expressed very well in the *Liber Sancti Jacobi*: "The path of pilgrimage is something very good, but gruelling. Because the path that leads man to life is a narrow one". Thus, man's life only has meaning if it is viewed as a path toward God, as Augustine spirituality believed. This must have been the idea that inspired *Godric of Finchale*, a travelling saint born in Norfork (England) in the second half of the 12th century, and who was without doubt an example of the Christian ideal of a man or, even better, of man's passing across the earth. From a very young age he went on pilgrimages to Scotland, Flanders, Denmark, Santiago de Compostela, Rome (many times), Jerusalem (where he arrived carrying on his shoulders "the flag of the cross of our Lord", after having bathed in the river Jordan). He ended his days living as a hermit near the English city of Durham, composing hymns to St. Mary, doing miracles and receiving visits from another saint, Thomas à Becket, who sought his counsel. A better-known saint was

St. Bridget of Sweden, who was born in the castle of Finstad in the early 14th century. She made a pilgrimage to Santiago de Compostela, losing her husband on the return journey. She later visited Rome and subsequently – near the end of her life – travelled to the Holy Land, which she reached after passing through other cities such as Messina, Syracuse and Famagusta (Cyprus).

THE REASONS FOR PILGRIMAGE

Many reasons existed for making such journeys – probably as many as there were pilgrims or paths. The main one was that of following an inner calling, of coming closer to God and increasing one's faith in a place suitable for such an enterprise, in a *locus sanctus*. Going to the other extreme, pilgrimage was sometimes no more than a matter of wandering by aimless travellers "who, disguised in their pilgrim's habits and carrying staffs, go wandering through the world just so as not to work". In other cases, a pilgrim's motivation was simply an interest in seeing the world, in seeing with their own eyes the same things that the main characters of the Bible saw, or the places where they had died. In contrast, some pilgrims were just travelling to escape from themselves – from the memories they wanted to leave behind them, and to try and give order and meaning to the confusion they felt within them. Other people had more selfish reasons (though justifiable) such seeking a miracle that would help them to recover their health – that of their body or their soul. Pilgrimage could also be the fulfilment of a promise, such as the case of the famous Eudocia, who travelled to Jerusalem in the 4th century to thank God for her daughter's marriage, or that of Hipatios, nephew of the Emperor Anastasius, who also made three visits to the holy city to give thanks for his liberation after having been imprisoned. Other pilgrims made their journeys merely for "professional" reasons, such as the *ad limina* visits made by the clerical classes to Rome, a good example of this being the journey by the Galician Bishop Diego Gelmírez in the early 12th century. Sometimes pilgrims did not travel on their own behalf, but on that of others: in the year 1400, Thomas Kirkby, a clergyman from the diocese of Carlisle in England, sent a procurator to Santiago and Jerusalem on his behalf, as he was unable to fulfil his promise to visit these places if his illness were

cured. Likewise, the Countess Matilda sent her servant Ivon Le Breton to Santiago in 1317, to ask forgiveness for the soul of her dead son, and to deliver an offering of four silver shillings. Meanwhile, Esteban, the Abbot of San Pedro in the early 13th century, was forced by law, as part of his public punishment (which seems more like a penitence) to travel to Rome after having been sentenced for inciting his brother to rob a pilgrim of his fortune while the latter was on his way to Santiago de Compostela. The same purifying intention was behind the decision forcing the few Cathars that remained in some parts of France in the late 13th century to travel to Santiago. The same sentence was passed on adulterers in the French town of Saint-Troud in 1523, even though in this case the sentence might be increased if, after returning from Compostela, they had not broken off their extramarital relations. If not, they would be sentenced to perpetual exile and, what was worse, one of their feet or hands would be amputated.

Finally, there were pilgrims who, after having made their promise, were unable to fulfil it, though for reasons beyond their control, as a result of the eventualities of life or politics. This was the case with Blanca de Castilla (1188-1252), wife of the heir to the throne of France, Louis VIII, and mother to St. Louis IX. Though she had made a vow to go to Santiago, she was unable to keep her promise since the Bishop of Paris had "invited" her to offer up the money the pilgrimage would have cost her to his church.

Whatever the reason, during mediaeval times, the roads were filled with pilgrims. They were all searching for a place to go, somewhere that would give meaning to their lives, at least in a religious sense, and all of them wanted to gain understanding: "And giving renewed thanks to God who, though we do not deserve it, deigned to show us all that we desire to see, we thus decided to take up our paths again, as every day" (Egeria, 4th century).

THE DESTINATIONS

The main destinations for Christian pilgrims in the mediaeval age were Jerusalem, Rome and Santiago, though others included San Salvador in Oviedo, Alexandria, Mount Sinai in Egypt, Santa Eulalia in Merida, the tomb of Thomas à Beckett in Canterbury, Walsingham and Chartres. Some of these

places were directly linked with the life of Christ, while others were mainly related with the popular exaltation of martyrs and their relics. Some were sacred places which, in one way or another, connected the celestial world with earthly existence.

Jerusalem

Jerusalem was the main destination for pilgrims – the place where "the earth was closest to heaven". The city and the Holy Land in general attracted huge crowds of pilgrims, especially after the reign of the Emperor Constantine (306-337) who encouraged and protected the worship of martyrs, as well as building numerous churches, such as the church of the Holy Sepulchre, which the Roman emperor wanted to be the most beautiful basilica in the land. Furthermore, the discovery of the cross of Christ in the year 326 had a lot to do with the increase in the numbers of pilgrims to the east. Even so, the earliest accounts are prior to the Emperor. One of these was written by Melito, Bishop of Sardis (in Lydia), who travelled to Jerusalem and was a contemporary of the emperors Antonino Pious (138-161) and Marcus Aurelius (161-180). Another early account, written shortly after the year 200, comes from a Cappadocian bishop called Alexander who travelled to the city to "pray and visit the holy places". Only 150 years later, there were a huge number of pilgrims arriving at the city, as St. Geronimo tells us: "Everyone from everywhere comes here; the city is full of all kinds of men". From that point on, there was a constant flow of pilgrims that was not even interrupted during the worst periods, such as the reign of Caliph al-Hakim who, in the early 11th century, destroyed the Holy Sepulchre and all the Christian buildings in Jerusalem. But pilgrimage did not decline even after the 13th century, when St. John of Acre fell and the Christian Kingdom of Jerusalem disappeared. Muslim permissiveness of pilgrimage at this time derived from the huge profits that pilgrims brought, even though there were many formalities required before one could enter Jerusalem.

But the journey to the east was not limited to the thrice-sacred city; there were other places linked with martyrs that were an attraction for the pilgrims. This was the case with Bethany, which was the location of Lazarus' tomb, and Hebron, the site of the tomb of the Patriarchs. Nazareth, Cana and Samaria were also popular sites. Furthermore, it was common for pilgrimages to include a visit to the monks and anchorites of Syria and Egypt, whose fascinating lives were revealed to the West thanks to the publication of *Vita Antonii* by Atanasio of Alexandria (295-373). One of the people who visited these places was the Hispanic Egeria, who even climbed Mount Sinai, and exclaimed "the mountains open up to form an endless valley". She made this journey long before the Emperor Justinian built – in the 6th century – a monastery to where (legend has it) angels carried the body of St. Catherine after her martyrdom in the city of Alexandria.

Rome

The capital of the empire was also the object of pilgrimage from the very earliest centuries of our age. Of course, it did not have the same "attractions" of Jerusalem, but during the course of history, numerous relics had ended up there, mainly those related with the apostles Peter and Paul, who had been worshipped since the early 3rd century. It was under Constantine that Rome first began to receive visits from pilgrims. As in Jerusalem, the Emperor began the construction of several churches that became the destinations of the "Romeros", as Dante called them – travellers on the road to the Eternal City. One of the most-visited sites was the church of the martyrs Marcelino and Peter, where St. Helen is buried. Another place that was popular with pilgrims was the basilica of St. Lawrence, which stands on the famous Via Tiburtina, and the ancient *martyrium* of Peter and Paul. However, the most important place was the original basilica of St. Peter's at the Vatican, some of the remains of which can still be seen today in the "Popes' Crypt". In addition to the churches, another important pilgrimage site was the catacombs, where the early Christians used to bury their dead: "We used to go down to the catacombs, excavated out of the subsoil. Inside there was a great silence and there were tombs on all sides". (St. Geronimo)

The Hispanic poet Prudentius also travelled to Rome between 401 and 403, an account of which he left in his *Hymn to the Martyrs*. He writes about visiting numerous Christian tombs, including those of the apostles Peter and Paul which, the writer claims, had become the most popular pilgrimage sites for those visiting the Eternal City.

During most of the Middle Ages, pilgrimages to Rome did not receive popular support owing, on one hand, to the difficult, hazardous route through the mountain passes that crossed the Alps and, on the other, to the fact that during the middle centuries of the mediaeval times, Compostela was the preferred destination for pilgrims. This created a slight resentment and conflict between the two cities, and which lasted for the whole of the Middle Ages. Rome's "recovery" began in around 1300, when Pope Boniface VIII declared the first of the "Ju-

bilee" years with the aim of increasing pilgrim numbers: "All the Romans had turned into hoteliers, renting out their houses to *Romeros* on horseback; charging a large *tornese* [silver coin] for each horse per day, and sometimes two, according to the seasons". Furthermore they offered full indulgence to the pilgrims – the same "prize" that the Crusaders had received on reaching Jerusalem. Documents tell of rivers of visitors, some authors estimating the number at 200,000, who travelled from the peak of Mont Mario – which gave an excellent view of the city of Rome and its walls – to the gate of the *Sancti Peregrini*, where they entered the city and the sanctuaries of St. John Lateran, St. Paul-without-the-walls, and Saint Mary the Great, among others. The relative success of the Jubilee years was also linked with a decline in pilgrimages to the capital of Galicia, the homeland of another saint: St. Rosendo.

Santiago de Compostela

In the early years of the 9th century, the remains of the apostle Santiago (St. James) were discovered. An ancestral tradition which dates back to the 4th century tells of how, after he died in the year 44 A.D., the apostle's remains were brought by sea from the Holy Land to Compostela. The discovery of these remains by Bishop Theodomirus of Iria Flavia excited the Christian West to such an extent that Compostela ended up becoming the centre of the end of the world, thereby rivalling Rome and Jerusalem as a place of worship and pilgrimage. It is hard to know the reasons why so much importance was given to this find, though undoubtedly there were many different motives. In any case, the pilgrimage to Compostela became a landmark in the social and cultural history of Europe at the height of the Middle Ages, and was one that went beyond the scope of the merely religious.

Little is known of the early routes pilgrims used to get to Santiago, but it is believed that once they reached the Iberian Peninsula, they used a route that ran along the coast, with the aim of safeguarding themselves from possible Muslim attacks. Tradition has it that during the 11th century, Sancho the Great, the King of Navarra, diverted the *Camino* to its present route, which became known as the "French Way", and which comes from the other side of the Pyrenees: "C'est loin, les Espagnes". However, in fact, there were several routes that the pilgrims followed, and still follow today on their way to Compostela. These pilgrims were, according to Dante (who is said to have dreamt of travelling to Galicia) pilgrims *par excellence*: "nobody can call himself a pilgrim except those who

travel from their home to Santiago or return from there". The first pilgrim to arrive in Compostela – at least the first to have been documented – was a French bishop from Le Puy called Godescalco, and who reached the Galician city in the winter of 950. This is reported in a manuscript from the Rioja town of Albeda de Iregua: the bishop, "who for reasons of prayer, left Aquitania with great devotion and, accompanied by a large group, hurried to the region of Galicia to humbly beseech the mercy of God and the protection of the apostle Santiago". A few years later, in around 959, the Abbot Cesareus from the Catalan monastery of St. Cecilia of Montserrat visited Santiago. He was followed by Conrad, Bishop of Maguncia in 1064 and the Duke of Aquitaine who, in 1137, visited the city for the eighth time.

The age of glory and splendour for Jacobin pilgrimage lasted from the 11th to the 13th centuries, when the *Camino de Santiago* became a major element in the Western world, a unique feature throughout Europe. We can get some idea of its great importance from the account written by Ali ben Yusuf while on a diplomatic mission to the court of Doña Urraca, when he wondered – in the mid 12th century – who it was that was so great that such a crowd of people would come and go to pray, to the extent that "one can hardly move along the west road".

PLANNING THE JOURNEY: THE PREPARATIONS

A pilgrim's journey had to be meticulously prepared, as they would be away from home for a long time – months and sometimes years, depending on their destination. The first task was to plan each of the stages. Of course, the pilgrims of the later mediaeval age had and easier job of this, as they had more information on the best routes and possible stages, partly thanks to the accounts that had been written of pilgrimages before theirs. The first-known of these was written by Eusebio de Cesárea, and was called *Onomasticon*. Written before the year 331, it gives information and a brief description of the places that appear in the Bible and which were eagerly visited by the "passers-by of the sacred". A more personal, detailed account was the *Itinerarium Egeriae*, in which the author tells of her journey between the years 381 and 384. The manuscript is an exceptional testimony that reveals a great deal about eastern society in the late 4th century, even though it is incomplete, as the beginning and the end are missing. The author, a female Hispanic pilgrim, travelled from Constantinople (where the text begins, and where she no doubt arrived by following the Domitian Way from the West)

after crossing Cappadocia, Antioch and other regions. She also reached Mount Sinai, which was guarded by Roman soldiers who escorted her for a while; she then travelled through Samaria and Galilee, climbed Mount Nebo, saw the Red Sea and stopped off at a number of places, including Idumea (the land of Job), Tarso and Edesa, before finally returning to Constantinople. The same places, and a few more, were visited by an anonymous pilgrim of which we only know that he was originally from the Italian town of Piacenza and that he was in the Holy Land in the second half of the 6th century. He travelled from Constantinople to Palestine after passing through Cyprus. After Jerusalem, he went on to Mount Sinai, Alexandria and Syria, among other places. Just like Egeria, this pilgrim from Piacenza wrote an account of his travels, though his has survived in its entirety. In addition to the places he passed through, he tells of the flourishing "tourist industry" that had sprung up at that time around the places related with the life of Christ or the various martyrs; he writes that visitors could sit in the same chair in which Jesus had sat, and see the book in which he had written his first words. A much more modern account – from the second half of the 15th century – was the *Journey to the Holy Land* by Bernardo de Breidenbach, a canon from the city of Maguncia, who returned from his pilgrimage in 1484. The work became very popular, no doubt for its literary value and the exoticism in which his account is steeped: "All the people of Armenia have the hair on their heads cut short and in the shape of the cross".

The most well-known of these guide books is the one that has become called *The Pilgrims Guide* – the fifth volume of the *Liber Sancti Jacobi* (12th century), which is also called the Calixtine Codex. The authorship of the account is attributed to the French monk Aimery Picaud, and it is a complete, practical guide for travelling the Camino de Santiago, though it includes praise for the great Abbey of Cluny. The author, who was accompanied by a Flemish Lady called Gilberta, divides the route into 13 days, beginning at Saint Jean Pied de Port and ending at Compostela: "... and finally, Compostela, that excellent city of the apostle, which possesses all manner of charms and contains the precious mortal remains of Santiago, as a result of which it can justly be considered the happiest and greatest of all the cities of Spain". However, he also warns the reader of the dangers to which pilgrims are exposed, as well as the everyday problems, the type of people who live in certain places, the places of refuge, the sanctuaries that should be visited and the places to be avoided, such as "the town called Los Arcos, next to the first hospital; that is, between Los Arcos and the hospital itself, as there is a

river that flows through there which is deadly for all men and beasts that would drink its waters".

More artistic and "modern", meanwhile, is the *Luca Chronicles*, which was written in the early 15th century and consists of a series of drawings with comments. It was written by Giovanni Sercambi and illustrates and comments on the jubilee year 1300, with the arrival of pilgrims at Rome and their entry into the city. It is drawn with such detail and in such a precise manner that one can study the Roman architecture of the age, with its walls and towers, the belfries and domes of the different churches and a detailed description of the clothing of the "Romeros". Another interesting collection of drawings dates from around the same time; it is entitled *Scenes from the Birth, Life and Death of Ricardo Beauchamps, Count of Warwick*, and part of it deals with the Count's pilgrimage to Jerusalem, including his departure from England dressed in typical pilgrim's attire.

Another "more personal" type of guide book was the one given by the Counts of Barcelona to distinguished travellers who wanted to visit Compostela in the 12th century. Vázquez de Parga mentions that a man called Johan de Loara acted as a guide for some gentlemen from Rousillon, one of whom was called Poncius de Rocha.

Another important task when preparing for such a journey was to obtain legal identification, even though not all pilgrims possessed it. One who did was Egeria; she had an official visa that allowed her to use the Imperial post and the official hostels that could be found along the way. At the height of the Middle Ages, the "letter of neighbourhood" was the only identifying document for travelling that existed. It was issued by the council of each town or city, providing that the pilgrim lived there. Other documents included safe-conducts issued by great lords and, sometimes, by the king himself: in 1383, Richard II of England issued safe-conducts – valid for one year – to the knight Golfred of Poulglon and to Robert Brocherioul, for them to travel to Santiago. But sometimes no visa or authorisation was necessary, because the very nature of being a pilgrim was sufficient as a "passport". This was the case with the aforementioned Count of Warwick who, on his journey to Jerusalem, passed through Paris, where the King of France assigned one of his most trusted men to accompany the Count through the country safely. This degree of security did not diminish when the Count arrived in Venice, since the Doge of the city placed at his disposal a ship that took him to St. John of Acre, and waited there for his return. Finally reaching the sacred city, the Sultan of the moment smothered the Count with all kinds of honours that made his stay a very pleasant one, as far as we know.

Another important factor in the mediaeval pilgrim's preparations was that of clothing and other accessories – at least it was for William Wey. This Englishman, who was one of the founders of the famous Eton College, made a pilgrimage to Santiago in the sacred year of 1456, and produced a pleasant account of his journey. In addition to pointing out that there were more than 80 pilgrim ships moored at La Coruña, Wey also mentions the necessary equipment for a good journey, including purgatives, tonics, dried fruit and nuts and clothes "that are well-made". This advice was almost certainly of no use to most pilgrims, who had little money and whose only belongings were comprised of a wide-brimmed hat, a cloak (which also served as a blanket at night) as well as bags, haversacks, bundles and other small, cheap indispensable elements, such as a staff and a wine gourd. Other objects, such as the scallop shell (the most well-known iconography is the one in *Cantigas de Santa Maria*) which, while it was not necessary, identified all those travelling to or from Compostela. For these people, who travelled with their "bags empty", the only way they could meet their basic needs was from charity. King Alfonso X also mentioned, in one of his *Partidas*, that pilgrims "must be safeguarded and honoured in the places where they walk and dwell".

In contrast, for upper-class travellers such as noblemen and certain clerics, pilgrimage could be more "comfortable" given that money was the key that opened all doors. To prevent undesired mishaps (mainly theft), from the 12th century onwards, money transfers were used; these were cashed at the destination, and after the late 14th century – at least in Santiago de Compostela – moneyed pilgrims no longer needed to worry themselves over the equivalents of their currency with those of other countries, as there was an official money changer who set currency rates and the price of gold and silver.

One thing that was vitally important for pilgrims was to leave all their problems solved before their departure, such as safeguarding their property during their absence and, in some cases, writing a will. The latter was indispensable for all those not planning to return and who, in the words of Marquez Villanueva, wanted to die *ad sactos*; that is, in a sacred place or on the road to it. This was the case of Melania, a female Hispanic pilgrim who, in 371, after having left her entire fortune to her son, set off for Jerusalem, where she founded a monastery with 50 nuns and a hospice for sick pilgrims.

To safeguard his properties, Nompar de Caumont, a 15th century French nobleman, wrote in his diary all the stipulations for the protection of his lands and his people before leaving for the Holy Land. Among these requirements, he listed the prayers that they had to say to ensure that he returned safe and sound – and they must have worked, because we know that he did return home. Some pilgrims did not return and did not even reach their goal, either because they died or because – and this was fairly common – because they stopped and settled in some place along the way: there are many examples of French "colonies" that sprang up along the road to Compostela.

The last stage before beginning the journey was to bid a solemn farewell to one's family and to attend a mass at which the pilgrim would state his or her purpose, as stated in the *Partidas* of Alfonso X, to complete their route "with great devotion and with humbleness". Finally, the pilgrim would pray for a good journey.

THE JOURNEY

In the general prologue of Geoffrey Chaucer's *Canterbury Tales*, it says that it is in spring: "When that Aprilis, with his showers swoot, The drought of March hath pierced to the root...and the younge sun hath in the Ram his halfe course y-run, then longe folk to go on pilgrimages, and...for to seeke strange strands". Some went on their own, others in company, because that was the best way of preventing the risk of attacks and robbery, as in the case of an English knight called Thomas Swinburne who travelled to the Holy Land in the late 14th century, joining up with two other knights and seven German squires. Another example was King Louis VII of France, who travelled with an enormous entourage on his pilgrimage to Santiago in 1154. Even so, the route was very long and exhausting, whatever the destination. The Spanish author Juan de la Encina (1468-1529) expresses this very graphically in a work entitled *Trivagia* or *Via Sacra of Jerusalem*, in which he relates the hardships he encountered on his journey to the Holy Land.

Travelling is very holy, but also very hard work
for the spirit and body, requiring effort and strength;
anyone would faint if God did not help them,
and many give it up because it is so hard.

This is why a pilgrim's most highly-prized possession was a mount, whether it be a horse, a mule or even an ass, for which no knowledge of horse riding was needed, obviously, and which in the Holy Land was the only form of transport allowed to Christians – though there were exceptions: the pilgrim Egeria rode to the top of Mount Sinai on a grey mare. However, all these animals needed special care, which represented a large expense that not all the "passers-by of God" could afford. This was not the case of an English nobleman called Willibald who, in the early 15th century set out on a pilgrimage to Rome with his family. However, he travelled on foot out of penitence, while his servants and animals transported his extensive equipment, which included large, comfortable tents for sleeping and resting in, as well as countless other things. Thus, the difficulty of the route depended on the social and economic standing of the pilgrim.

Some routes were quite easy. The journey to the Holy Land was the hardest, both because it was such a long distance and because of the absence of different services that were readily available along the *Camino* to Compostela, at least from the point when the so-called "French Route" came into being. Hospitals, hostels, hospices, bridges and other helpful elements for the, pilgrim such as the elimination of barriers (mainly fiscal) were created along the old Roman roads that most pilgrims used for their journey: "Road built in ancient times that is used by those who travel to and from Saint Peter's and Santiago", a document issued by Count Gómez de Carrión in 1047 tells us. Bishops such as Diego Gelmírez, and even saints such as St. Dominic de la Calzada, and kings such as Alfonso VI were responsible for the main works of maintenance of the "road that runs toward Santiago", in the succinct words of the Castilian King. Other important aids were the information that pilgrims received on their arrival in the different cities. In Venice, the city government appointed guides who would act as interpreters for pilgrims and help them to buy – without being cheated – the necessary provisions for the rest of the journey.

As I have said, the most difficult pilgrimage route was the journey to the Holy Land which, during the first centuries, ran through the Balkans region, after which it passed through Constantinople and, finally, south to Jerusalem. Later on, most of the journey was made by sea, especially when the Venetian and Genoese ruled the Mediterranean. This form of transport was so widely used that, as M. Wade Labarge points out, the Venetian authorities considered it necessary to regulate pilgrims' legal status, including the number of voyages they made – which should be two, one in spring (on Ascension day) and the other in summer. One example of this type of voyage is the aforementioned one by Thomas Swinburne who, in late 1392, embarked at Venice to sail to Alexandria and Cairo, stopping off at Mataria. From there he sailed up the river Nile, after which he made for Mount Sinai and the monastery of Saint Catherine, where he arrived on the back of the camel. From there, he took two weeks to reach Gaza, and from there to Jerusalem, before stopping off at Bethlehem. He returned via

Damascus and Beirut, where he caught a boat to the island of Rhodes. The total journey cost the English pilgrim 477 Venetian ducats, which covered his passage, camels, wine and other supplies for him and his companions. A lot of money, though no doubt well-spent, if one considers the joy our pilgrim felt on seeing, for the first time, crocodiles, elephants and giraffes, and discovering the places that still retained the memory of the Saviour.

Another type of journey was the one made by the Archbishop of Compostela Diego Gelmírez (1059-1139) to Rome with a number of canons to visit the papal curia. We know his route exactly thanks to the *Historia Compostelana*: he left Tierra de Campos and "after crossing the mountains surrounded by many suitable people, both clerics and soldiers, arrived in the Basque region and the land of our Church". After that, he crossed the Pyrenees and reached Auch in France. Three days later, "smothered in honours" he entered the city of Toulouse. After following some tortuous roads, he reached the monastery of Saint Peter of Moissac, to leave the next day for Cahors and then on to Limoges ("where it is known for certain that the body of St. Marshall lies") and Cluny. On crossing into what is now Italy, the Galician Archbishop passed through Susa (Turin), before entering Rome dressed as a soldier, owing to serious problems with a "Teuton chief". He stayed in the city for 10 days and, among other things, promised to visit personally or through emissaries, the "tombs of the apostles unless I am exempted by licence from them". He did not return.

Pilgrims had many pastimes for making the journey easier. In addition to singing liturgical hymns and praying – "one must always pray, without losing heart" (Luke, 21: 36) – or giving readings from the Scripture, or ascetic practices such as fasting or going without sleep, pilgrims also used to entertain themselves by visiting the monasteries and sanctuaries along the different routes and listening to the minstrels who could be found along the road, as Ramón Llull tells us. Thanks to this, the lyrical troubadours spread throughout the peninsula, just as Gregorian chant had done previously in the 11th century, following on from *Canto Hispanico* and Mozarabe song.

THE ARRIVAL AND THE STAY

The first thing pilgrims used to do on arrival at Santiago de Compostela was to get rid of the clothes they had been travelling in, either leaving them or burning them at a place set aside for the purpose – the famous *cruz de los farrapos* (cross of the rags and tatters), where they would also be provided with new clothes.

Afterwards they would wash, in what can be considered to be a kind of act of purification similar to the one pilgrims carried out in the river Jordan on their way to Jerusalem. After that, pilgrims had to look for lodgings and to prepare for the night – "the doors of this basilica never close" – when one of the most important pilgrims' rituals was held – the vigil. During this ceremony, the pilgrims entered the cathedral with burning candles, which should not be extinguished until the end of the service. They were grouped together according to "nations" and sang their hymns, giving thanks to Lord Santiago. In the morning, they had to carry out another ritual – the offerings, which were deposited (according to their nature) at different points in the cathedral. This was done in accordance with a ceremony that was first recorded in the mid-13th century. The last part of the service, after they had been granted indulgence, was confession, after which they could receive Communion and obtain "La Compostela" – a certificate attesting to the fact that they had made the pilgrimage. For the confession, at least from the 12th century onwards, there was an international group of interpreters available who were called called *lenguageros* in some documents.

During their stay in Jerusalem (which, while under Muslim rule could not last longer than two or three weeks, as stipulated by the authorities), pilgrims also attended celebrations, mainly in the church of the Holy Sepulchre; this consisted of a prayer vigil in which they read sacred texts, just like in Compostela. On the following day, they celebrated the Eucharist and worshipped the relics: "the main thing is that it is carried out in a way that the psalms and the antiphons are always suitable and convenient for what is being celebrated" (Egeria, 4th century). In addition, they visited all the known churches and still had time to admire the city's remains of its pagan past, something that angered St. Gregory Magno, who proposed that this part be destroyed. St. Gregory's ideas were mentioned by a Spanish traveller called Pero Tafur who journeyed to Rome in the mid 15th century: "the Pope Gregory ordered all of them, or a greater part of them, to be demolished, so people would stop visiting them or follow the sanctuaries".

Famous visitors carried out another ritual that consisted of hanging their arms and standards – as a kind of testimony to their visit – in a hall in the church of the Holy Sepulchre. This was done by the future English king Henry IV, Henry of Derby, who left the emblems of his coat of arms there in 1393.

One of the last things pilgrims used to do was to buy souvenirs. In Compostela, the scallop shell became the symbol of pilgrimage to that city, and it is recorded in the *Liber Sancti Jacobi* that just as the palm is the emblem of those returning from

Jerusalem, the scallop shell is the symbol of pilgrims on their way back from Santiago. But on their return from the Holy Land, in addition to the palm, pilgrims brought fabrics or the famous bottles or *eulogies* – small bottles containing precious liquids such as the oil from the lamps of a sanctuary (for example, that of St. Menas or St. Tecla), or water from a spring nearby the tomb of a saint or a martyr. More generous was the pilgrim Nompar de Caumont, who reports that he brought back numerous objects such as fabrics, rings and bags from his pilgrimage.

Another important element of pilgrimage was the relics, which gained an extraordinary importance in the mediaeval world. Mostly related with martyrs (or rather, with martyrs' bones, though there were some associated with the life of Christ) they represented a highly-prized asset that achieved great importance in the West. Visiting the tombs of these martyrs was another very important factor when it comes to explaining the great numbers of pilgrims in the Holy Land.

Afterwards there was the return journey, back on the road again, but now everything was different, as they were returning home to rest, regain their strength and to try and make the journey again, so as not to forget: "In the beginning there was the path" (Joseph Badier).

PHOTO CAPTIONS

Page 158
The pilgrim's deepest desire was to go back to the origin, to the beginning, as a way of acknowledging himself and all of humanity. An illustration of a Flemish miniature from the 15th century by Guillaume de Diguleville. (Bibliothéque Royale Albert I, Brussels.)

Page 160
Pilgrimages to holy places have, since antiquity, formed part of the piety of the Christian world. For St. Cyril, a sacred place is, above all, testimony to the passing of Christ, and of his existence. The image shows Jesus in a storm, in a miniature from the "Gospels of the Abbess Hilda of Meschede" (17th century). (Hessische Landesbibliothek, Darmstadt.)

Page 161
"The path of pilgrimage is something very good, but very arduous. As the past that leads men to life is a narrow one." (*Liber Sancti Jacobi*). An allegorical image of a pilgrim in the *Crónica* by Pietro and Floriano Villola (14th-15th centuries). (Bologna University Library, Italy.)

Page 162
During the whole of the Middle Ages, Roman roads were the most important land route for reaching any location, as they linked the most remote places in the old Roman Empire. Travelling on these roads, you could

go from Galicia to Jerusalem, and it was a system commonly used by pilgrims. The image shows a Roman road – the Cassian Way – in the Italian region of Lazio.

Page 163
The English monk Matthew Parris, who died in the mid-15th century, wrote numerous books and published some of the first mediaeval route maps, such as the one in the image. (British Library, London.)

Page 164
The main reason for the pilgrim's journey is to follow a call from within, to become closer to God and to increase his faith in a suitable place, a *locus sanctus*. One of these places was Mont-Saint-Michel, which during the whole of the Middle Ages attracted numerous pilgrims, many of whom came from Normandy, Germany and Flanders.

Page 165
Illustration of the Hereford *mapamundi* from 1290. As with many other mediaeval maps, the world is represented by a flat disk with the East at the top and Jerusalem in the very centre. (Hereford Cathedral Archives, England.)

Page 166
One of the first known female pilgrims was the Hispanic Egeria, who travelled throughout the Holy Land between 381 and 384. She left us her *Itinerarium Egeriae* which, though incomplete, represents an exceptional testimony of pilgrimage of that time. The image shows a copy of the manuscript (9th century). (National Library, Madrid.)

Page 167
Many of those who opted for the maritime route used Venice as their point of embarkation. The next stop was normally St. John of Acre. In this illustration from the late 15th century (by the German canon Bernhard von Breydenbach) St. Mark's Square in Venice can be clearly seen. (Libreria Marciana, Venice.)

Page 168
An illustration by Bernhard von Breydenbach showing a galley sailing for the Holy Land. (Libreria Marciana, Venice.)

Page 169
"And so, often, before cock crow, the gate of Anastasia would open and all the monks and virgins would come out. And not only them, but also the lay men and women who wanted to observe the morning vigil" (*Itinerarium Egeriae*). An image of the Holy Sepulchre in a 15th century manuscript. (National Library, Palermo.)

Pages 170-171
Pilgrims nearing the Holy Land would often make a detour, before or after a visit to the sacred city, to the monasteries of Egypt. The image shows a map of the city of Alexandria, from a manuscript. (Simancas General Archive.)

Page 172
Detail from the *Iter de Londinio in Terram Sanctam* by Matthew Parris which shows the port and city of St. John of Acre, the port used by pilgrims on their way to the Holy Land, until it was conquered by the Egyptian Mamelukes in 1291. (Corpus Christi College, Cambridge.)

Page 173
Together with Jerusalem and Santiago, Rome was one of the most important pilgrimage destinations in the mediaeval world, and especially after 1300, when the first of the "Jubilee years" was held. An illustration of the city of Rome, by Tadeo di Bartolo (Siena, *circa*. 1362-c. 1422), in a fresco. (Public Palace, Siena.)

Page 174
"We used to go down to the catacombs excavated in the subsoil. Inside there was great silence and there were tombs on all sides" (St. Geronimo). A detail showing the paintings in the catacombs of Priscilla in Rome, and which shows the figure of the Good Shepherd.

Page 175
Detail showing pilgrims inside the church of "the Madonna of the Birth" in Rome. It has been dated to the first half of 15th century.

Page 176
The Hispanic Prudentius, who travelled to Rome between 401 and 403, recounts in his *Hymn to the Martyrs* his visit to the tomb of the apostles Peter and Paul, which, the author says, had become a place of pilgrimage for everyone visiting the Eternal City. Bas-relief with St. Peter and St. Paul. (Paleo-Christian Museum, Aquileya.)

Page 177
The arrival of pilgrims at the city of Rome during the Jubilee of 1300. The illustration forms part of the "Chronicles" by Giovanni Sercambi from the early 15th century. (State Archive, Manuscript Library, Lucca.)

Page 178
"The pilgrims who come from Jerusalem carry palms, while those who returned from the century of Santiago bear scallop shells. And so, the palm signifies victory, while the shell means good works..." (*Liber Sancti Jacobi*). French miniature from the second half of the 16th century showing Jesus Christ sending the apostle St. James (Santiago) to preach in Spain. *Heures de François de Guise*. (Musée Condé, Chantilly.)

Page 179
Pilgrim praying; a detail from the Sepulchre of Don Martín Fernández. (Leon Cathedral.)

Page 180
Almost from the very beginning the scallop shell became the emblem of the Compostela pilgrim: "There are on the coasts of Santiago certain fish, which are commonly known as *veras*, that have two shells, one on each side, between which, as if between two shields, hides the fish, similar to an oyster" (*Liber Sancti Jacobi*).

Page 181
The most highly-prized possession a pilgrim could have was a mount, whether it be a horse, a mule or even an ass, which obviously did not require any knowledge of riding. Illustration of a pilgrim's horse being shoed, 13th century. (Bodleian Library, Oxford.)

Page 182
Illustration showing several asses. The Bible of Sancho the Strong, King of Navarra, 12th century. (Municipal Archive, Amiens.)

Page 183
The last step for a pilgrim before his departure was to bid solemnly farewell to his family and to attend a mass. This 15th century illustration shows the Englishman Richard Beauchamps, Count of Warwick, before leaving for the Holy Land. The drawing forms part of the book *Scenes from the Birth, Life and Death of Richard Beauchamps, Count of Warwick*, written in the 15th century. (British Library, London.)

Page 184
The pilgrim Richard Beauchamps, Count of Warwick, prays at the Holy Sepulchre of Jerusalem during his pilgrimage. *Scenes from the Birth, Life and Death of Richard Beauchamps, Count of Warwick*, 15th century. (British Library, London.)

Page 185
Illustration from the most well-known of all the guides, the "Pilgrim's Guide", the fifth volume of the *Liber Sancti Jacobi* (12th century), also called the Calixtine Codex. The authorship of the account is attributed to the French monk Aimery Picaud.

Page 186
Pilgrims' bottles are small receptacles containing precious liquids such as the lamp oil from a sanctuary or the water from a spring near the tomb of a saint or a martyr. Pilgrims brought these back to the West as souvenirs. The photographs show two bottles from the 6th century. (National Archaeology Museum, Madrid.)

Page 187
Three scenes from the life of Ramon Llull: on the left, his conversion; centre, praying to the Virgin of Rocamadour and on the right, praying to Santiago. According to Llull, on both pilgrimages he asked for help to encourage better understanding between Christians and Muslims. Thomas le Myesier, *Electorium parvulum*, an anthology of texts by Ramon Llull. (Badische Bibliothek, Karlsruhe.)

Pages 188-189
On 25th April, 1483, Bernhard von Breydenbach set off for the Holy Land accompanied by two noblemen and a

painter. On his return, he wrote a book that corresponds to this map which shows, among other places, the city of Jerusalem. (Library of the University of Barcelona.)

Page 191
Pilgrims often paid a visit to the monks and anchorites in Syria. The image shows the remains of the façade of a Paleo-Christian church in Bakirka.

Page 192
According to legend, after her martyrdom in the city of Alexandria, angels carried the body of St. Catherine to the monastery that today bears her name, on Mount Sinai.

Page 193
Present-day image of the Holy Sepulchre that clearly shows the Anastasias.

Page 194
Pilgrims before the Holy Sepulchre in Jerusalem in an illustration from *Liber Peregrinationis* by Ricold of Montcroix. (National Library, Paris.)

Page 195
St. Menas was a Roman soldier who was martyred in the city of Alexandria in the late 2ⁿᵈ century. His relics were worshipped in a monastery near to this city, and which had been built on the *Serapeion* consecrated by the God Amon. Bas-relief from the 6ᵗʰ century showing the saint. (Kunsthistorisches Museum, Vienna.)

BOXES

Page 159
"To serve God and honour the Saints and to know how to do this, by missing their homes, and their wives, and their houses, and everything they possess, and going to far-off lands, lacerating their bodies and losing their goods, in search of Saints".

Alfonso X (13ᵗʰ century)

Page 167
"When we were walking, a presbyter met us and he said: ' If you want to see the water that flows from the rock, that is, the water that Moses gave to the thirsty children of Israel, you can see it, if you make a detour of approximately six miles'. When he said this to us, we immediately wanted to go, and changed our route, to follow the presbyter. And there in the middle, between the church and the hermitage, flowed water from the rock, very clear and crystalline, and delicious of taste."

Itinerario Egeria (14ᵗʰ century)

POLITICAL JOURNEYS:
MISSIONS AND DIPLOMACY

FOLKER REICHERT

TRAVELLING DIPLOMACY IN THE MIDDLE AGES

In Europe in the Middle Ages, permanent embassies and professional diplomacy did not exist. Even though precedents can be found in trade delegations for the Italian maritime cities in Constantinople, the Crown of Aragon's power of attorney or the Catholic orders in Rome, no network of permanent diplomatic delegations was established in Italy until the mid-15ᵗʰ century, and this did not spread to the rest of Europe until the 16ᵗʰ century. Until that time, diplomatic relations were not maintained in a continuous way, but rather according to needs; that is to say, with personal meetings between the dignitaries involved or through the dispatching of fully-empowered representatives. Governments did not communicate with each other within a framework of lasting institutions, but through journeys by their envoys. The "Ambassador" was, in these cases, a messenger who delivered a letter, communicated an item of news or had to speak on behalf of his lord. The most suitable categories for this function were *missus*, *nuntius* or *orator*. The word *ambasciator*, which evolved into "ambassador", did not appear until later on, when a regular diplomatic delegation system began to appear. There were, however, rules and rituals through which dealings between the empires were organised. Generally speaking, envoys enjoyed protection and security, given that they were considered to be inviolable and provided with immunity. They were also offered accommodation in accordance with the rules of hospitality, and were aided by interpreters. Gifts were exchanged, and in most cases it was also tacitly accepted that envoys would carry out a certain degree of espionage, informing their master what they had discovered on their return. But not all of them were given the same treatment. The highest-ranking envoy was the representative of the empire that succeeded the ancient Romans, and at first the Roman Empire of the France and Germany was not considered as such, but rather Byzantine. Anyone travelling in the early Middle Ages from one imperial court to another must have been painfully aware of this fact: in the year 968, Liutprando of Cremona, the Italian bishop and envoy of Otto the Great, was granted the mission to persuade the Emperor of the Orient that his lord was a governor of the same rank, and that the best way of sealing an al-

liance was by marrying a princess born in the Imperial Palace of Constantinople. However, the Byzantines insisted on maintaining the hierarchical order and treated the Western Emperor as if he were a conceited barbarian prince in the distant periphery of the *ecumene*, or rather, the very edge of the inhabited part of the world. They forced his envoy to sit at the Imperial table behind the representative for Bulgaria. This clearly showed that Byzantine considered itself to be the centre of the Christian *ecumene*, and the other empires not as political partners but as mere satellites.

Such principles abounded in Islamic empires, though more civilised ways of dealing with foreign envoys had been developed; even so, the subjection to Islam (in the awareness of its religious and cultural superiority) represented the fundamental norm that was to be followed. The fact that Charlemagne maintained regular diplomatic relations with the Caliph of Baghdad Harun al Raschid, and that they exchanged spectacular gifts, was a notable exception and is clear evidence of the former's great importance.

Otto the Great, in contrast, had little success. When he responded in a similar tone (i.e. by insulting Islam) to a hostile communiqué to the Christians from the most important of the caliphs of Cordoba, Abderraman III in a similar way, his envoy, the Abbot Johannes of Gorze, suffered similar treatment to that received by Liutprando of Cremona in Constantinople – they made him wait for three years during which time they amazed him with the luxury of the court and the magnificence of the great Andalusian city (953-956). The ascetic monk resisted all the threats and seductions, but in this way it was impossible to develop a pragmatic exchange of envoys within the framework of diplomatic relations on an equal footing.

NEWS FROM THE MONGOLS

In around the year 1200, the circumstances had changed greatly. The Byzantine Empire had lost much of its previous importance, and following the conquest of its magnificent capital by the Crusades (1204) it was removed once and for all from the ranks of the great European powers. Also the Islamic empires had been repeatedly placed on the defensive owing to internal fragmentation and pressure

from outside, and with the Crusades in the Near East and the Reconquest in the Iberian Peninsula, they had come to fear and respect Christian warriors. At the same time, a system of powers came about in Europe, constituted by a certain number of fairly small kingdoms in competition with each other, but which all shared a desire for expanding their outer borders. The future would belong to them. In the medium-term, this power had to face up to the threats and challenges of the Ottoman Turks, who had settled in the 13th century in Anatolia and later in the Balkans. But first, the new European power would have to face the might of the Mongol Empire under Genghis Khan and his successors in the vast space between Russia and China. It is hard to exaggerate the importance of this factor for the history of travelling and discovery in Europe.

However, the Mongols' military campaigns did open up the possibility, for the first time, of direct contact between Europe and Central Asia. Given the devastation and unheard-of atrocities that had been committed by the Mongols, what most interested Europe was to find out more about the origin of this unknown people, and about their intentions. Did they really come from Tartary, as it was claimed in Europe, or were they descended from the peoples of Gog and Magog, who were supposed to precede the arrival of the Antichrist at the end of time? Who were they, what drove them on, and could Europe defend itself from their attacks? Thus, several explorers were sent to try and find the correct answers to these questions, through conversations with the Mongols. Two of them were more successful than the others. Their reports are comparable in many aspects, even though significant differences also arise in the comparison: the Umbrian Giovanni de Pian del Carpine (approximately 1190-1252) was one of the first companions of St. Francis, and in 1221 he was sent to Germany to boost the expansion of a young Franciscan order beyond the Alps. An earlier attempt had failed disastrously a few years before, and the mission was considered a difficult one. But Giovanni emerged from the test with flying colours, and in 1228 he was designated provincial minister in Germany; from there here was moved to the Iberian Peninsula in 1230 and then to Saxony in 1232. When, in 1245, he set off on commission from the Pope to find the Great Khan of the Mongols, he was already an elderly man. The papal envoy was a venerable religious dignitary who had great experience of life, rhetorical skills and general culture – in addition to (as would become clear) a certain physical strength, and he had already shown that he could make full use of his caution and diplomatic skills in difficult situations. On his return he was given the

Dalmatian archbishopric of Antivari (Bari), a post he would only occupy for a few years.

Flemish Wilhelm von Rubruk, though he belonged to the order of the Minorite Franciscans, he never seems to have occupied an important religious post. Of his life, which is scantily documented, we know that he probably lived for a time in France, and there are many reasons to suppose that he studied at the University of Paris. As a member of a Franciscan mission or as part of the entourage of Louis IX of France, he travelled to the Near East, where he probably learned Arabic. When, in May 1253, he left Constantinople for Central Asia, he was only a simple middle-aged monk, even though no other traveller to Asia in the late Middle Ages possessed a comparable education. His knowledge of the Bible and of the classics turned out to be important during the journey, as was his ability to argue dialectically and to ask the most suitable questions. After his return from Central Asia, he remained first at the Franciscan monastery in Acre, and later returned to Paris. After that, no more is heard of him.

Giovanni de Pian del Carpine travelled with a small entourage as a papal envoy. In Syra Orda, near Karakorum, he effected delivery of a communiqué from Pope Innocent IV, in which the Pope expressed his horror at the atrocities carried out by the Mongols, and called on the Great Khan to desist from them in future. At the same time, the envoy must have also tried to discover what long-term objectives were concealed behind these barbarous attacks, as well as what plans the aggressors had the near future and where the secret of their strength lay. He may have even taken a list of questions about their origin, beliefs, way of life, number and other essential data. Though it might seem an anachronism, Giovanni could be called a "spy of the pope".

Wilhelm von Rubruk shared the opinion of King Louis IX that some Mongol princes harboured affection for the Christians. A mission by a governor in the Caucasus (as well as a few misunderstandings) had suggested the idea. However, the attempt to have an audience with the Great Khan through a Dominican (Andreas de Longjumeau) and to form a primary alliance both failed (1249). The degree to which Louis IX participated in Wilhelm's journey is not completely clear. The King gave the monk a document in which he not only requested benevolence from the addressee toward the traveller and asked him to guarantee the monk a safe stay, he also insinuated, in an indirect manner, that the Mongols and the Christians should united against the Muslims. On various occasions, Wilhelm von Rubruk persistently claimed to his hosts that he had not come to the steppes as an envoy of the king, but as a

simple missionary, and later he offered to act as a spiritual guide to a group of Transylvanian miners who had been forcibly displaced to Central Asia. But the monk's claims fell on mainly deaf ears. In spite of all his protestations, he was treated as a diplomat, and was sent from leader to leader. Finally he was given a document in which the Mongol Khan replied to Louis IX. After translating the letter, sending it on, in accordance with his instructions and finally writing a report of his journey, Wilhelm von Rubruk had effectively become a royal emissary, very much to his regret, as he had verbally refused such a role on several occasions.

Apart from the starting point of his voyage (here Lyon, and there Constantinople), the external circumstances of the two enterprises were not much different. Both ambassadors were away for more than two years, and had sufficient opportunity to form an idea of the geography of the regions between the Urals and the Altai that they had crossed on their journeys. On recognising that the Caspian was an inland sea, Wilhelm von Rubruk was even able to correct Isidoro of Seville, and the latter's belief that the aforementioned sea was an ocean gulf. Both travellers were taken from one local chief to another and had to put up with the inclemency of the weather, before finally reaching Karakorum. Even though both had gradually began to run out of gifts, the papal envoy played a better role than the simple mendicant monk, who had difficulty in finding suitable clothing for the long journey in a climate which was freezing in winter. His strength was in his frankness and the modesty of his objectives. It seems that even the Great Khan felt to some extent amazed by Wilhelm's solid personality. In the end, both reached the same conclusion: that the Mongols wanted to dominate the world, and that in such circumstances there was no point in establishing any contact.

Giovanni de Pian del Carpine fulfilled his mission by writing his *Historia Mongalorum*, a report on the Mongols, their religious beliefs and everyday customs, their history, their hierarchical order and the organisation of their army. Naturally, the work sometimes includes references to personal experiences. He did not even use the final chapter – which describes the journey by the papal envoy through Kiev, Southern Russia and the deserts and steppes of Central Asia – to spice up the narration; it merely gave credibility to his report. From his comments, which are precise but dispassionate, we can deduce, for example, that he was unable to find much to praise about the Mongol cuisine – neither the dog or fox meat, nor the rats, nor, of course the lice, were to his taste (which was by no means select). Nor did he appreciate the table manners when dining with his hosts –

the custom of wiping one's greasy hands on one's trousers and the lack of cleanliness at the fountains and with the spoons did not help to stimulate his appetite. He missed bread and being able to clean his hands and mouth after eating. The banquets lasted for a long time, during which they drank quantities of alcohol that the monk could not cope with. But anyway, he did as the others did, as far as possible, generally abiding by the rules they had explained to him. In order not to endanger the success of his mission, the papal envoy even endured purification rituals, such as walking between two fires. As for his hosts, he didn't trust them at all, considering them to be dishonest, greedy and avaricious.

Wilhelm von Rubruk wrote a report of his experience that included references to the Mongols' religion, customs and way of life. But unlike Giovanni's report, the author's personal experience was at the very centre of the account. The Flemish monk also found it difficult to become accustomed to life on the steppes and to understand the way of thinking and conduct of these people. He even found their exterior appearance strange – he thought the women repulsive with their painted faces. He also wrote about their insolence and greed, their arrogance and pride, and called his hosts' banquets an unworthy excess, without proportion or object, as well as their extravagant drinking habits, in which even the women and the (Nestorian) priests participated. This world to which his desire to propagate the word of God had led him was, in short, "another world".

But Wilhelm von Rubruk was not at all closed off from it. If we ignore one formal conversation on religion in which the monk presents himself as a representative of the Christian faith and thus misses the opportunity to find out more about the teachings of Buddha, Wilhelm made great use of his two-month stay in Karakorum, to obtain an image of the Mongol world that was both sensitive and profound – of their everyday life just as he experienced it, and its traditions and cultural links, just as they had explained them to him. He was even given the opportunity to find out about distant China, as there were also Buddhist priests in Karakorum, and in the city he met Chinese craftsmen and doctors; furthermore, he was the first European to describe the pictographic writing of the Chinese, the nasal sonority of their language, the skills of their doctors and the mythical, distant city with silver walls and golden constructions. Finally, Wilhelm became close to the people with whom he had contact. After a difficult beginning, he developed a friendship with his Mongol guide, and at the end of his stay at the court, he almost reached a level of trust with the Great Khan. When, at his last audience, the Mongol leader started

talking about his religion, the two had a thoughtful exchange of opinions in a relaxed atmosphere. Of all the travellers in the late Middle Ages, Wilhelm von Rubruk stands out as one of the most likable and humanly warm figures. Even though Giovanni de Pian del Carpine's book the *Historia Mongalorum* was far more successful (when he was in Poland he had his first draft grabbed out of his hands, as it were), the *itinerarium* of the simple mendicant monk Wilhelm von Rubruk shows a deeper understanding of the Mongol people and of their life on the steppes.

JOURNEYS TO THE GREAT KHAN IN CHINA

Neither Giovanni de Pian del Carpine nor Wilhelm von Rubruk succeeded in persuading the Mongols to give up their aim of world domination and their demands of unconditional subjugation. Some time would have to pass before certain diplomatic rules were introduced into their political play, and for them to even consider establishing alliances with European powers. Thus, the most intense negotiations were carried out, not with the great Khans of distant China, but with the Il-Khans of Iran and Iraq, who were forced to do battle with the Mameluke Sultanate of Cairo. It was along this road that Bar Sauma, a hermit from the region north of Peking, reached Europe. He came from the Turkish Mongol people of the Onggut, he was a Nestorian Christian and had set out on a journey of pilgrimage to Jerusalem with a Nestorian brother, but the latter only got as far as Baghdad. Finally he accepted a mission from Il-Khan Arghun which took him to Rome, Genoa, Paris and Gascony. But the hermit did not have any success with his political conversations, though while he was conversing with 12 Cardinals about religion or saying mass according to the Syrian rites, he could be sure of having his listeners' attention. The strange sound of his language fascinated them, and the fact that they claimed not to recognise any essential deviation from the Latin rite in the course of his ceremony calmed them. Bar Sauma himself not only showed interest in the relics and treasures of the Roman churches, but also in the eruption of Etna, a naval battle in the bay of Sorrento, the densely populated area between Naples and Rome, the Constitution and customs of Genoa and the large number of students from the University of Paris. His report, written in Syrian, also offers us a rare opportunity to discover about the experiences and thoughts of an envoy from Central Asia in Europe. Mission journeys between East Asia and Europe were not very common, but in the 13th and 14th centuries they were perfectly possible. In most cases, traders carried out this type of function, given that

they possessed greater knowledge of transcontinental communication routes than anyone else. And so, Niccolo and Maffeo Polo, the father and uncle of Marco Polo, were granted by the Great Kubla Khan the mission to establish contact with the Pope in Rome and to recruit 100 missionaries. For their protection, they were given a gold tray (called a *paїza*) which would identify them as plenipotentiary ambassadors of the Great Khan. However, the mission failed because not enough missionaries could be found, and the few who set out on the long road to East Asia only lasted as far as Syria. In their place, Niccolo and Maffeo were accompanied only by the young Marco Polo. Viewed in this way, Marco reached China as the member of a mission, though later, he would carry out similar functions at the service of Kubla Khan. The fact that envoys were also given other work to do was a constant feature of the age, owing especially to the fact that it was a way of making the costly journey cheaper. Thus, Andalò di Savignone had a meeting with the Pope in Avignon, after which he also purchased jewels for the Great Khan in Venice (1338). In contrast, a mission of 32 people travelled to the East to strengthen the mission in China and carry diplomatic gifts to the court of Khanbaliq (near Peking). One of these gifts, a "French horse" awoke such interest that it was painted by an artist, while a Chinese poet wrote a poem about it. The leader of this mission, the Florentine Franciscan Giovanni de Marignolli, had a high opinion of himself and saw himself as an "apostle in the Orient", as an envoy "to the outskirts of Paradise" (*usque prope paradisum*). De Marignolli did not possess the modesty of his predecessor and Franciscan brother Wilhelm von Rubruk, but this is precisely why he was successful. His mission is the only one from the distant West which, prior to the 16th century, succeeded in finding a lasting place in the arts, poetry and history of China. He also received gifts from the Great Khan: gold, silver, silk, embroidery, precious stones, pearls, camphor, musk, myrrh and spices, most of which were lost on the island of Ceylon.

What remained with the envoy were memories, a considerably wider horizon and the recognition of the truth of the Bible. In fact, Giovanni de Marignolli did not only fulfil his diplomatic tasks, he also observed the panorama of the lands across which he travelled, especially on the return journey, which led him through Southeast Asia and India. He identified the "rivers of Paradise" in India and China, he reflected on the existence of fabulous creatures of India, and in Ceylon he imagined that he was very close to an earthly paradise. The Franciscan confused Guanyin (literally a living being [*sattva*] that aspires to enlightenment [*bodhi*]) with the Virgin Mary and he recognised the figure of the crucified Christ in a ba-

nana cut crosswise. For him, the world lay beneath the sign of the cross, and he confided very literally in the sacred texts. Giovanni de Marignolli was, in fact, a very curious man, more curious than he was supposed to be. His fourteen-year mission can be viewed as the journey of a man who was away for a long time, who succeeded in experiencing many things but who always remained faithful to himself.

TIMUR

The end of Mongol rule in China in 1368 also paralysed diplomatic communications with Europe. A short-lasting attempt at the restoration of links carried out by the Turk Timur (or Tamburlaine, 1370-1405), who called for the right to the legacy of Genghis Khan, not only led to devastating wars of conquest and pyramids of skulls several metres high, but also to the re-launching of political contact. The European kings showed great interest in making contact with "the wrath of God", as Timur was known, especially after a battle that took place close to Ankara on 28th July, 1402, in which 70,000 Ottoman Turks were defeated by Timur's 160,000 warriors. One of these monarchs, Enrique III of Castille, considered that it was an opportune moment to establish an alliance against the Turks. As a result, he sent delegates to the Orient once again who were charged with consolidating existing relations or providing information about Timur's intentions. The mission lasted almost three years (1403-1406), and was led by the royal steward Ruy González de Clavijo (who died in 1412), accompanied by a priest, a member of the royal guard and three servants. It is not known if the final report (which is a real literary gem) was written by Clavijo, the priest or by both jointly. The text includes comments on the harsh climate of the deserts and the steppes, the cities and landscapes of the Near East and Central Asia, the commercial goods and regional products and the history of Timur and his horde. It also reflects on the different types of behaviour of people, for example, on the position of women in society – the fact that Clavijo, in Tabriz, could not manage to see any of the women behind their veils led him to praise even more highly the beauty of the women on the Khurasan steppes and in the court of Timur. The Spanish representatives were particularly surprised by the traditional independence of women among the nomadic peoples of Central Asia – they would actively participate in war campaigns alongside the men, as well as in drinking sessions.

As for the food, just as Giovanni del Pian di Carpine had found with the Mongols, Clavijo had to put up with unusual meals and strange table habits at Timur's court, which meant that he would avoid, whenever possible, taking part in get-togethers. Even though, in his description of his stay in Samarkand, the Spaniard does not use one single word to describe the dishes he is offered, he does describe, in contrast (and with increasing surprise), the continuous succession of celebrations, the amount of mutton and horse meat that was consumed, and the lavish consumption of alcoholic drinks: a party was not party if the guests did not return home drunk. Thus any guest who had to be taken out completely inebriated was showing good manners, and the one who could take the most drink was seen as "a man full of strength". Wine had previously been brought by foreign envoys in order to get them tipsy at parties. During festivities they were served in pairs by a servant whose task it was to force them to drink more. The drink had to be downed in a few swigs, and nothing should be left in the cup. And meanwhile, they were stuffing themselves with meat. When the women got drunk, there was a special ritual, but also in these cases so much was drunk that the guests had to be taken home unconscious, which was considered to be distinguished behaviour. All of this represented a problem for Clavijo, as the royal steward was abstemious and preferred to limit himself to sugared mare's milk. Not even Timur's first wife managed to persuade him to drink alcohol, but the governor respected his guest's inflexible attitude.

During their stay, the Spanish envoys had the opportunity to experience Timur's power. They had expected to meet him in Syria, and later in Persia, but they were unable to reach him and had to ride after him to Samarkand. During the journey, the Spaniards were looked after, frequently given gifts and impressed with an efficient system of mail and communication of news. However, they also saw pyramids of skulls and excrement, long lines of deportees and many widows and orphans. They also observed the general fear that the merciless governor awoke among people. In Samarkand they experienced the autocratic ceremony of being guided from garden to garden, from bazaar to bazaar, as guests of honour. They were amazed by a gilded tree decorated with precious stones and enamel birds, as well as by the Great Mosque, the construction of which was being hurried forward by the governor, as he was getting older, and his energy was declining. Neither did the Spaniards fail to notice the remodelling of the old city, the new construction of a street of bazaars and the colony of craftsmen. It is the combination of the lack of moderation, uniqueness, surprise and wonder (in a word, its exoticism) that makes the report by the Spanish envoys so attractive and worth reading nowadays.

At the same time that Clavijo was in Central Asia, one of Timur's envoys was travelling in Europe. However, he was not a Persian, a Mongol or Turk, but an Italian Dominican called Juan who had worked as a missionary for several years in Armenia and later as a metropolitan in Persian Soltaniye (Soldania). The monk had already carried out a previous European mission for Timur, in 1398, and four years later the governor called for his services once again. The monk's origin, his knowledge of languages and perhaps also his way of presenting himself made him perfect for a diplomatic commission. He had to inform the kings of Europe about the events around Ankara, to establish contact by letter and to invite traders to Timur's empire. He also carried with him a portrait of the man who had granted him his mission. His journey took him to Venice, Genoa and Milan, then on to Paris, where he was welcomed particularly warmly (June 1403). He also travelled to Aragon (March/April 1404) and England (February 1405) where he was heard with interest, while in Heidelberg he was made a Palatine count at the court of King Rupert. All these details help to emphasise the importance of his mission, but also, perhaps, the importance that he gave to himself. Juan did not hide beneath Timur's shadow in any way – he called himself an "Archbishop of all the Orient", and went so far as to claim that he had been the man behind the victorious campaign against the Ottomans. Furthermore, he gave the impression that he knew the countries on the other side of the Mediterranean better than anyone else. The Archbishop left two works behind him: firstly, a kind of report on Timur with a biography of the governor, as well as the description of his lands, his court and its resources; secondly, he wrote a "description of the world" (*Libellus de notitia orbis*) which not only showed the difficult situation in which Christianity found itself in Asia and the predominance of Muslims with a great abundance of data, it also provided the European public with its first information about oil in the Caucasus, the gypsies of Kurdistan and the *rex porcorum*, the Emperor of China. Both documents were based on specialised encyclopaedias and works of reference, but they especially draw on the knowledge and experience that the author had acquired in Armenia, Persia and perhaps also in Samarkand.

After Timur's death, Juan of Soltaniye did not return to his archdiocese of Persia. The Italian Dominican was played an important role in the Council of Pisa and went on a mission to Constantinople, and also perhaps to the principalities of Moldavia and Valaquia (1408/9). After that, he stayed in Italy for a while, while preparing to set off once more for Asia. The last news we have from him was dated 12th Feb-

ruary 1412, and he wrote it in Lemberg (Lviv) in Ruternia, probably on the way to Peking where – in spite of his advanced age – he was to take over the administration of the archdiocese of Khanbaliq. With his living testimony, Juan of Soltaniye showed himself to be a tireless traveller who, like most of his predecessors, combined the fulfilment of his political commissions with the experience of new, unusual ways of life.

Photo captions

Page 196
The Spaniard Ruy González de Clavijo embodies better than anyone else the diplomatic spirit during the final years of the Middle Ages. Engraving. (National Library, Madrid.)

Page 198
Western ambassadors felt a fascination for the Orient, describing in their travel books all the details of life in the foreign courts they visited. This engraving shows a hunting scene from 16th century Persia. (Lázaro Galdiano Museum, Madrid.)

Page 199 (left)
Pilgrims praying in the Great Mosque of Mecca. This painting from 1442 was by the Persian artist Bihzad, who produced it for publication in an edition of Nizami's *Khamseh* (British Library, London.)

Page 199 (right)
The Muslim presence in the Iberian Peninsula during almost all the Middle Ages served as a connection between the Christian West and the world of the East. This 14th century illustration shows the Emir of Cordoba in his court in the 8th century. (Marcian Library, Venice.)

Page 200
Diplomatic contact went on between the West and the Islamic world during the whole of the medieval age. This jug sent by Harum al-Rashid to Charlemagne is just one of the gifts received by Christian courts. (Treasure of the Abbey of St. Maurice, Switzerland.)

Page 201
Homage from the Abbasid Caliph Harum al-Rashid to Charlemagne. Oil painting by J. Jordanes and A. Utrecht from the 17th century. (The International Fine Art Auctioneers. Great Britain.)

Page 202
Mapamundi centred on Jerusalem, drafted in England in the 11th century. (British Library, London.)

Page 203
15th century miniature showing the Duke of Swabia as part of a family tree that also includes the dukes of Babenberg, the first lords of Austria. (Sammlungen des Stiftes, Klosterneuburg, Austria.)

Pages 204-205
An engraving showing the fleet of the Sultan Suleiman the Magnificent in the mid-16th century. (Topkapi Sarayi Müsezi, Istanbul.)

Pages 206-207
The Mongol court gives some letters to the western ambassadors for delivery to Pope Innocent IV. *Speculum Historiae* by Vincent de Beauvais (13th century). (Musée Conde, Chantilly.)

Page 208 (left)
A portrait of Flemish monk Wilhelm von Rubruk, protagonist of the mission sent by King Louis IX of France to the Mongol court in the 13th century. Peking, History and Description. Peking, 1897.

Page 208 (right)
Illustration of Wilhelm von Rubruk before the Tartar chief Mangu in 1251. Drawing by Edgar Maxence (1871-1954). (Private collection.)

Page 209
The adventures of Marco Polo have filled western tradition with artistic and literary references to his memories. This picture shows one of the camel caravans that travelled along the routes of the Italian merchants. Taken from a map of Asia drawn in the 16th century by B. Ramusio and F.R. Grisellini. (The Doges Palace, Venice.)

Pages 210-211
The siege of Baghdad by the Mongols in 1258. Miniature from the second half of the 13th century taken from the *Universal History* of Rashid al-Din, who was known as the historian of the Mongols and minister of the Il-khans. (National Library, Paris.)

Pages 212-213
Mapamundi drafted by Martin in 1492, through which we can imagine how Toscanelli's graphic chart was created. It shows the new conception of the world in which a calculation is made of the distance separating Western Europe and the east coast of Asia by sea. (Army Geography Service, Madrid.)

Page 214
During the late Middle Ages, many maps were drawn of routes through Europe. This one shows the stages of the journey from London to Apulia, from a route dated to the mid-13thcentury. (British Library, London.)

Page 215
Private library comprised of travel books. (British Library, London.)

Page 216
Prisoners of Genghis Khan. (National Library, Paris.)

Page 217
During the reign of Tamburlaine in the 14th century, several books were written on the history of the Mongols. Illustration shows a battle involving Genghis Khan in the mountains of China in the early 13th century. (British Library, London.)

Page 218
Printed edition of the account written by Ruy González de Clavijo of his mission to the court of Tamburlaine. (National Library, Madrid.)

Page 219
The route of the journey Ruy González de Clavijo made to Samarkand.

Page 220
An image of Samarkand (Uzbekistan), a city founded in the 7th century B.C. that reached its greatest development and glory under the government of Tamburlaine (14th-15th centuries). (Photograph: Gérard Degeorge.)

Page 221
The location of Karakorum in Mongolia, founded by Genghis Khan, in 1220 as a great military base, shortly afterwards to become the cultural capital of his empire. In 1368, Karakorum was destroyed by Chinese troops. (Photograph: Dean Conger.)

Page 222
In their desire to expand their empire, the Mongols came into conflict with the Japanese in the late 13th century. This engraving attributed to Tosa Magataka and Tosa Nagaaki shows a scene featuring the samurai Suenaga, a Japanese hero of the period. (Imperial House Collection, Kyoto.)

Page 223
Scene showing Tamburlaine after the battle of Baghdad in 1393. (British Museum, London.).

Pages 224-225
The image shows a miniature from the late 14th century or early 15th, portraying one of the audiences granted by Kubla Khan to Niccolo Polo and his son Marco. (National Library, Paris.)

Pages 226-227
Chinese miniature showing a Mongol convoy. 14th century. (Private collection.)

Pages 228-229
Map showing the city of Beijing (at that time called Cambuluc), the capital of Kubla Khan's Mongol empire. (British Museum, London.)

Page 230
First edition of paper money from the court of Kubla Khan, Emperor of China. *Travels of Marco Polo*. (Private collection.)

Page 231
Portrait of Genghis Khan (1162-1227), founder of the Yuan dynasty in China and creator of the great Mongol empire. (Taipei National Museum, Taiwan.)

Box

Page 218
Monday 26 day of said month of May they left here and went to sleep in the countryside, near a large river that has the name of Corras, and this is a river that crosses the whole of Armenia and the path today went between snowy mountain chains from where much water descended, and the other day, Tuesday, they went to sleep in a village that is called Naujua, and the route on that day ran along the banks of this river and the path was very tiring and difficult.

Mission to Tamburlaine, by Ruy Gonz de Clavijo (13th century)

LOS VIAJES POLÍTICOS: EMBAJADAS Y DIPLOMACIA

FOLKER REICHERT

LA DIPLOMACIA VIAJERA EN LA EDAD MEDIA

La Edad Media europea no conocía las embajadas permanentes ni la diplomacia profesional. Por más que puedan encontrarse precedentes en las representaciones comerciales de las ciudades marítimas italianas en Constantinopla y en las procuraciones del reino de Aragón, o de las órdenes católicas ante la curia romana, en Italia no se estableció una red de representaciones diplomáticas permanentes hasta mediados del siglo XV, y en el resto de Europa, hasta el siglo XVI. Hasta ese momento, las relaciones diplomáticas no se mantenían de forma continuada, sino según las necesidades; es decir, a través de los encuentros personales de los dignatarios implicados o mediante el envío de representantes plenipotenciarios. Los gobernantes no se comunicaban entre sí en el marco de instituciones duraderas, sino mediante los viajes de sus enviados. El «embajador» era en estos casos un mensajero que entregaba una carta, comunicaba una noticia o debía hablar en nombre de su señor. Conceptos como los de *missus*, *nuntius* u *orator* parecían los más adecuados para esta función. La palabra *ambasciator*, de la que proceden las designaciones actuales en las lenguas europeas occidentales y meridionales, no apareció hasta más tarde, cuando empezó a dibujarse un esbozo de representación diplomática regular. Existían, de todos modos, reglas y rituales por las que se regían las relaciones entre los imperios. Los enviados disfrutaban, por norma, de protección y seguridad, ya que eran considerados inviolables y dotados de inmunidad. Se les ofrecía alojamiento conforme a las normas de la hospitalidad y eran atendidos por intérpretes. Se producía un intercambio de regalos. Y en la mayoría de los casos se aceptaba tácitamente que los enviados practicaran cierto grado de espionaje e informaran a su vuelta. No todos recibían el mismo tratamiento. El rango más elevado lo ocupaba el representante del imperio heredero de los antiguos romanos, y al principio no se consideró como tal al Imperio romano de los francos o de los alemanes, sino al de los bizantinos. En la Alta Edad Media, quien viajara de una corte imperial a otra debía experimentar dolorosamente este hecho. Así, Liutprando de Cremona, obispo italiano y enviado de Otón el Grande, tenía la misión de convencer, en el año 968, al emperador de Oriente de que su señor era un gobernante del mismo rango y de que la mejor forma de sellar una alianza era el matrimonio con una porfirogéneta (una princesa nacida en el palacio imperial de Constantinopla). Pero los bizantinos insistieron en mantener el orden jerárquico y trataron al emperador occidental como a un engreído príncipe de bárbaros en la lejana periferia de la *ecumene*, es decir, en el extremo de la parte habitada del mundo. Sentaron a su enviado en la mesa imperial por detrás del representante de Bulgaria. Así se ponía de manifiesto que Bizancio se creía el centro de la *ecumene* cristiana, y consideraba a los restantes imperios no como socios políticos sino como simples satélites.

El español Ruy González de Clavijo encarna mejor que nadie el espíritu diplomático de los años finales de la Edad Media. Grabado. (Biblioteca Nacional. Madrid.)